청소년지도총서 12

〈2판〉

청소년 프로그램개발 및 평가론

한국청소년정책연구원

송병국, 김진화, 권두승, 김경준, 오혁진

교육과학사

발간사

흔히들 21세기는 '지식기반사회' 또는 '지능정보사회'라고 합니다. 사람에 따라 다양한 의미로 쓰이고 있지만, 여기서 가장 중요한 것은 정보 또는 지식이 생산성 향상의 제일 중요한 요소가 된다는 뜻입니다. 그러므로 21세기 국가발전의 동력은 바로 연구기관 또는 사람의 두뇌에 있다고 해도 과언이 아닙니다. 우리나라 뿐 아니라 세계 각국에서 인적자원 개발의 중요성을 강조하는 이유도 바로 여기에 있습니다.

사회화 이론에 따르면, 사람의 기본적인 품성은 물론 미래에 대한 열망이나 성취동기까지도 18세 이전의 1차적 사회화 기간에 대부분 형성된다고 합니다. 그렇다면 국가적 차원의 인적자원개발에서 가장 중요한 연령대는 바로 청소년들입니다. "청소년이 곧 나라의 미래"라는 말은 옛날부터 인구에 회자되어 왔습니다. 과거에는 청소년이 자라면 어른이 된다는 의미였겠지만, 이제는 오늘의 청소년들이 어떤 생각을 하며 어떻게 자라느냐에 따라 우리의 미래가 달라진다는 뜻으로 되새겨야 하겠습니다.

21세기 새로운 사회를 창조하고 이끌어 갈 주체는 오늘의 청소년들이므로 청소년 관련 학자나 활동가들의 사명은 실로 중차대합니다. 한국청소년정책연구원은 1989년 설립 이래, 청소년들의 삶의 질 향상과 잠재력 개발을 위한 법적, 제도적 체계를 확립하고, 주요 청소년정책을 수립, 집행하는 데 중추적 역할을 담당해 왔습니다. 또한 12개국이 참여하는 세계청소년연구개발협의회(The World Association of Research and Development for Youth)의 창립을 주도하여 국제적인 청소년 전문 연구기관으로서 위상을 높여가고 있습니다.

한국청소년정책연구원은 정부출연 국책연구기관으로서 정책수립, 프로그램개발, 정책평가, 청소년패널조사 등에 주력하는 한편, 바람직한 청소년교육을 위한 교재개발에도 꾸준히 힘써 왔습니다. 지난 30여 년 동안 1,200여 건의 연구과제 및 사업 수행을 통해 청소년들의 성장과 역량개발에 크게 기여하였습니다.

특히 1992년부터 청소년 관련 교재 발간을 시작하였습니다. 1992년에 발간한 『청소년지도론』『청소년문제론』『프로그램개발과 운영』『청소년복지론』을 비롯하여 2003년 이후 청소년학 학문 분야를 집대성한 『청소년정책론』, 『청소년수련활동론』, 『청소년지도방법론』, 『청소년교류론』, 『청소년환경론』, 『청소년문제론』, 『청소년인권론』, 『청소년심리학』, 『청소년상담론』, 『청소년기관운영론』, 『청소년문화론』, 『청소년복지론』, 『청소년육성법규와 행정론』, 『청소년프로그램개발 및 평가론』, 『청소년 자원봉사 및 동아리활동론』, 『청소년학연구방법론』, 『청소년학개론』 등 청소년학 전문교재를 기획하여 출간하였습니다.

모쪼록 이러한 종합적인 교재개발 사업이 청소년학자들 뿐 아니라 현장에서 활동하는 수많은 청소년관련 종사자들의 업무에 조금이나마 도움이 되기를 바랍니다. 아울러 청소년들의 성장과 학습에도 유용한 길잡이가 되길 바라는 마음 간절합니다.

끝으로, 충분하지 못한 지원과 제약된 시간에도 불구하고 이 기획 사업에 적극 참여해 주신 집필진 여러분께 깊은 감사의 말씀을 올립니다. 또한 이 책의 발간을 흔쾌히 수락해 주신 교육과학사 한정주 사장님과 온갖 궂은일을 즐거운 마음으로 해 주신 편집부 직원들에게 고마운 마음을 전합니다. 저의 감사보다는 우리의 미래를 열어갈 청소년들의 건강한 몸과 건전한 정신이 선생님들의 노고에 대한 더 큰 보답이 되길 기원합니다.

한국청소년정책연구원 원장

머리말

청소년과 청소년기에 대한 사회적 인식이 많이 바뀌고 있다. 이제 더 이상 청소년기는 인생에 있어서 빨리 거쳐야 하는 시기가 아니며, 청소년 역시 보호나 규제의 대상이 아니다. 개인에게 있어서 청소년기는 인생을 살아가는 데 필요한 기본적인 가치관이나 역량을 형성하는 시기이며, 사회적으로는 중요한 생산과 소비의 주체이자, 소중한 인적자원인 것이다. 더군다나 저출산의 영향으로 청소년인구는 양적인 감소는 물론 전체인구 중에서 차지하는 비중도 현저하게 줄어들고 있다.

청소년들이 사회발전의 적극적인 참여자이면서 생산의 주체자로 성장하기 위해서는 다양하고도 체계적인 정책적 지원과 함께 지속적인 교육적 경험의 제공이 요구된다. 청소년들의 무한한 능력 개발과 민주시민의식의 성숙은 단지 나이가 듦에 따라 저절로 갖추어지는 것이 아니다. 하드웨어, 소프트웨어, 그리고 휴먼웨어가 통합된 의미 있는 프로그램이나 경험이 제공될 때 가능하게 된다.

청소년에 대한 사회전반의 인식 변화와 함께 그 동안 우리사회에서는 그들의 바른 성장을 돕기 위한 다양한 프로그램이 다양한 주체에 의해 개발, 운영되어 왔다. 짧게는 몇 시간 프로그램에서부터 길게는 몇 개월 프로그램에 이르기까지 내용이나 방법, 그리고 기간 등에 있어서 폭넓은 스펙트럼을 가지고 청소년활동 프로그램이 실천되었다. 그런데, 문제는 과연 이 모든 청소년활동 프로그램이 의도한 목적을 실현할 만큼 질적으로 보장된 프로그램이었는가 하는 점이다. 양적인 면에서는 청소년활동 프로그램이 늘었으나 질적인 면에서는 아직 미진하다는 비판으로부터 자유롭지 못한 상태이다.

청소년정책을 비롯하여 청소년교육, 청소년상담의 꽃은 바로 청소년들에게 제공되는 프로그램의 질에 달려있다. 양질의 청소년지도사를 양성하는 것도, 타당성 높은 청소년정책을 입안하는 것도 따지고 보면 모두가 청소년들에게 의미 있고, 도움이 되는 질 높은 프로그램을 제공하기 위함이다.

이런 맥락에서 본 교재는 청소년 프로그램의 개발과 평가에 대한 기본적인 개념에서부터 관련 이론, 그리고 실제적으로 프로그램을 개발하고 평가하는 데 도움을 주고자 편찬하였다. 그러나 초판이 나온 지 꽤 오래되어 일부 내용 및 통계에 수정, 보완이 필요하여 개정판을 발간하게 되었다. 개정판의 구성과 내용은 전체적으로 초판과 다르지 않다. 각 장의 구성 내용을 보면 제1장은 청소년 프로그램개발의 개념과 유형, 특성 등을 소개하였으며, 제2장은 청소년 프로그램개발 관련 이론을 고찰하였고, 제3장은 청소년 프로그램개발 원리 및 영향 요인을 고려한 통합모형을 소개하였다. 제4장에서는 청소년 프로그램 기획과 관련된 기본 개념과 특징, 실질적인 기획의 과정 등을 소개하였으며, 제5장에서는 청소년 프로그램개발 과정에서 반드시 거쳐야 하는 요구분석의 개념과 기법, 그리고 단계에 대해 살펴보았다. 제6장은 요구분석 결과를 토대로 청소년 프로그램의 목적과 목표를 어떻게 영역화하며, 어떻게 진술할 것인가를 소개하였으며, 제7장에서는 설정된 프로그램의 목적 및 목표를 구체적으로 실현하기 위한 프로그램 설계 절차 및 구성 요소를 살펴보았다. 그리고 제8장은 청소년 프로그램의 마케팅과 홍보의 개념, 전략 그리고 구체적인 홍보 방법에 대해 소개하고 있다. 제9장은 개발된 청소년 프로그램을 실질적으로 실행하는 데 고려해야 할 요소와 예상되는 문제점 등을 고찰하였으며, 제10장은 청소년 프로그램 실천 후 효과/성과를 알아보는 프로그램 평가와 관련해서 기본적인 개념과 원리, 모형, 구체적인 절차를 소개하고 있다. 그리고 마지막으로 제11장에서는 청소년 프로그램을 활동 프로그램과 보호 프로그램으로 이원화하여 실제적인 사례를 분석, 제시함으로서 청소년 프로그램에 대한 이해를 돕도록 구성되었다.

아무쪼록 이 책이 청소년들을 교육하고 상담하고 있는 현장의 지도자들이나 대학에서 청소년지도자가 되기 위해 공부하고 있는 예비지도자들이 청소년 프로그램을 이해하고, 이를 개발・실천할 수 있는 능력을 함양하는 데 조금이라도 도움이 될 수 있기를 기대해 본다.

이 책이 나올 수 있도록 계획과 지원을 아끼지 않으신 한국청소년정책연구원과, 편집에서 수정에 이르기까지 귀찮음을 마다하지 않은 교육과학사 직원 여러분께 깊은 감사의 말씀을 드린다.

2024년 2월
공동 집필자를 대신하여
송 병 국 씀

차례

발간사 — 2

머리말 — 4

제1장 청소년 프로그램개발의 이해 — 9

1. 청소년 프로그램의 개념 …… 9
2. 청소년 프로그램의 유형 …… 18
3. 청소년 프로그램개발의 중요성 …… 27
4. 청소년 프로그램개발의 개념 …… 29
5. 프로그램개발의 성격과 특성 …… 32

제2장 청소년 프로그램개발의 이론 — 37

1. 청소년 프로그램개발 이론의 정의와 성격 …… 37
2. 청소년 프로그램개발 패러다임 …… 39
3. 청소년 프로그램개발의 접근방법 …… 44
4. 청소년 프로그램개발자의 역할과 전문성 …… 48

제3장 청소년 프로그램개발의 통합모형 — 53

1. 청소년 프로그램개발의 원리 …… 53
2. 청소년 프로그램개발의 접근원리 …… 55
3. 프로그램개발의 영향 요인 …… 58
4. 프로그램개발의 통합모형 …… 61

제4장 청소년 프로그램개발의 기획 — 67

1. 청소년 프로그램 기획의 개념 및 특징 …… 67
2. 청소년 프로그램 기획의 필요성과 고려요인 …… 71
3. 청소년 프로그램 기획자 역할과 능력 …… 73
4. 청소년 프로그램의 기획과정 …… 76

제5장 청소년 프로그램 요구분석 — 93

1. 요구의 개념 …… 93
2. 요구분석의 목적과 유형 …… 97
3. 요구 분석의 기법 …… 100
4. 요구분석의 절차 …… 108

제6장 청소년 프로그램 목적 및 목표 설정 ———— 115

1. 프로그램 목적 및 목표의 이해 ······ 115
2. 프로그램 목적 설정과 진술 ······ 120
3. 활동목표의 영역과 유형 ······ 123
4. 활동목표 진술의 방법 ······ 128

제7장 청소년 프로그램의 설계 ———— 133

1. 프로그램의 설계절차와 구성 요소 ······ 133
2. 청소년 프로그램의 설계원리 ······ 137
3. 프로그램 설계의 구체적인 방법 ······ 145
4. 프로그램 설계상의 유의점 ······ 151

제8장 청소년 프로그램 마케팅과 홍보 ———— 155

1. 청소년 프로그램 마케팅의 개요 ······ 155
2. 청소년 프로그램 마케팅 전략의 내용 ······ 159
3. 청소년 프로그램 마케팅 혼합요소의 종류와 지향점 ······ 167
4. 청소년 프로그램의 홍보 ······ 171

제9장 청소년 프로그램 실행 및 운영 ———— 179

1. 청소년 프로그램 실행의 기본 의미 ······ 179
2. 준비단계에서의 청소년 프로그램 실행 전략 ······ 189
3. 실시단계에서의 청소년 프로그램 실행 전략 ······ 191
4. 정리단계에서의 청소년 프로그램 실행 전략 ······ 211

제10장 청소년 프로그램 평가 ———— 219

1. 청소년활동 프로그램 평가의 개념 ······ 219
2. 청소년활동 프로그램 평가의 기능과 원리 ······ 223
3. 청소년활동 프로그램 평가의 기준 및 모형 ······ 225
4. 청소년활동 프로그램 평가자의 능력과 역할 ······ 233
5. 청소년활동 프로그램 평가의 절차 ······ 235

제11장 청소년 프로그램개발의 실제 ———— 243

1. 청소년활동 프로그램의 개발 ······ 244
2. 청소년보호 프로그램의 개발 ······ 260

찾아보기 ———— 284

1장 청소년 프로그램개발의 이해

청소년의 성장과 발달은 우연히 이루어지기 것보다는 의도적인 노력과 적절한 조치와 개입이 필요하다. 그것은 청소년이 자신의 잠재 능력을 지속적으로 성장할 수 있도록 체계적으로 도와주고 지원하는 프로그램이 있을 때 가능하다. 실제로 청소년단체(기관)와 청소년지도자는 청소년들이 의미 있게 체험할 수 있는 프로그램을 만들어 그들의 적극적인 참여를 유도하고 의미 있는 활동과 경험을 갖게 하여 청소년의 성장과 발달에 전문적으로 개입한다.

본 장에서는 청소년이 건전하고 능력 있는 한 인간으로 성장하고 발달할 수 있도록 지원하기 위한 청소년 프로그램과 프로그램개발에 대한 이해에 초점을 맞추었다.

1. 청소년 프로그램의 개념

청소년사업(youth work)은 청소년의 일상적인 생활과 생애발달 및 성장에 인위적으로 개입하고 지원하는 목표 지향적인 활동이라 할 수 있다. 이러한 활동은 청소년교육(youth education), 청소년지도(youth guidance), 청소년선도, 청소년상담, 청소년복지, 청소년활동, 청소년개발(youth development) 등 다양한 형식으로 전개되고 있다.

청소년 프로그램이란 용어는 일상에서 쉽게 접할 수 있는 개념이다. 그렇지만 그 의미는 형식과 내용에 따라 약간씩 다른 의미로 이해되고 있어 혼란스럽다. 청소년지도사가 활동하고 있는 현장에서도 프로그램이란 용어는 상황에 따라 다양한 의미로 사용되고 있다. 구체적으로 청소년 프로그램이 무엇을 의미하며, 프로그램에는 어떤 유형들이 있는지, 그리고 청소년 프로그램은 어떤 성격을 보이는지를 살펴보자.

1) 청소년 프로그램의 개념

청소년지도 현장에서 갖가지 형태의 프로그램이 활용되고 있다. 청소년지도의 영역이 다양한 것처럼 프로그램 또한 다양하다. 그러나 프로그램이란 용어는 일상생활에서 많이 사용되는 것만큼 그 정의가 명확하지는 않다. 프로그램이라고 하면 흔히 어떤 행사 시 앞으로 진행될 내용을 순서대로 나열한 일정계획표나 컴퓨터를 작동시키는데 필요한 소프트웨어를 연상하는 경우가 많다. 연극이나 영화, 음악회 등 각종 공연장에서 공연내용을 소개하거나 설명하기 위해 배포되는 작은 책자를 떠 올리기도 한다(박성희, 1994). 이러한 의미로 볼 때, 프로그램이란 어떤 활동의 진행과정을 시간적 순서에 따라 구체적으로 나열한 진행 순서표나 사전 계획표라고 할 수 있다.

그러나 프로그램의 실제 개념에는 그 이상의 포괄적인 의미를 내포하고 있다. 즉, 프로그램은 활동내용이나 순서만을 의미하는 것이 아니라, 일정한 활동들을 구체적으로 실행하기 위해 필요한 경험의 총체를 뜻한다. 다시 말하면, 특정의 활동이 이루어지는 총체적인 환경으로써 활동내용 그 자체와 함께 활동 목적과 목표, 활동 대상, 과정, 방법, 장소, 시기, 조직, 매체 등의 모든 요소들을 포함한다.

프로그램(program)이란 용어는 일상적인 교육 용어인 "교육과정(curriculum)이나 "코스"(course)와 유사하지만, 규범적이고 필수적인 성격을 띠고 있는 후자와는 다르게 이해된다. '카페테리아 커리큘럼(cafeteria curriculum)'이라는 용어는 청소년 프로그램의 속성을 학교교육의 커리큘럼과 비교하여 잘 제시해주고 있다. 청소년 프로그램은 규범적이고 필수적인 성격보다는 선택적이고 융통성이 강한 성격을 띠고 있다.

어원적으로 프로그램이란 용어는 프로그램이란 용어는 [그림 1-1]에서 보는 바와 같이 희랍어인 "prographein"에서 유래한 것으로 변화와 갱신의 의미가 함축되어 있다. 균형과 무변화의 상태를 의미는 "Gram"이란 용어와 사전조치를 의미하는 "praphein"이란 용어가 결합하여 의미를 형성한다.

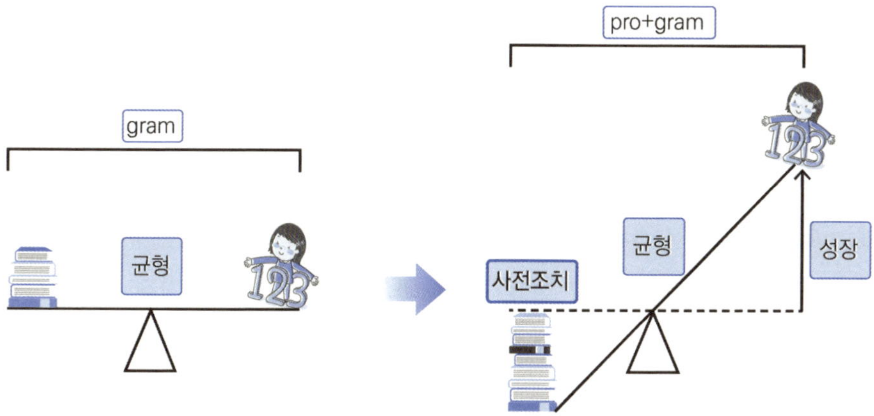

[그림 1-1] 프로그램의 어원적 의미

한편, 프로그램(program)이란 용어를 분석철학적인 입장에서 살펴보면, 다섯 가지의 형태(mode), 즉 ① 체제(system)의 의미, ② 계획 과정에서 동사(verb)의 기능을 수행하는 기획(planning)의 의미, ③ 기획을 통해 완성된 결과로서의 계획(plan)의 의미, ④ 문서(document)의 의미, ⑤ 수행(performance)이나 활동(activity)의 의미 등으로 사용된다고 하였다.

이처럼 '프로그램'이란 용어는 사전적인 의미에서 다차원적인 개념(multi-dimensional concept)으로 이해된다. 이러한 속성은 프로그램이 ① 하나의 활동(activity)이며, ② 동시에 순서(order)와 계속성(continuation)을 가지고 있으며, ③ 한 개 이상의 아이템(items)이나 사건(events)으로 구성되어 있으며, ④ 모든 아이템과 사건들은 교육목표를 가지며, ⑤ 활동과정에서 하나의 사건과 다른 사건들이 서로 상호 관련되어 있음을 암시한다.

그럼, 이제 청소년 프로그램의 개념을 일상적 의미, 교육적 의미, 통합적 의미로 구체적으로 살펴보자.

첫째, 일상적 의미에서 프로그램이란 용어는 인간의 실존적 가치를 무시한 채, 단순히 앞으로 진행될 절차, 사건, 순서, 활동만을 강조한다. 예를 들어, 방송프로그램, 행사프로그램, 컴퓨터프로그램 등을 떠올리면 그 의미를 쉽게 짐작할 수 있다. 일상생활에서 프로그램이란 용어를 흔히 접할 수 있다. 그렇지만 그 의미는 형식과 내용에 따라 약간씩 다른 의미로 이해되고 있어 혼란스럽다. 보통 프로그램이란 앞으로 행할 활동을 순서대로 나열해 놓은 계획서와 거의 같은 의미로 쓰는 경우가 많다. 간단하게는 어떤 행사의 식순도 프로그램이요, 음악회의 발표내용을 순서대로 나열한 것도 프로그램이다. 좀 더 복잡하게는 어떤 활동을 시간과 장소에 따라 내용과 방법까지 밝혀 한눈에 볼 수 있도록 제작해 놓은 것을 프로그램이라 한다. 또한 일정한 목적을 가진 비정규적인 활동이나 행사를 프로그램이라 하기도 한다. 이처럼 프로그램은 그 내용과 형식에 있어서 매우 다양하다.

둘째, 교육적 의미에서 프로그램이란 용어는 흔히 커리큘럼(교육과정)이라 하며, 합리주의와 논리실증주의 전통에 근거하여 학습자가 배우고 습득할 것을 외부에서 전문가가 사전에 계획하여 마련한 체계화된 교육내용(지식, 정보, 기술, 교과)을 강조하는 경향이 지배적이다(김진화, 2001: 62). 다시 말해, 교육적 의미에서 프로그램은 단순히 시간 순서에 따라 진행될 사건이나 활동만을 뜻하지 않고, 학습자의 참여와 실존적 가치를 인정하는 그 이상의 의미가 함축되어 있다. 일정한 목표를 향해 학습자의 행동이 변화하도록 사전에 체계화시켜 놓은 교육내용(지식, 정보, 기술, 교과)을 강조한다.

셋째, 통합적 의미에서 프로그램이란 용어는 교육내용, 교육방법, 교육활동, 교육매체가 하나로 통합된 교육적 실체로 규정된다(김진화, 2001: 65). 다시 말해, 학습내용(지식, 정보, 대상, 원리 등)을 포함하는 것은 물론이고, 학습목적과 목표, 대상, 활동 및 학습과정, 활동 및 학습방법, 장소, 시기, 학습자 조직, 매체 등의 모든 요소들이 유기적인 네트워크를 형성하고 있는 하나의 시스템으로 간주한다.

이러한 맥락에서 볼 때, 한마디로 청소년 프로그램이란 청소년의 건전한 발달과 사회적응을 조력하기 위한 목적으로 실시되는 다양한 청소년지도활동이나 청소년이 참여하는 활동을 효과적, 효율적, 그리고 매력적으로 실현하기 위해 필요한 교육적 경험과 환경의 집합이라고 볼 수 있다.

정리하면, 청소년 활동이나 행사의 단순한 일정표를 프로그램이라고 말할 수는 없다. 최소한 청소년지도의 목표와 내용, 방법, 평가의 각 요소가 체계적으로 설계되어 있고, 이에 따라 청소년들의 학습경험을 조력할 수 있는 다양한 환경적 자원과 지도 및 평가 전략이 구체적으로 안내되어 있는 일련의 계획표를 프로그램이라고 할 수 있을 것이다.

2) 청소년 프로그램과 청소년사업의 관계

청소년지도의 현장에서 프로그램은 청소년단체와 기관이 수행하는 다양한 사업과 연계된다. 청소년 프로그램은 청소년단체와 기관이 추진하는 다양한 청소년사업의 하위 영역으로 해당 기관의 정체성과 전문성 향상의 기반이다.

대다수 청소년단체와 기관은 [그림]에 나타난 바와 같이 청소년사업의 목적을 이루기 위해서 다양한 사업(Work)의 영역과 분야를 설정하고 관련 프로그램(program)과 프로젝트(project)를 추진한다. 즉, 청소년단체와 기관은 추구하는 목적과 임무가 있고 이것을 실현하기 위해 다양한 청소년사업을 전개하고 그 과정 속에서 프로그램과 프로젝트(과제활동)를 구상한다.

한국사회에서 청소년사업(youth work)은 청소년육성사업, 청소년활동지원사업, 청소년문화사업, 청소년상담사업, 청소년보호사업, 청소년폭력예방사업, 청소년복지사업, 청소년디지털지원사업 등 다양하다. 이처럼 다양한 청소년사업은 프로그램과 과제활동으로 설계되어 청소년의 성장과 발달을 촉진하고 청소년이 직면한 중요한 문제들을 해결하기도 한다. 실제로 청소년지도의 현장에서 이루어지는 프로그램은 청소년사업과 연계되어 있음에 주목할 필요가 있다.

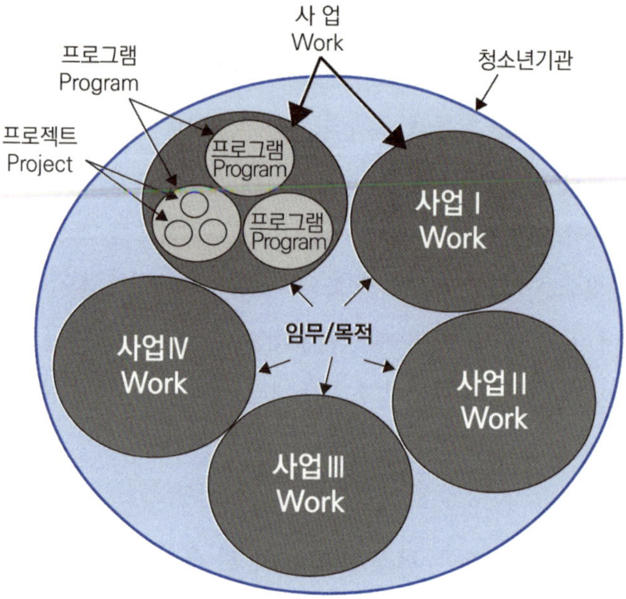

[그림 1-2] 청소년단체와 기관의 사업과 프로그램의 관계

3) 청소년 프로그램의 성격

청소년지도란 청소년들의 전인적인 성장을 돕는 조직적인 활동들로서 청소년들의 자발적인 참여에 기초하여 실생활에 대한 직접적인 체험을 제공하는 과정이다. 그리고 청소년 프로그램이란 일반적으로 청소년지도자가 청소년들에게 지도해야 할 내용과 방법을 체계적으로 구조화한 것으로, 청소년의 입장에서 해석하면 청소년들이 지도자의 지도하에 갖게 되는 모든 경험과 활동들의 집합이라고 할 수 있다. 따라서 청소년지도와 프로그램은 불가분의 관계에 있는 것으로, 청소년지도란 청소년지도 프로그램을 실행하고 운영하는 과정에 불과하다고도 할 수 있다(한상철, 1998: 251~253).

청소년지도 프로그램의 성격은 청소년지도의 성격과 프로그램의 성격을 동시에 포함하는 것으로 다음의 여섯 가지로 요약될 수 있다.

첫째, 청소년지도 프로그램은 미래지향적인 성격과 현실지향적인 성격을 동시에 포함하고 있다. 다시 말하면, 청소년지도 활동에서 앞으로 전개될 행동을 미리 예측하여 이를 바탕으로 미래의 행동방향을 사전에 수립하는 미래지향적인 성격과 참여 청소년들의 현재의 욕구와 특성에 따라 내용과 방법의 일부를 융통성 있게 수정 · 변경시킬 수 있는 현실지향적인 특성을 동시에 지니고 있다. 학교의 교과과정이 규정이나 원칙에 의해 제도화되어 획일성과 경직성을 지니는 것에 반해 프로그램은 규제와 형식이 비교적 자유스러워서 개방적이고 탄력적이다. 개방적 · 탄력적인 성격은 프로그램이 완전히 미래지향적인 성격만을 갖는다면 해결될 수 없는 성질의 것이다. 미래의 계획성에 고착되어 현재 청소년들의 욕구와 현실적 상황을 고려하지 못할 수 있기 때문이다. 따라서 청소년지도 프로그램은 미래의 지도방향을 사전에 수립한 것이지만, 이는 획일적이고 경직된 것이 아니라 현실적 상황에 따라 융통성 있게 수정 가능한 것이다.

둘째, 청소년지도 프로그램은 청소년지도의 목적 및 목표를 달성하기 위한 수단적인 성격을 가지고 있다. 프로그램은 그 자체가 목적이 아니라 청소년지도의 목적을 달성하기 위한 수단이다. 청소년지도의 목적을 달성하기 위한 방법은 다양할 수 있는데도 불구하고, 프로그램 자체에만 집착하다 보면 다른 어떠한 방법이나 전략도 수용하지 못하는 우(遇)를 범할 수 있다. 따라서 청소년지도자는 프로그램이 단지 지도목적을 효과적으로 달성하기 위한 수단임을 명심해야 한다.

셋째, 청소년지도 프로그램은 활동지향적인 성격과 동태적인 성격을 지니고 있다. '활동지향'과 '동태적'이란 '이론지향'과 '정태적'에 대립되는 개념으로서, 프로그램은 청소년들에게 지식이나 이론을 가르치려고 의도된 것이 아니라 그들의 실제 활동을 계획한 것이다. 고정된 장소와 시간 속에서 이론과 지식을 중심으로 한 설명이나 설교, 설득, 훈시 등은 청소년들의 발달 특성과 심리적 특성에 비추어볼 때 거부되거나 비판적이 될 수 있다. 그들은 오직 신체적 움직임과 실제 생활의 체험을 통해서만이 주변의 여러 사태와 현상을 정확하게 인식할 수 있으며, 그들의 사고와 태도를 더욱 확장시켜 나갈 수 있다. 따라서 청소년지도 프로그램은 청소년들의 이러한 특성을 고려한 것이어야 한다.

넷째, 청소년지도 프로그램은 지도의 결과(products)보다 지도과정(process)

에 초점을 두고 있다. 이것은 청소년들이 프로그램을 경험한 이후 어떤 행동의 변화를 가져왔는가에 초점을 두기보다 프로그램에 참여하는 동안 얼마나 의미 있고 만족스러운 경험을 하고 있는가에 초점을 두고 있음을 의미한다. 오늘날 행동의 변화를 기술하는 학습이론이 행동주의에서 인지주의로 발전하고 있는 것과 때를 같이 하여 교육의 방향 또한 학습자의 학업성취도 자체보다 학습과정에 중점을 두고 있다. 청소년지도 프로그램 역시 현재의 청소년을 어떤 존재로 육성하고, 그들의 현재 행동을 어떤 상태로 변화시킬 것인가 하는 것보다 청소년들이 프로그램에 적극적으로 참여하여 의미 있는 경험을 가짐으로써 자신의 삶과 행동을 스스로 선택하고 자각하도록 하는 데 중점을 둔다. 즉, 청소년지도 프로그램은 지도의 결과가 아니라 지도과정 그 자체인 것이다.

다섯째, 청소년지도 프로그램의 평가준거는 효과성과 효율성, 그리고 매력성이다. 효과성이란 주어진 목표를 과연 어느 정도 달성하였는가와 관련된 개념이고, 효율성이란 목표 달성을 얼마나 합리적으로 달성하였는가의 개념이며, 그리고 매력성은 프로그램이 얼마나 의미 있고 유용하며, 호기심과 흥미를 자극하였는가와 관련된 개념이다. 여기서 효과성은 프로그램의 성과를 측정하는 준거이고, 효율성은 성과와 과정을 측정하는 준거이며, 매력성은 과정을 측정하는 준거라고 할 수 있다. 앞서 설명하였듯이, 오늘날 프로그램의 발전 방향은 결과보다 과정에 중점을 두고 있음으로써 평가준거 역시 매력성과 효율성이 강조되고 있다. 특히 매력성을 높이기 위한 방법으로써 최근 참여자들의 동기를 유발하고 유지시키는 전략이 크게 강조되고 있다. 이것은 프로그램의 지속성을 결정할 수 있다는 점에서도 매우 가치 있는 준거이다.

여섯째, 청소년지도 프로그램은 청소년지도 활동을 변경·개선시키는 데 도움을 주고, 지도활동에 대한 청소년들의 만족감을 향상시키며, 청소년들의 생각, 사회적 가치, 규범 등을 변화 또는 유지시킬 수 있다. 그리고 청소년들 사이의 상호작용을 촉진시키고, 정서적 긴장과 갈등을 완화하는 데 도움을 주며, 과제 수행에 필요한 정보를 수집할 수 있는 기회를 제공하기도 한다.

이상의 성격을 종합해 볼 때, 청소년지도 프로그램은 미래지향성과 현실지향성을 동시에 가지고 있고, 목표 달성을 위한 수단적인 가치를 지니고 있으며, 활동지향적일 뿐만 아니라 동태적인 성격을 가지고 있고, 지도 성과보다 과정에 중점을 두며, 평가준거로서 효과성과 효율성 그리고 매력성을 포함하고 있다고 할 수 있다.

4) 청소년 프로그램의 기능

청소년 프로그램은 청소년과 청소년지도사의 만남의 장이며, 청소년기관과 청소년의 접점을 형성시켜주는 다양한 기능들을 가지고 있다. 이러한 기능에 대해 구체적으로 살펴보자.

첫째, 청소년집단의 성장을 촉진하는 기능이다. 즉, 청소년집단의 풍토를 수정하고 청소년집단 내에 바람직한 효과를 일으키기 위해 자체 활동을 변경하는 데 도움을 준다.

둘째, 청소년의 활동을 촉진하는 기능이다. 즉, 청소년들에게 이익을 줄 수 있고 활동에 대한 만족에도 영향을 주며, 활동의 전 과정을 촉진하기 위해서도 유용하게 활용된다.

셋째, 청소년활동의 목표 도달의 기능이다. 즉, 청소년 프로그램은 청소년들에게 간접적 수단을 제공하고 바람직한 활동 목표를 달성하기 위해 집단 지도자에 의해 의도적으로 사용된다.

넷째, 청소년의 흥미와 요구 충족의 기능이다. 즉, 청소년지도 프로그램은 청소년들의 의사 및 사회의 가치와 규범을 변화, 유지하고 집단 성원의 흥미와 요구를 충족한다.

다섯째, 청소년의 긍정적 관계 형성의 기능이다. 즉, 청소년들 사이의 상호작용을 촉진하며 정서적 긴장 및 갈등의 완화에도 도움을 준다.

여섯째, 청소년의 생활역량개발의 기능이다. 즉, 청소년 프로그램은 청소년들에게 과제 수행에 필요한 정보를 수집할 기회를 제공하며, 특별한 생활과제를 위한 기술을 개발하는 수단으로 활용되기도 한다.

일곱째, 청소년의 해방적 활동의 기능이다. 즉, 청소년 프로그램 활동을 통해 형성된 긍정적 관계를 기초로 금기나 수용된 규범에서 벗어날 수 있도록 허용하기도 한다.

2. 청소년 프로그램의 유형

청소년 프로그램은 청소년들의 다양한 요구와 필요, 기관의 필요, 사회적 요구 등에 따라 개발됨으로써 어떤 일정한 기준에 의해 이를 명확하게 분류하기가 매우 어렵다. 그리고 어떠한 기준이나 준거일지라도 반드시 절대적인 것이 아니라 상대적이기 때문에 경우에 따라서는 하나의 유형이 여러 가지 기준에 동시에 포함되기도 하고, 하나의 현상이나 사실이 여러 유형으로 분류되기도 하며, 심지어 어떤 내용은 특정한 유형으로 분류되지 못하고 애매한 상태로 남겨지기도 한다. 여기서는 몇 가지 기준을 선정한 뒤, 이에 따라 프로그램들을 분류하고 각 유형의 특징을 간략히 살펴보고자 한다.

1) 프로그램의 개발 주체에 따른 분류

청소년 프로그램을 개발 주체자의 수준에서 분류하면, 국가 및 사회적 수준의 프로그램(교육과정)과 기관 수준의 프로그램 그리고 지도자 및 전문가 수준의 프로그램으로 구분할 수 있다.

(1) 국가 및 사회적 수준의 프로그램

국가 및 사회적 수준의 프로그램이란 국가가 청소년지도의 활성화를 위하여 정책적으로 개발·보급하는 프로그램을 말한다. 이것은 문화관광부와 청소년보호위원회의 주도 아래 개발된 프로그램을 말하며, 대체로 중앙집권적이고, 획일적이며, 보편적인 성격을 지닌다. 국가 수준 프로그램의 가장 대표적인 것은 1992년에 최초로 한국청소년개발원이 개발해서 보급하기 시작한 다양한 청소년 프로그램을 들 수 있으며, 그 이후에 5년마다 계획되는 청소년기본계획을 토대로 최근까지 다양한 청소년 프로그램이 개발되고 활용되고 있다. 특히, 청소년활동인증제 프로그램이 대표적이다. 여기에는 21세기 청소년이 필요로 하는 문화감성활동, 과학정보활동, 사회봉사활동, 모험개척활동, 자기개발활동, 국제교류활동, 디지털활동 등 다양한 프로그램을 포함한다.

(2) 기관 수준의 프로그램

기관 수준의 프로그램은 청소년 단체나 시설 등에서 독자적으로 개발하는 사업적인 성격을 가진 프로그램을 의미한다. 이 프로그램들은 기관의 목적 및 목표를 달성하기 위한 기본 수단으로 활용된다. 따라서 각 기관의 기본 이념을 보다 잘 반영하기 위하여 독창적으로 개발되고 운영된다.

예를 들면, 청소년적십자의 각종 공중위생활동 프로그램, 해양청소년단의 해양스포츠활동 프로그램, 걸스카우트의 가정생활교육 프로그램, 라보의 다언어가족활동 프로그램, 한국우주소년단의 실물모형제작활동 프로그램, 한국 청소년마을의 청소년가족 수련활동 프로그램 등이 이에 속한다.

기관 수준 청소년 프로그램은 성격이 뚜렷하며 활동의 내용을 비롯하여 방법, 시기, 장소, 효과, 평가 등이 보다 명확하게 제시되어 있다. 그러므로 이들 프로그램들은 특징성과 구체성을 띠며, 평가는 프로그램의 의도가 청소년들에게 얼마나 효과적·효율적으로 전달되었는가에 기초한다.

(3) 청소년지도사 수준의 프로그램

지도자 수준의 프로그램은 청소년지도 활동에서 지도자가 기관의 독자적인 프로그램에 기초하여 한 단위(1회)의 활동을 전개하는데 필요한 구체적인 활동계획을 수립하는 것을 말한다. 여기에는 특히 내용뿐만 아니라 시간, 장소, 대상, 매체, 인적 자원 등 구체적인 모든 요소가 포함되며, 연극에서 각본(script)

을 만들듯이 지도자의 지도실제를 명시해야 한다.

예를 들면, 레크리에이션 프로그램, 친밀성 형성 프로그램, 무인도 탐사 프로그램, 전통생활용품조사 프로그램, 위문활동 프로그램, 자동차 모형제작 활동 프로그램 등을 들 수 있다.

2) 프로그램의 구조화 정도에 따른 분류

청소년 프로그램은 구조화된 상태를 전제로 청소년지도 활동을 전문적이고 체계적으로 수행하기 위한 것이며, 이를 통해 청소년지도의 목적을 가장 효과적으로 달성하고 지도의 지속성을 보장할 수 있기 때문이다. 만일 청소년 관련 단체 및 기관에서 프로그램들이 일회성의 행사중심이거나 일정표에 불과하다는 것은 그것이 비구조화 되어 있음을 의미한다.

(1) 구조화된 프로그램

구조화된 프로그램이란 프로그램의 목적 및 목표가 분명하고, 이를 달성하기 위한 내용 및 경험이 적절하게 선정·조직되어 있으며, 지도방법과 절차, 매체 등이 합리적으로 계획되어 있고, 평가 전략과 피드백 과정까지도 명확하게 제시되어 있는 것을 말한다. 간단히 말해서, 전문적이고 체계적인 프로그램이라고 할 수 있다.

이들 프로그램은 대부분 그 분야의 내용 전문가에 의해 개발되고 있으며, 연속적인 활동으로 구성되어 있다. 즉, 내용 전문가에 의해 그 분야의 이론적 내용에 기초하여 구성한 것이며, 대부분 10회 정도의 분산적 또는 집중적 활동으로 이루어져 있다. 따라서 매 회기의 활동 또한 앞서 말한 단시 프로그램으로 생각할 수 있다. 청소년지도 프로그램도 목적과 내용, 방법, 평가의 전 과정을 보다 체계적으로 구성함으로써 지도활동의 지속성과 전문성을 가져올 수 있도록 하여야 할 것이다.

(2) 비구조화된 프로그램

비구조화된 프로그램이란 단순한 행사 진행표나 일정표 등과 같은 것을 말하는데, 이들 대부분은 프로그램이 갖추어야 할 기본적인 요소가 부분적으로 또는 전체적으로 생략되어 있고, 기관 또는 실행자의 주관적 경험에 크게 의존하고 있다. 비구조화된 프로그램은 나름대로 가치도 있지만, 청소년지도의 전문성과 지속성을 확보하고 신장시키는 데는 적절하지 않다.

예컨대, 어떤 청소년기관에서 문화탐방 프로그램을 만들었다고 하자. 여기에는 지도목적도, 내용도 구체적이지 않을 뿐만 아니라 지도과정에 어떤 요인들이 필요한지 그리고 어떻게 지도할 것인지가 생략되어 있음을 볼 수 있다. 단지 이 기관에서는 매년 지원되는 예산에 의해 지난해에 이어 올해에도 동일한 행사를 동일한 지도자가 하겠다는 것이며, 그럼으로써 프로그램이라고 하는 안내장(또는 포스트)에는 언제, 어디서, 몇 명의 중고등학생을 동원하여 어디로 이동하며, 몇 시까지 문화재를 관람시키고, 점심을 제공하고, 다시 돌아오겠다는 식의 행사 일정만 소개되어 있음을 볼 수 있다.

이러한 프로그램은 청소년의 요구를 분석하고 지도활동의 문제점과 개선점을 파악하려는 의도가 내포되어 있지 않으며, 그럼으로써 다음의 지도활동을 더욱 개선하려는 의도도 찾아볼 수 없다. 따라서 청소년지도자가 바뀌게 되면 행사의 성격도 크게 달라질 수밖에 없어 청소년지도의 지속성도 보장할 수 없다.

3) 프로그램의 구성범위에 따른 분류

청소년지도를 전개하는데 그 기준이 되는 가장 작고 기본적인 프로그램을 단위 프로그램이라고 한다. 그리고 단위 프로그램을 기준으로 이를 단계적으로 묶었을 때 연속 프로그램과 통합 프로그램, 그리고 종합 프로그램으로 구분할 수 있다.

(1) 단위 프로그램

단위 프로그램이란 어떤 하나의 내용을 한 번에 지도하기 위한 일회성 프로그램으로 활동지도안의 성격을 갖는다. 이것은 비교적 짧은 시간에 달성해야 할 특정한 활동을 중심으로 구성되어 있다.

예를 들면, 실물모형 제작 프로그램(자동차, 비행기, 배 등), 단편적인 지역사회 봉사 프로그램(청소하기, 위문활동, 한글간판 바로잡기 등), 견학 및 탐사활동 프로그램(고적답사, 박물관 견학, 무인도 탐사), 각종 레크리에이션 프로그램 등이 여기에 포함된다.

(2) 연속(단계적) 프로그램

연속 프로그램이란 한 주제를 여러 개의 내용으로 나누어서 이를 일정한 순서에 따라 지속하는 프로그램을 말한다. 다시 말하면, 동일한 계열에 속하는 여러 개의 활동 프로그램들이 단일 목표를 달성하기 위하여 한 데 모여서 이루어진 복합 프로그램이다. 어느 한 프로그램의 활동 결과는 반드시 다음 프로그램의 시작이 되도록 설계되며, 선후 활동 내용 간에 종적인 체계를 이루면서 활동의 깊이와 넓이를 더하고 있다.

이 유형의 프로그램을 구성할 때의 기본원리는 초보적인 활동에서 복잡하고 어려운 활동으로 구체적이고 세부적인 활동에서 추상적이고 일반적인 활동으로, 부분 활동에서 전체 활동으로 단계적으로 연결하는 것이다. 이러한 프로그램은 기능연마나 기술 습득을 목적으로 하는 청소년지도영역에서 많이 개발되어 진다. 예를 들어 수영이나 태권도지도, 컴퓨터지도, 그림지도, 악기연주지도, 바둑지도, 탈춤이나 연극지도, 도예지도 등의 프로그램을 들 수 있다. 이것은 비교적 장기간의 지속적인 훈련을 필요로 하는 활동 프로그램들이다.

(3) 통합 프로그램

통합 프로그램이란 한 주제에서 세분화된 여러 활동이나 비슷한 성격의 활동들을 모아 한 체계 속에 적절하게 연결하여 하나의 활동으로 묶어서 구성한 것이다. 통합 프로그램 역시 연속 프로그램과 같이 복합 프로그램의 한 방식이다. 그러나 연속 프로그램을 구성하는 각각의 내용은 그 자체로서는 미완성의 결과물이지만, 통합 프로그램의 구성요소들은 서로 독립되는 개별 내용으로서 서로 모순되지 않고 하나의 목표를 향해 효과적으로 결합되어 있는 것이 특징적이다. 그러므로 통합 프로그램의 구성요소들은 종적인 체계를 이루는 연속 프로그램과는 달리 수평적인 관계에서 서로가 서로를 보강하고 강화할 수 있도록 조직되어 있다.

이러한 프로그램은 청소년들의 가치관 또는 태도형성이나 각종 사회문제 해결을 목적으로 하는 청소년지도 영역에서 많이 나타난다. 환경보호 프로그램을 예로 든다면, 이것은 환경문제를 인식하여 환경을 보호하는 태도를 형성하기 위한 것으로 강물오염, 공해, 쓰레기난 등 심각한 환경오염 실태를 알려 문제의 심각성을 깨닫도록 하는 인식 프로그램, 환경오염을 스스로 파악하게 하는 환경답사 또는 조사활동 프로그램, 자연환경과 인간생활 관계를 연구하여 자연보호의 중요성을 인식시키는 자연탐구활동 프로그램, 환경보호의 방법을 연구하는 환경보호 사례 프로그램, 환경보호를 실천하고 생활화하기 위한 환경보호실천 프로그램 등이 통합적으로 구성되어 있다.

(4) 종합 프로그램

종합 프로그램이란 부분별 프로그램이 각각 고유한 목표와 성격을 유지하면서 어떤 연결 원칙이나 공통적인 문제, 상호 관심적인 영역 하에서 그 연계성을 합리적으로 조합한 총괄성을 가진 프로그램이다. 이는 마치 오케스트라처럼 여러 유형의 단위가 한 구조 속에서 각 활동을 다양하게 전개하면서 하나의 종합적인 기능을 하는 구조적 통합의 형태를 말한다.

이 유형의 프로그램은 비교적 편성규모가 큰 광역 프로그램으로서 주로 특정한 기간 동안 이루어지는 일정한 제목 중심의 행사형 프로그램들이 대부분이다. 가장 대표적인 프로그램으로는 한국청소년개발원에서 개발한 '94년 청소년 수련광장'을 들 수 있다. 이 프로그램은 '함께하는 삶'이라는 제목하에 시민활동 프로그램, 정신건강활동 프로그램, 전통문화활동 프로그램, 도예실습 프로그램, 지역환경 실태조사 프로그램, 지역사회 봉사활동 프로그램, 가치탐색활동 프로그램, 패러글라이딩 실습 프로그램 등 다양한 영역의 프로그램을 일주일 동안 실시하였다. 이밖에도 다양한 기관에서 실시되고 있는 한국의 밤, 청소년 우정캠프, 청소년 문화광장, 청소년연합 체육대회, 청소년 해양제전, 여름캠프활동, 춤과 놀이마당, 청소년한강축제 등의 각종 행사 프로그램이 이에 해당된다.

4) 청소년지도 내용에 따른 분류

일반적으로 청소년지도는 청소년들이 실생활에서 자발적으로 참여하여 이루어지는 모든 체험활동을 의미한다. 청소년지도의 영역은 청소년들의 생활 전체를 포함하는 전체적이고 포괄적인 것이어서 어떠한 기준도 이 모든 것을 다 설명할 수 없게 된다. 여기서는 현재 실시되고 있는 보편적인 청소년활동 프로그램을 예시적으로 제시하고자 한다.

(1) 자연체험활동 프로그램

이 유형의 프로그램은 청소년들로 하여금 자연을 이해하고 사랑하는 마음을 갖도록 하는 데 주목적이 있다. 자연 탐사활동 프로그램(무인도 탐험, 국토탐사, 강 탐사활동 등), 자연을 가꾸고 보존하는 활동 프로그램(식목행사, 자연농장, 환경보전 등), 레크리에이션을 겸한 자연탐구 프로그램(자연관찰 하이킹, 청소년이동캠프, 고정야영활동 등)이 여기에 속한다.

(2) 체육활동 프로그램

체육활동 프로그램은 청소년들의 신체적·정신적 건강을 증진하는 데 목적이 있다. 각종 스포츠 활동 프로그램(수영, 축구, 태권도, 등산, 피구, 발배구 등), 안전훈련 프로그램(응급처치, 안전사고 대비훈련 등), 영양 및 보건 프로그램(식단 짜기, 건강교양 등), 스포츠행사 프로그램(체육대회, 전국해양제전 등) 등이 이에 속한다.

(3) 예능활동 프로그램

이 유형의 프로그램은 청소년들로 하여금 예술활동에 대한 기본적인 소양과 안목을 갖추도록 할 뿐만 아니라 정서발달과 창조능력을 증진시키는 데 목적이 있다. 종합예술 프로그램(청소년 예능교실, 종합예술제, 문화광장 등), 음악활동 프로그램(즉석가요제, 음악감상회, 영상음악과의 만남 등), 미술활동 프로그램(유명 미술전시회 관람, 서예교실, 미술대회, 공예강습 등), 문학활동 프로그램(동거교실, 미완성문장 완성하기, 저자와의 만남, 창작발표 등), 기타활동(춤 강연, 영화감상, 청소년디스코장, 앨범제작 교환 등)이 있다.

(4) 과학활동 프로그램

과학활동 프로그램은 청소년들에게 직접적인 관찰과 실험을 통하여 과학의 기초적인 지식과 원리를 습득하도록 하고, 여러 가지 과학적 현상에 대한 탐구능력을 키우도록 하는 데 목적이 있다. 실험 및 실습활동 프로그램(컴퓨터 교실, 재미있는 곤충기르기, 유료작물 조사활동 등), 관찰 및 탐사활동 프로그램(천체관찰, 해양탐구활동, 내고장 수질검사 등), 견학 프로그램(기상대, 자연학습장, 발명품전시회 견학 등), 과학공작 프로그램(모형자동차 만들기, 곤충표본 만들기, 대나무 헬리콥터 제작 등) 등이 있다.

(5) 봉사활동 프로그램

이 유형의 프로그램은 청소년들에게 이웃, 지역사회와의 만남을 통하여 향토

애와 시민정신을 함양할 뿐만 아니라, 나아가 일상생활에서 삶의 의미를 깨닫고 실천하도록 하는 데 목적이 있다. 시설봉사 프로그램(불우이웃돕기 바자회, 고아원이나 양로원 위문, 장애 청소년 위안행사, 각종 시설방문 육체적 봉사활동 등), 지역사회 봉사활동 프로그램(꽃길 가꾸기, 지역사회 청소활동, 교통지도 등) 등이 있다.

(6) 예절수양활동 프로그램

이 유형의 프로그램은 청소년들이 사회성원으로서 갖추어야 할 공동생활규범을 습득하도록 하는 데 주목적이 있다. 전통예절 프로그램(혼례 · 제례 · 상례 배우기, 전통다도 배우기, 명절쇠기활동 등), 가정생활예절 프로그램(존칭 및 호칭 익히기, 가정생활윤리, 청소년 가정상호방문 활동 등) 등이 있다.

(7) 전통문화활동 프로그램

이 유형의 프로그램은 청소년들에게 올바른 문화적 정체성을 형성시켜 주고, 문화의 전달과 유지 그리고 창조의 과정을 익히도록 하는 데 목적이 있다. 민속놀이 프로그램(풍물놀이, 차전놀이, 백중놀이, 강강술래 등), 향토민속 프로그램(고장의 인간문화재 조사, 역사의 증인과의 좌담회, 전통민속 생활용품 조사 등), 문화유적 탐사 프로그램(내고장 사적지 탐사, 유명사찰순례, 성곽탐사 등), 민속예술 프로그램(전통음악강습, 민요강습, 탈만들기 등), 전통문화행사 프로그램(청소년 단오제, 청소년 민속예술캠프, 한국의 밤 등)이 있다.

(8) 자아개발활동 프로그램

자아개발활동 프로그램은 청소년기의 발달과업인 자아 정체감(ego-identity) 형성을 돕고, 자아에 대한 이해와 수용을 바탕으로 타인과의 참만남 관계를 형성하도록 도우며, 그리고 자기의 건전한 성격개발과 인간관계 및 사회적응을 조력하는 데 목적이 있다. 자기성장 프로그램(친밀감 형성, 자기이해, 자기수용, 자기개방 등), 심성개발 프로그램(나의 소개, 효과적인 사고훈련, 위기훈련 등), 인간관계 개선 프로그램(자기주장 훈련, 경청하기, 장님탐험, 어깨동무 학습, 거울이 되어 움직이기 등), 가치관 명료화 프로그램(가치관 투표, 가치관 경매 활동, 두 개의 나, 청소년 법정 등), 진로탐색 프로그램(우리의 진로, 전문직업인 초청 간담회, 직업의 세계, 진로개발, 면접 훈련 등)이 있다.

이 밖에도 청소년지도 프로그램은 지도 대상인 청소년 집단의 유형에 따른 분류(예, 학생청소년, 근로청소년, 비행청소년, 무직·무진학 청소년 프로그램), 청소년지도의 목적에 따른 분류(예, 지식과 정보습득, 가치관 및 태도의 변화, 기술이나 기능 습득, 여가활동 프로그램), 청소년활동 주체에 따른 분류(지도자 중심, 청소년 중심, 지도자와 청소년 상호작용 중심 프로그램), 청소년 활동형태에 따른 분류(단체활동, 교내 특별활동, 임의 여가활동, 동아리활동 프로그램), 청소년활동 방법에 따른 분류(개인활동, 소집단활동, 대집단활동 프로그램) 등이 있을 수 있다.

3. 청소년 프로그램 개발의 중요성

학교에서 교육과정 및 교육내용이 핵심이듯 청소년지도에서도 그 프로그램을 어떻게 개발하고 편성하느냐 하는 것이 성패의 열쇠가 된다. 더구나 일반 학교교육에서는 각 학문이나 교과목별로 그 내용을 체계적으로 제시할 수 있는 전통과 축적된 지식이 있어 교육과정을 편성하는 데 큰 어려움이 없으나, 청소년지도에서는 그 내용이 다양하여 어느 정도의 분량으로 어떻게 프로그램을 짜야 할 것인지 막연할 뿐만 아니라 프로그램을 필요에 따라 수시로 개발해야 하는 경우가 많기 때문에 프로그램에 관한 전문적인 지식과 프로그램개발 기법이 무엇보다 중요하다.

최근 들어 청소년지도에 대한 관심과 연구가 활발해지고는 있지만 청소년지도의 전문성과 체계성에 대해서는 여전히 미흡한 점이 많다. 청소년지도가 청소년 자신들에게는 물론이고 청소년육성이라는 국가적인 차원에서 전문적인 영역으로 보다 더 확실하게 자리 매김하기 위해서는 청소년 프로그램개발에 대한 체계화 및 과학화 작업이 매우 절실하다. 청소년지도 과정에서 청소년지도사가 청소년들에게 필요한 적합한 교육과정을 설정하고, 이것을 토대로 청소년지도 현장에서 효과적으로 실천해 나갈 수 있는 프로그램이 개발될 때 비로소 청소년지도의 효과성과 유효성을 인정받을 수 있기 때문이다.

한편, 청소년지도의 과정에서 청소년지도사는 학교에서 교과목을 담당하고 있는 교과담당 교사들과는 다른 차별화된 전문성이 요청된다. 교사들의 경우 이미 공약된 교과과정과 교육 일정이 마련되어 있고, 교사용 지도지침서가 있을 뿐만 아니라 교과내용을 효과적으로 교수하기 위한 갖가지 매체와 평가 방법까지도 정해져 있기 때문이다. 뿐만 아니라 학교 교사들은 고정된 교육내용을 교실 상황이나 학생의 특성에 따라 다소 변형 또는 재구조화 하고, 자기 교수기법을 연마해 나가는 것만으로 교수-학습의 과정을 효과적으로 수행해 나갈 수 있다.

그러나 청소년지도사는 청소년지도의 목적에 적합한 표준화된 교육과정 및 프로그램이 없을 뿐만 아니라 실제로 청소년지도 현장에서 적절하게 적용시킬 수 있는 프로그램도 매우 제한적이다. 또한 기존의 프로그램이 설사 있다고 하더라도 일정표나 행사 계획과 같은 비구조화된 형태가 대부분이어서 지도활동에 큰 어려움을 안고 있다.

따라서 청소년지도사는 청소년지도를 위한 영역과 내용을 직접 결정하고 이것을 체계적인 프로그램으로 설계하고 개발할 수 있는 전문 능력이 필요하다. 이러한 전문 능력에는 프로그램을 체계적이고 논리적으로 개발하기 위해 모델을 선정하고 각 단계와 절차를 전개함에 있어 필요로 하는 다양한 기법을 포함한다. 여기에는 청소년단체 및 기관의 상황을 파악할 수 있는 능력도 필요하고, 프로그램개발과 관련된 사람들의 요구 및 관심사를 협상할 수 있는 사회적·정치적 능력도 요청된다.

4. 청소년 프로그램개발의 개념

프로그램개발(program development)의 의미를 지칭하는 용어는 '프로그래밍'(programming), '프로그램계획'(program planning), '프로그램구안'(program building) 등 다양하다. 어느 경우에는 학교교육에서 주로 사용되었던 커리큘럼 개발(교육과정개발)과 별다른 차이점을 두지 않고 그 용어를 그대로 사용하는 경우도 있다. 그러나 보통 청소년학계에서는 독자적인 용어로 '프로그램개발' 혹은 '프로그램계획', 그리고 '프로그램설계'라는 용어를 많이 사용하고 있다. 청소년 프로그램개발의 개념은 구조적, 절차적, 행위적, 현상적 측면에서 구체적으로 탐색해 볼 수 있다.

1) 구조적 측면: 프로그램개발의 범위

구조적 측면에서 프로그램개발의 개념은 어디까지를 프로그램개발로 규정할 것인가와 관계된다. 프로그램개발의 개념은 협의의 의미로 프로그램계획으로만 이해될 수도 있다. 그렇지만 많은 관련 문헌들 속에서 프로그램개발이란 보다 광의의 의미로 '프로그램계획'과 '프로그램운영'을 포함하고 있다. 심지어는 프로그램을 실시하고 운영한 후에 프로그램에 대한 총괄적인 평가를 포함시키고 있기도 하다. 그러므로 프로그램개발이란 프로그램계획이나 프로그램설계 이상의 개념을 함의하고 있다. 프로그램설계는 교육목적, 내용 또는 경험, 조직 및 평가를 다루는 기술만을 강조하지만, 프로그램개발은 프로그램을 계획·설계·시행·평가하는 수단과 방법까지를 포괄하는 광의의 개념으로 규정되는 것이 일반적이다.

본 교과에서 프로그램개발의 범위는 프로그램기획(program planing), 프로그램설계(program design), 프로그램마케팅(program marketing), 프로그램실행(program implementation), 프로그램평가(program evaluation) 등을 포함한다. 다시 말해, 프로그램개발이란 이상적인 청소년교육과 활동의 조직과 운영을 기본으로 하는 실천적 연구행위로 잠재적 학습자 집단과 청소년기관 간의 공동의 노력을 통해 정보와 자원(resources)을 획득하고 이들을 일정한 절차에 따라 적절한 순서대로 프로그램을 설계하고, 그 프로그램을 청소년에게 제공하여 최종적으로 그 효과를 평가한 후 프로그램을 개정하는 일련의 과정을 말한다.

2) 절차적 측면: 프로그램개발 단계와 기법

프로그램개발은 광범위한 영역(range)과 사건(event), 절차(procedure)를 포함하고 있는 복합적인 성격(pluralistic nature)을 띠고 있다(Long, 1987: 186). 이러한 견해에서 볼 때, 프로그램개발(program development)이란 프로그래머가 평생교육 프로그램을 효과적으로 개발하기 위해 프로그램을 기획(planning), 시행(implementation), 평가(evaluation)를 수행하는 모든 활동의 순서나 차례로 규정되는 일련의 과정이라 할 수 있다. 남정걸(1994)은 프로그램개발의 범위를 개발과정과 전개과정으로 분류하고 계획과 조직 단계를 개발과정이라 하고 시행과 평가를 전개과정이라 하였다. 이러한 규정들은 프로그램개발의 범위와 영역을 고려하여 절차적 측면에서 프로그램개발을 정의한 것이라 할 수 있다. 즉, 프로그래머가 프로그램개발의 준비과정에서부터 최종적인 평가 및 개정 단계에 이르기까지 매우 광범위한 영역(range)과 사건(event), 그리고 절차(procedures)를 단계적으로 밟아 나가는 것으로 규정하고 있는 것이다. 따라서 각 절차와 단계들을 체계적으로 이해하고 실천할 수 있는 능력이 프로그램개발자에게 요구되며, 이것은 청소년지도자가 프로그램개발자로서 창의성과 과학성을 강조한다.

3) 행위적 측면: 프로그램개발자의 역할과 행위

행위적 측면에서 프로그램개발이란 프로그램개발자의 역할과 행위에 초점을 맞추어 규정된다. 이러한 측면은 프로그램을 창출해내는 협동적 · 실천적 연구

행위가 바로 프로그램개발이라 할 수 있다.

행위적인 측면에서 프로그램개발의 의미를 이해하기 위해 계획이란 개념을 탐색해 볼 필요가 있다. 계획이란 "기술적, 합리적으로 순서화된 절차를 말하며, 논리적으로 종합적인 과정이거나 혹은 일을 잽싸게 처리해 나가는 정치과정"을 말한다. 여기에서 주목할 것은 계획행위가 일종의 정치적 과정이라는 사실이다. 실제로 프로그램개발과정에 참여한 사람들의 영향력(influence)과 권한은 의사결정에 반영된다. 이것은 프로그램개발이 이루어지는 조직체적 맥락을 강조하고, 프로그램개발자가 권력관계(power relations)에 의해 구조화된 조직체적 상황 속에서 관심사를 협상하는 사회적 활동(social activity)에 주목한다. 따라서 프로그램개발자의 사회적 책임성에 대한 문제를 제기하고, 프로그램개발 과정에서 프로그램개발자가 취하는 실제 행동을 "권력(power)"과 "관심사(interests)", "협상(negotiation)", 그리고 "책임성(responsibility)"을 강조한다. 부연하자면, 청소년지도사들이 행하는 사회적 실천행위(social practice)가 바로 프로그램개발이며, 이것은 청소년지도사가 새로운 청소년 세상을 만들어 가는 전문적인 노력이라 할 수 있다.

4) 현상적 측면: 프로그램개발의 총체적인 현상

현상적 측면에서 프로그램개발이란 활동의 주체자인 청소년과 청소년지도사 사이의 상호작용의 내용을 창출, 선정, 조직, 개발하는 행위 등을 하나의 사진으로 촬영하듯이 총체적으로 표현한 것을 말한다. 여기에서 청소년과 청소년지도사의 상호작용 내용은 학습자인 청소년의 성장과 발달은 물론 그들의 문제해결에 실질적으로 도움이 되는 유용한 지식과 정보를 말한다. 다시 말해, 현상적 측면에서 청소년 프로그램개발이란 청소년에게 필요한 의미 있는 지식과 정보, 그리고 활동거리를 창출하고, 이 중에서 프로그램 속에 포함시킬 내용을 합리적으로 선정하고, 이를 논리적으로 조직하여 하나의 매체화된 자료로 개발하는 일련의 현상을 프로그램개발이라 할 수 있다.

5. 프로그램개발의 성격과 특성

1) 프로그램개발의 성격

청소년지도사가 프로그램개발의 기본 성격을 잘 이해하고 있으면, 프로그램을 개발하는 과정 중에 다양한 조치를 취하는데 큰 도움을 얻을 수 있다.

첫째, 프로그램개발이란 청소년기관의 적응기제이며, 혁신기제로서 청소년기관의 변화창출 전략이다. 구체적으로 청소년기관에서 행해지는 프로그램개발은 사회변화에 대한 청소년기관의 교육적 대응이며, 동시에 청소년기관이 새로운 변화 창출을 주도하기 위한 교육적 대안 제시라 할 수 있다. 청소년기관은 끊임없이 변화하는 사회의 변화 양상과 청소년의 요구 및 필요에 적응하여야 하는데 이러한 교육적 적응기제는 바로 그 청소년기관이 가지고 있는 교육프로그램이다. 또한 청소년기관은 단순히 변화에 대해 수동적으로 대응하는 실체가 아니라 새로운 변화를 창출하는데 적극적인 노력을 기울여 나가야 할 것이다.

둘째, 청소년학 분야에서 프로그램개발은 청소년 개개인의 행동변화뿐만 아니라 청소년집단의 변화를 지향하고, 심지어는 청소년을 둘러싼 지역사회 및 환경을 변화시키는 목적을 가지고 있다. 변화를 촉진하는 주요 내용은 청소년이 가지고 있는 기존의 지식과 기술뿐만 아니라 청소년의 마음, 태도, 신념을 변화시키는 데 초점이 맞추어진다.

셋째, 프로그램개발은 계속적인 집단적 의사결정 과정이다. 프로그램을 개발하는 과정에 참여한 경험이 있는 청소년지도사라면 이러한 지적에 대해 쉽게 동의할 것이다. 프로그램개발의 범위를 어느 정도까지 할 것인가? 프로그램개발에 참여하게 될 청소년 대표는 몇 명 정도로 할 것인가? 요구분석을 통해 파악된 내용들 중에서 우선순위를 어떻게 결정하여 그 요구를 프로그램에 포함시킬 것인가? 프로그램을 운영하기 위해 그 활동 전략은 어느 정도까지 구체화시킬 것인가? 프로그램 결과에 대한 평가준거를 무엇으로 할 것인가? 등 결정해야 할 일련의 사건 내용들이 연속적인 의사결정과정임이 틀림없다. 따라서 프로그램개발에 관여하는 청소년지도사는 각 단계에서 바람직한 결정을 내리기 위해 의사결정원리를 잘 알고 있어야 할 것이다.

넷째, 프로그램개발은 청소년의 요구와 필요를 확인하고 분석하기 위해 청소년단체 및 청소년기관과 청소년대표가 참여하는 공동의 노력(collaborative effort)이다. 청소년지도사는 청소년의 자발적인 참여를 유도하기 위해 각별한 노력을 기울여야 할 것이지만, 특히 가장 우선되어야 할 것은 프로그램을 개발하는 동안 청소년을 참여시켜 프로그램에 청소년의 요구와 필요를 반영하여 개발된 프로그램에 그들의 자발적인 참여를 촉진시켜나가야 할 것이다.

다섯째, 프로그램개발은 여러 계층의 사람들이 복잡한 절차와 단계에 공동으로 참여하는 집단활동으로 하나의 체제(system)로 간주될 수 있다. 즉, 체제란 프로그램개발과 관련된 다양한 개념들과 과정들로 구성된 각 부분들이 하나의 통합적인 전체를 형성하기 위해서 상호관련되어 있고, 질서정연하게 연결되어 있는 것을 뜻한다. 실제로 프로그램개발과정에는 ① 프로그램 기획, ② 프로그램 설계, ③ 프로그램 운영, ④ 프로그램 평가 및 개정 등과 같은 주요 하위과정들이 있으며, 이 하위 과정 속에는 또한 다양한 조치들이 포함되어 있다. 따라서 청소년지도사는 프로그램개발이 총체적인 체제(holistic system)라는 사실을 인식하고 있어야 할 것이다.

여섯째, 프로그램개발은 청소년단체 및 청소년기관이 성장하고 발전하는 데 필요한 정보와 전략을 획득하는 피드백 수단이다. 청소년단체와 청소년기관은 프로그램개발을 전개하는 과정에서 환경의 변화에 적응하고, 조직의 혁신과 재생을 경험하게 된다.

2) 프로그램개발의 특성

프로그램개발의 성격은 실천 지향적이며, 경영관리적 성격을 포함하고 있어 그 개발과정이 협동적 성격과 체제적 성격 등이 부각되는 다원적인 특성을 나타낸다. 프로그램개발이 가지고 있는 몇 가지 특성에 대해 살펴보자.

첫째, 일반적으로 청소년지도에서 프로그램개발의 기본 단위와 주체가 청소년단체와 청소년기관 등 조직체를 기본단위로 한다는 특징을 가지고 있다. 학교교육이 교육부 주관 하에서의 행정체제와 관리체제를 갖는 데 비해 청소년지도에서는 기관 및 조직체를 기본 단위로 하여 독립적으로 프로그램을 개발한다.

둘째, 청소년단체 및 청소년기관이 학교교육 기관에 비해 대체적으로 소규모적이고 여건이 열악하지만 프로그램개발은 학교교육과는 다르게 청소년기관 및 단체를 중심으로 보다 역동적으로 이루어진다는 특징을 가지고 있다.

셋째, 프로그램개발에서 청소년지도사의 역할이 학교교육 현장에 종사하는 교사보다 월등히 크다는 특징을 가지고 있다. 학교교육 현장에서 교사의 역할이 단순히 국가에서 이미 개발된 교육과정을 전달하는 역할만을 수행하는 데 비해 청소년지도사가 프로그램의 내용을 선정하고 조직한다. 이러한 맥락에서 볼 때, 청소년지도에서 프로그램개발은 그 활동의 잠재력이 상대적으로 매우 크다 할 수 있다.

넷째, 청소년지도에서 프로그램개발은 청소년기관 및 단체의 성격, 프로그램의 유형, 프로그램의 단위, 참여자의 형태, 프로그램개발자의 성향에 따라 다른 양상을 보인다는 특성을 가지고 있다.

본 장에서는 청소년 프로그램이 무엇을 의미하고, 이러한 프로그램을 구상하고 만들어가는 프로그램개발에 대한 개념과 성격들에 대해 언급하였다.

참고문헌

김진화(2001). 평생교육 프로그램개발론. 서울: 교육과학사.

김진화(2004). 청소년 프로그램개발과 평가. 문화관광부 · 국립중앙청소년수련원. 2급 청소년지도사자격연수교재.

김진화 · 정지웅(1997). 사회교육 프로그램개발의 이론과 실제. 서울: 교육과학사.

남정걸(1994). 사회교육 행정론. 서울: 교육과학사.

한국청소년개발원(1992). 프로그램개발과 평가. 서울: 양서원.

한상철(1998). 청소년학개론. 서울: 중앙적성출판사.

2장 청소년 프로그램개발의 이론

청소년지도사가 프로그램을 개발함에 있어 단순히 프로그램개발의 도구적인 절차나 모델만을 알고 있는 것만으로는 충분하지 않다. 청소년지도사는 프로그램개발자로서 프로그램이 청소년들에게 무엇을 의미하고, 프로그램을 왜 개발해야 하며, 효과적인 프로그램을 개발하기 위한 이론과 접근방법에는 어떠한 것들이 있는지에 대해 알고 있어야 할 것이다.

본 장에서는 프로그램개발 영역 중에서 이론에 초점을 맞추어 그동안 학자들이 논의해 온 프로그램개발의 거시적 패러다임과 이론적 접근 방법들에 대해 제시하였다.

1. 청소년 프로그램개발 이론의 정의와 성격

1) 프로그램개발 이론의 정의

보통 우리가 이론이라 말하고 있는 사회과학의 구체적인 이론의 실상은 전통적으로 논리실증주의와 구성주의에 근거하고 있다. 논리실증주의는 인간의 실존적 가치를 인정하지 아니하고 자연과학적 객관주의를 지향함으로써 경험주의(empirical)와 조작주의(operationalism)에 근거하여 현상과 대상에 대한 측정과 검증을 통해 산출된 것을 이론으로 규정한다. 반면, 구성주의는 인간만의 독특한 실존적 가치를 인정하고 대상과 현상에 대한 간주관성(intersubjectivism)을 근거로 현상과 대상에 대한 실제적 · 해석적 의미부여를 통해 산출된 것을 이론으로 규정한다.

그렇다면 프로그램개발 이론이란 어떻게 규정할 수 있을까? 프로그램개발 이론이란 실증주의에 근거하여 프로그램개발의 합리적 절차와 원리에 대한 규범적 이론은 물론이고 프로그램개발자가 프로그램개발 과정에서 실제적 · 해석적 의미부여를 통해 산출된 프로그램개발의 의미체계와 논리체계를 포함한다.

2) 프로그램개발 이론의 성격

프로그램개발 이론은 선험적 이론의 성향을 띠고 있다. 그동안 프로그램개발의 이론화 과정에서 어떠한 지적 탐구의 산물로서의 이론이 아니라 현장에서의 실천을 위한 지침 차원의 이론이 많았다. 프로그램개발 이론은 현상에 대한 기술이 아니라 프로그램개발자가 취해야 할 절차를 제시하고 규정하는 데 치우쳐 있었다. 즉, 프로그램개발에 참여한 사람들에게 규범적인 훈련과 절차로 구성된 선험적인 이론들이 주류를 이루었던 것이다. 그러므로 선험적 이론의 성격을 띠고 있는 프로그램개발 이론은 학자들마다 특정한 가치와 상황에 맞는 독특한 이론을 제시한다. 그러나 이러한 이론들은 실천적 행동을 위한 지침으로, 과학적인 지적 탐구가 부족했던 이론, 현상에 대한 기술보다는 당위적인 명령과 훈령이라는 제한적인 규범과 같았다.

그러나 프로그램개발의 이론이 프로그램개발에 참여한 사람들의 실천적 성격과 그들의 행동에 대한 규범적인 성격의 특성을 완전히 배제할 때에만 프로그램개발 이론으로써 가치가 있다는 뜻은 결코 아니다. 문제는 과거처럼 프로그램을 개선하고, 발전시켜야 한다는 당위성에 근거하여 전적으로 프로그램개발을 위한 운영과 절차적인 측면에만 초점을 맞추고 있다는 점이다. 왜냐하면 프로그램개발에 대한 이해를 보다 깊고 넓게 조망하는데 문제가 있기 때문이다. 그러므로 프로그램개발자가 프로그램을 개발하는 과정에서 실질적으로 직면하고 있는 의사결정과 우선순위설정, 그리고 조직적 맥락 속에서 부딪치고 있는 다양한 정치적 · 윤리적인 측면에 대한 이론적 체계화에도 관심을 기울여야 할 것이다.

프로그램개발은 프로그램개발자의 실천적 연구행위라 할 수 있다. 이것은 프로그램개발이라는 현상을 프로그램개발자의 실천적 연구 행위에 초점을 맞추어야함을 함의한다. 실제로 프로그램을 개발하는 과정에서 프로그램개발자는 과정전문가로서의 역할, 내용전문가로서의 역할, 협상가로서의 역할, 의사결정자로서의 역할, 교수학습설계자로서의 역할 등 다양한 역할을 수행하기 때문에 프로그래머의 실천적 행위에 대해 관심을 기울이는 것은 당연하다.

이제는 프로그램개발이론은 프로그램개발자가 프로그램개발 과정에서 적용해 나가야 할 훈령과 같은 다양한 절차와 기법을 명시하고 있는 규범적이고 선험적인 이론과 프로그램개발자가 프로그램개발의 다양한 맥락을 고려하여 적절히 실천해 나가야 할 프로그램개발자의 실천적 연구행위에 초점을 맞춘 이론을 가지게 됨으로써 새로운 지평을 열어가고 있다.

2. 청소년 프로그램개발 패러다임

청소년 프로그램개발에 대해 우리의 생각을 지배해온 주된 패러다임이 있었다. 패러다임은 일종의 개념적인 틀(conceptual framework)로 청소년지도사가 프로그램을 개발하기 위해 가지고 있는 인식의 틀을 말한다. 청소년지도사는 자신이 형성하고 있는 이러한 인식의 틀을 통해 나름대로 청소년 프로그램개발을 수행하게 된다. 이제까지 청소년 프로그램개발은 ① 실증주의 패러다임, ② 구성주의 패러다임, ③ 비판주의 패러다임 등으로 분류할 수 있다.

1) 실증주의 패러다임

실증주의(positivism) 패러다임은 전통적으로 자연과학에서 강조해 왔던 경험・분석적(empirical-analytic) 패러다임이라 하며, 청소년 프로그램개발과 관련하여 학교교육의 교육과정개발의 근거이론이 되는 Tyler의 이론과 직접적으로 관계된다.

이 패러다임에서 프로그램이란 청소년의 외부 세계에 존재하는 새로운 지식과 정보, 그리고 기술 등을 청소년에게 전달하거나 가르칠 수 있도록 하는 도구적이고 공학적인 성격으로 규정된다.

이러한 견해에서 볼 때, 프로그램개발이란 청소년지도사와 청소년 사이의 수단적인 메커니즘을 효과적으로 만들어 가기 위해 프로그램개발의 절차를 강조하고, 이러한 의도와 목표에 의해 내용을 결정하는 목표수단모델의 성격이 강하다. 당연히 청소년지도사는 청소년을 일정한 의도 하에 가르치는 통제자로서 주어진 내용을 효과적으로 전달하는 사람으로 간주한다. 이러한 관점은 학교교육에서 교사와 학생의 관계에서 볼 수 있듯이 청소년지도사와 청소년이 가르치고 배우고 익히는 교수−학습 행위로서 관계가 형성되고 있음을 전제한다. 청소년수련활동이 시작되었던 초창기에는 상당히 많은 프로그램들이 성과와 청소년의 외현적 행동변화를 지나치게 강조함으로써 청소년지도사와 청소년의 관계를 통제자와 수용자로 설정한 바 있다.

이러한 관계설정의 배경에는 프로그램에 참여하는 청소년을 수동적이고 피동적인 존재로 간주하는 인식이 깔려 있다. 즉, 청소년이 프로그램에 참여하는 학습자로서 선행지식과 경험이 없는 '빈 그릇' 상태에 놓여있는 것으로 간주하고, 청소년지도사는 이러한 빈 그릇에 무엇인가를 채워주는 권위 있는 사람으로 인식한다. 이러한 관점에서는 당연히 사전에 설정된 목표와 직접적으로 관련된 내용과 활동만을 지나치게 강조하고, 외현적인 행동변화에 초점을 맞추는 행동주의 학습 원리를 따른다.

한편, 실증주의 패러다임에서 프로그램개발이란 교육과정개발을 위해 Tyler (1929)가 제시한 바 있는 모델에 따라 미리 계획된 특정한 목표를 성취하기 위한 수단으로 인식된다. 그가 제시한 모델은 다음과 같다. 첫째, 기관이 지향하는 교육의 목적은 무엇인가? 둘째, 이러한 목적을 달성하기 위해 어떠한 학습 경험을 선정하고 조직할 것인가? 셋째, 효과적으로 어떻게 프로그램을 전개할 것인가? 넷째, 이러한 학습경험의 효과를 어떻게 평가할 수 있는가?로 구성된다. 그러므로 이 패러다임은 청소년이 체험하는 구체적인 프로그램의 내용을 청소년기관의 입장에서 결정하는 경향이 강하고, 프로그램의 전개방식도 권위적이고 일방적인 성격이 짙다. 이러한 과정은 당연히 청소년의 자율적이고 적극적인 참여가 상대적으로 등한시될 위험성이 있다.

이러한 모형은 최근에 와서 행동목표의 분류와 프로젝트 학습 등으로 더욱 세련되어 발전하고 있다. 그러나 청소년 프로그램개발을 특권층의 고유한 영역으로 지나치게 집중화시켜 청소년과 청소년지도사의 사고를 하향식으로 고착시키고, 프로그램의 평가과정이 의도된 행동변화에만 관심을 기울이고 있어 프로그램의 잠재적 성과를 등한시하는 경향이 있다.

결국, 실증주의 패러다임에서 바라보는 프로그램개발은 목표가 먼저 결정되고 여기에 프로그램 내용을 결정하는 "목표-수단 모델"을 표방하고, 체계적이고 합리적인 프로그램개발의 절차를 중요시할 뿐만 아니라 국가 혹은 청소년기관, 그리고 특정 분야의 전문가에게 의존하는 이론적 준거 틀이다.

2) 구성주의 패러다임

구성주의 패러다임은 실제적-해석적 패러다임(practical-interpretive paradigm)이라 하며, 의미를 창조해 가는 주체적인 존재, 실존적 존재로 인간을 간주함으로써 청소년지도의 과정을 청소년지도사와 청소년이 함께 '의미를 창출하는 상호작용의 과정'으로 규정한다.

이러한 맥락에서 볼 때, 청소년 프로그램은 청소년지도사와 청소년 간에 긴밀한 상호작용을 통해 의미를 창출할 수 있는 구체적인 교육적 실체로 간주된다. 그러므로 청소년은 프로그램 속에서 체험하는 다양한 교육적 경험을 통해 지속적인 반성적 숙고과정(reflective process)을 거치게 되고, 청소년지도사와 청소년은 서로 의미를 창출하고 공유하는 상호작용의 주체이며, 프로그램의 실질적 주인공이다.

그러므로 청소년 프로그램개발은 청소년지도사와 청소년의 상호작용을 안내하기 위해 수행되는 의도적인 실천 행위로 간주한다. 당연히 프로그램개발은 특정 분야의 내용 전문가에게 전적으로 위임하지 않고, 청소년지도사와 청소년 중심의 프로그램개발을 강조한다. 즉, 프로그램을 직접 운영하는 청소년지도사에게 보다 많은 권한과 책임을 부여한다. 또한 청소년 프로그램개발 과정에 참여하는 사람들 상호간의 '합의'와 '의사소통'을 강조하는 집단적 의사결정과정으로 간주함으로써, 하나의 프로그램이 구성되는 과정에 관련 있는 많은 사람들의 이해와 관심사가 협상과 통합의 과정을 거쳐 이루어지는 순환적 합의제 모형이라 할 수도 있을 것이다.

결국, 구성주의 패러다임에서 청소년 프로그램개발이란 개발과정에 참여하는 다양한 사람들의 합의에 기초를 둔 집단 의사결정 과정으로 간주하기 때문에 청소년 프로그램개발의 주체에 대한 문제를 부각시켜 실제 프로그램을 운영하고 전개하는 청소년지도사와 프로그램에 참여하는 청소년 중심으로 프로그램개발의 중요성을 강조하였다는 이론적 준거 틀이다.

3) 비판주의 패러다임

비판주의 패러다임(criticvism paradigm)은 비판적 · 해방적 패러다임이라 하기도 하며, 구성주의 패러다임과는 차이를 보인다. 구성주의 패러다임이 의미와 이해를 위한 개인적 추구에 관여하는 반면에 비판적 · 해방적 패러다임은 더 넓은 사회에서 이데올로기적, 사회경제적 힘들로부터 발생되는 인간의 억압의 상태를 해방시키는 데 관심을 기울인다. 이 억압 상태는 교육적 성장을 방해하므로, 이러한 요인들을 밝혀내고, 극복하기 위해 교육을 필요로 한다. 따라서 교육이 개인의 진정한 해방을 목적으로 하고 있기 때문에 교육을 '의식화'과정으로 간주한다. 의식화는 비판적 통찰력과 창조적 행위능력을 포괄하는 개념으로 청소년지도의 과정이 청소년과 청소년지도사와의 대화와 타협을 통해 이루어진다고 가정한다.

따라서 프로그램의 내용은 청소년의 반성(reflection)과 행위(action)의 상호작용으로 설명되는 비판적 실천행위(praxis)이라 할 수 있다. 즉, 가상적 세계가 아닌 실제 세계에서 청소년지도자와 청소년 간의 반성과 행위의 상호작용을 통해 의미를 창출하는 과정이 바로 프로그램인 것이다. 프로그램은 청소년지도자와 청소년이 함께 프로그램 내용을 구성하고 비판적으로 반성하는 통합적 과정 자체가 청소년지도 과정이기 때문에 이것과 별개로 다루어 질 수 없고, 이러한 과정이 바로 '대화과정'이기 때문에 이 패러다임에 따른 청소년 프로그램개발의 형태는 "대화 모형(dialogical model)"이라고 할 수 있다.

대화모형은 청소년지도자와 청소년 간의 '대화'에 기초하고 있으며, 다른 모형에 비해 상대적으로 청소년의 참여가 부각된다. 대화과정은 행위(action)와 반성(reflection)의 상호작용으로 이루어진다. 인간의 지식이 사회적 구성물이라는 점을 전제하여, 청소년들은 청소년지도자와의 상호작용에서 동등한 권리와 존재가치를 지닌 청소년지도의 주체로서 스스로 지식의 구성 과정에 참여하고(행위), 이것의 갈등적 의미를 비판적으로 검토한다(반성). 결국, 비판주의 패러다임에서 청소년은 단순히 학습경험 선택의 폭넓은 기회를 부여받거나 성인의 의존으로부터 벗어나 자신 스스로 학습경험에 대한 통제력을 갖게 된다.

비판주의 패러다임의 구체적인 사례는 김진화 · 권장희(2001)에 의해 개발된 『청소년 YP 프로그램』이 대표적이다. 이 프로그램은 일명 '청소년스스로지킴이 활동'이라 하며 청소년이 접하고 있는 환경에 대해 깊이 있는 관심을 기울이면서 유해환경에 대해 비판능력과 대응능력을 스스로 개발할 수 있도록 하는 전형적인 비판주의 패러다임의 성격을 가지고 있는 전형적인 예라 할 수 있다.

이상의 내용들은 청소년 프로그램개발을 전개하는 데 청소년지도사가 기본적으로 습득하여야 할 거시적인 개념 틀이라 할 수 있을 것이다.

3. 청소년 프로그램개발의 접근방법

패러다임이 거시적 관점에서 청소년지도 계획을 바라보는 것이라면, 모델은 미시적인 관점에서 보다 구체적으로 청소년지도 계획 및 프로그램개발을 설명한다. 여기에서 제시될 접근 방법은 전통적 합리주의적 접근, 자연주의적 접근, 체제적 접근, 비판적 실천 접근, 경영관리적 접근 등으로 나누어 살펴보았다.

1) 전통적 합리주의적 접근방법

전통적 합리주의적 접근(classical rational approach)은 기술공학적인 합리성에 기초를 두고 청소년지도의 효능성과 효율성을 증진하기 위해 프로그램개발의 실천적 절차에 초점을 두는 이론으로 가장 오래되고 지배적인 프로그램개발의 접근방법 중에 하나이다. 이것은 Tyler의 이론에 토대를 둔, 즉 교육목표, 학습경험, 학습경험의 조직, 학습경험의 평가 등으로 이어지는 선형적인 통제과정으로 이해된다.

이 접근방법은 수단-목적 접근방법으로서 논리적이고 처방적이다. 또한 기술적 및 과학적인 원리에 의존하고 있으며, 동시에 프로그램을 명료하게 설명하는 데 필요한 모형, 플랜, 그리고 단계적 전략을 포함하고 있다. 목적과 목표를 명세화시키고, 내용과 활동은 목표에 일치하도록 계열화시키며, 그리고 지도성과는 목적과 목표에 관하여 평가된다는 입장을 취하고 있다. 구체적으로 이 이론은 바라는 결과(목표)와 결과에 도달하기 위한 수단(학습경험)과, 이 수단이 목표를 성취했는지를 결정하는 과정(평가)을 주로 기술하고 있어 "수단-결과"(means-ends model)이라고도 한다. 결국 이 모델에서는 청소년지도 목표가 학습경험 및 프로그램 내용을 결정할 만큼 매우 중요한 위치를 점하고 있다.

결과적으로 전통적 합리주의적 접근은 프로그램개발 절차의 합리성과 실천성을 강조하며, 또한 프로그램개발 과정에서 지도목표 설정이 중요한 관심사가 되고 프로그램 내용이 지도목표 달성의 수단에 불과하다는 관점에서 개발 절차를 밟아 가는 특성을 보인다.

2) 자연주의 접근방법

자연주의적 접근(naturalistic approach)은 모든 참여자의 신중한 숙의적, 실제적 추론의 역동적 과정에 의한 경험의 공유를 통해 합의된 결정에 도달하는 순환적-합의 모델로서 특징 지워진다. 또한 자연주의적 모델은 청소년지도목표를 프로그램개발을 위한 유일한 원리로서 받아들이지 않고 청소년지도 목표가 프로그램개발의 출발점도 아니며 단지 더 나은 프로그램을 만들도록 해주는 방법들 중의 하나로 간주한다.

이러한 접근 방법을 따라 프로그램을 개발하려는 사람은 전통적 합리주의적 접근 방법의 선형적 네 단계를 따르지 않는다. 프로그래머들은 지도목표를 진술하지 않고 그들이 공유하는 내용, 청소년, 청소년지도자, 그리고 사회에 대한 일련의 믿음과 이미지를 출발점으로 삼는다. 그들의 과업은 프로그램개발에서 그들이 취할 일련의 행동 진로(방향)를 제시하는 것이고 각 제안에 대한 찬·반을 토론하는 것으로 구성되어 토론은 자연히 프로그램개발자가 갖고 있는 믿음과 가치체계인 강령(platform)에 깊이 의존하게 된다.

자연주의적 접근은 지도목표를 설정하는 일보다 실제 학습을 안내할 지도내용에 더 관심을 보이며, 교육목표에 의한 학습자의 행동 결과보다는 교육내용을 통해 나타난 학습자의 행동 자체에 관심을 갖는다. 따라서 이 접근에서는 목표에서 프로그램 내용이 도출되는 것이 아니라 프로그램 내용에서 목표가 결정되는 과정이므로 프로그램개발 절차에 이러한 특성을 반영하고 있다하겠다.

3) 체제적 접근방법

체제적 접근(system approach)이란 청소년기관을 하나의 사회체제로 간주하고 학습자, 청소년기관 및 조직체, 환경 등과 상호작용을 통해 프로그램을 개발한다. 청소년 프로그램개발에 있어 체제적 성격은 청소년지도가 청소년과 사회의 요구에 부응할 수 있게 하며, 참여자의 역할을 강조하고 결과 획득의 절차를 신중히 개발함으로써 질서 정연한 프로그램개발을 형성한다.

체제적 접근은 프로그램개발을 하나의 체제로 간주하고 그 과정이 순환적이며 통합적인 단계로 이루어져야 함을 강조한다. 따라서 프로그램개발 과정이 단순히 지도 목표설정이나 프로그램 내용선정 및 조직 차원에서 보지 아니하고 그 기관의 모든 자원을 고려한 총체적인 차원에서 이루어져야 함을 강조한다.

체제적 접근의 대표적인 예는 교수체제설계 또는 개발(Instructional System Design/Development; ISD) 모형이라고 한다. 한상철(1998)은 이것을 토대로 청소년지도 프로그램개발에 적용하여 나름대로 모형을 제시한 바 있다.

프로그램개발의 결과로 나오게 되는 산출물에는 대체로 지도 매뉴얼, 학습자 교재, 교보재(매체포함), 평가도구 등이 포함되며, 이 속에는 또 다시 구체적인 교육의 목표와 조직된 교육의 내용, 교수전략, 평가전략 등이 포함될 것이다. 이러한 산출물들을 내기 위해서는 ISD의 각 단계들을 따라가면서 각 단계에서 요구하는 정보들을 채워 나가야 할 것이다.

본 모형은 6회의 프로젝트 회기(sessions)와 5개의 개발과정을 가지며, 전체 9개의 단계를 포함하고 있다. 개발과정은 분석, 설계, 개발, 실행, 평가이며, 단계는 교육요구검토, 조사/분석, 목표진술 및 평가전략 수립, 프로그램 설계, 프로그램개발, 현장검증, 프로그램 제작, 실행, 평가를 포함한다.

4) 비판적 실천 접근방법

비판적 실천 접근을 이해하기 위해서는 청소년을 지역사회의 생활인으로 이해할 필요가 있다. 기존의 교육에서는 폐쇄된 공간이나 혹은 제한적인 장소에서만 청소년을 지도하고 교육하는 것으로 한정한다. 그러나 청소년을 지도함에 있어 그들이 생활하고 있는 지역사회 속에서 청소년지도과정을 적용시켜나갈 수도 있을 것이다. 따라서 비판적 실천접근이 필요하다.

비판적 실천(praxis) 접근은 Freirian 접근과 참여연구법(participatory research)으로 대별되며, 이것은 학교교육의 교육과정이론 중 비판적·해방적 패러다임과 그 뿌리를 같이하고 있다. 이 이론은 전통적 합리이론이 프로그램개발을 가치중립적 행위로 보고 프로그램개발 구성의 절차적 요소를 강조하고 있음을 비판한다. 따라서 이 이론에서는 프로그램개발을 총체적인(holistic) 과정으로 이해하며, 프로그램을 통한 변화의 대상을 개인학습자뿐만 아니라 사회적 구조까지 포함시키고, 프로그램개발과정을 변증법적인 논리와 귀납적인 방법에서 접근하고 있다.

이 이론에서의 프로그램개발의 핵심적인 요소는 바로 청소년지도자 자신에 의한 현장실천 연구이다. 그리고 프로그램의 내용은 사회적 구성물이며, 학습자는 행위를 통하여 지식의 구성에 능동적으로 참여한다. 따라서 지식을 구성하고 선정하는 정당화의 과정이 대화과정의 초점을 이룬다. 또한 프로그램의 평가행위는 이러한 정당화의 과정에 포함되며 교육실천가에 대한 외부 평가라는 통제에서 벗어나 청소년지도자와 청소년이 주체적인 평가 권한을 갖는다. 이처럼 이 이론은 프로그램개발에 있어서 민주적 원리를 강조하며, 또한 프로그램개발이 선형적인 단계가 아니라 비선형적이며 순환적인 과정으로 이해된다.

5) 경영관리 접근방법

청소년 프로그램개발의 경영관리적 성격은 청소년기관이 점차 조직화, 전문화, 제도화되어감에 따라 부각되고 있다. 이러한 변화의 추세가 의미하는 것은 첫째, 프로그램개발의 효율성이 프로그램전문가(PDS)의 기능에 달려 있다는 것이다. 이러한 기능은 정확한 상황분석, 인적요원·기능·자원의 결합, 반복되는 문제의 해결, 바람직한 프로그램의 창출 등을 의미한다. 둘째, 프로그래머의 역할은 경영관리적 차원에서 인적·물적 자원을 중재하고 일의 흐름을 관리해야 한다는 것이다. 그러므로 프로그래머는 행정에 대한 보조적인 역할에서 벗어나 보다 독자적인 역할을 수행해야만 한다. 즉 프로그램의 진행이나 유지보다는 프로그램의 조직과 개발에 주력해야 할 것이다. 이러한 경영관리적 역할을 원활하게 하는 것이 하나의 전략이며, 체제적인 사고방식이다.

4. 청소년 프로그램개발자의 역할과 전문성

청소년 프로그램이 완성되기까지는 프로그램개발자의 역할과 전문성이 중요하다. 프로그램개발은 실천적 연구행위로 프로그램개발자의 다양한 행동과 조치로 이루어진다. 청소년지도사가 프로그램개발자로서 발휘해야 할 역할과 전문성이 무엇인지를 탐구해보자.

1) 프로그램개발자의 역할

프로그램개발전문가(PDS)가 담당해야 할 역할은 [그림 2-1]에서 보는 바와 같이 절차적인 측면에서 과정전문가(PME)로서의 역할, 선택적 측면에서 의사결정전문가(DME)로서의 역할, 내용적인 측면에서 내용전문가(SME)로서의 역할, 정치적인 측면에서 협상전문가(NTE)로서의 역할, 프로그램내용 설계 측면에서 학습설계전문가(IDE)로서의 역할 등이 요청된다.

첫째, 과정전문가로서의 역할이다. 이것은 프로그램개발의 절차적인 측면과 프로그램개발팀의 운영에 대한 전문성을 가진 자로서 "PME 전문가"(planning management experts)로 지칭한다. 즉, 프로그램개발의 절차, 단계, 기법, 운영과 관련된 자질을 가진 전문가를 말한다. 따라서 프로그램개발자는 다음의 절차와 단계에 대해서 전문성을 발휘할 수 있어야 한다.

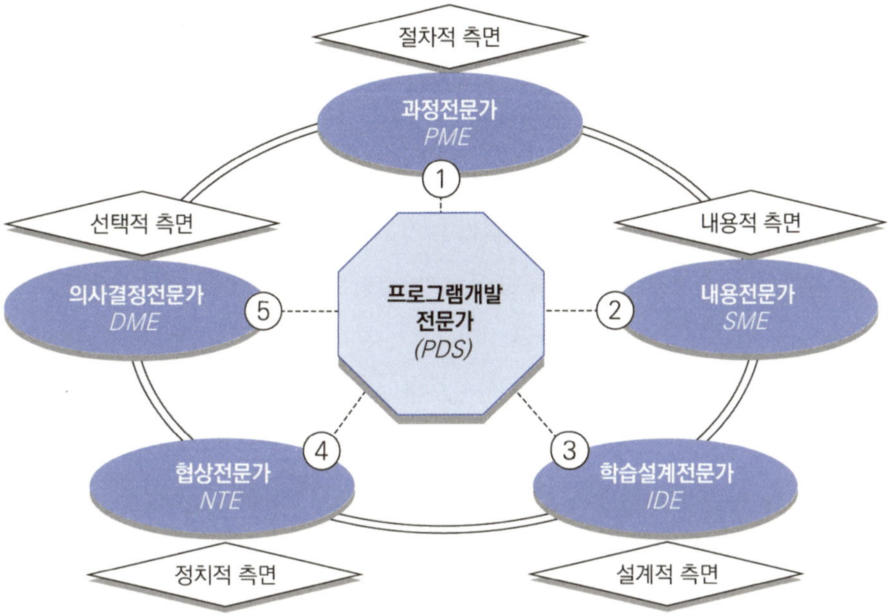

[그림 2-1] 프로그램개발전문가(PDS)의 역할

출처: 김진화(2001a: 99)

- 프로그램개발 모델은 어떻게 설정할 것인가?
- 프로그램개발을 위한 효과적인 절차와 단계는 무엇인가?
- 프로그램개발 단계의 기법들을 어떻게 효과적으로 적용할 것인가?
- 프로그램개발 팀은 어떻게 운영해야 하는가?

둘째, 내용전문가의 역할이다. 이것은 청소년이 프로그램 속에서 경험하는 내용과 콘텐츠와 관련하여 전문성을 발휘하는 것을 말한다. 즉, 내용이 없는 프로그램이란 있을 수 없고 프로그램의 구성요소 중 내용이 가장 중요하므로 프로그램개발의 내용적인 측면을 강조하여 "SME 전문가"(subject-matter experts), 혹은 "현장전문가"라 하기도 한다. 따라서 프로그램개발자는 프로그램의 내용에 대해 상당히 깊이 있는 식견을 가져야 하며, 다음과 같은 전문성이 중요하다.

• 프로그램 내용에 대해 실제 사례에 대해 어느 정도 알고 있는가?
• 프로그램의 내용 및 콘텐츠와 관련된 지식과 정보에 대한 식견과 통찰력이 있는가?

셋째, 설계 전문가로서의 역할이다. 이것은 청소년이 프로그램 속에서 의미 있는 경험이 이루어질 수 있도록 교육적, 방법적으로 설계하는 전문성으로 "IDE 전문가"(instructional design experts)라 한다. 본래 IDE 전문가는 학교교육에서 수업설계 전문가를 지칭하는 개념이었으나 최근에는 보다 광의적인 개념으로 사용되고 있다. 프로그램개발자는 설계전문가(IDE)로서 교육내용, 교육방법, 교육매체를 학습자의 특성과 능력에 적합하게 구조화하여 하나의 통합된 프로그램으로 설계할 수 있는 능력을 갖추고 있어야 할 것이다.

• 학습자의 요구, 특성, 수준, 능력에 맞게 교육내용을 계열성, 난이도, 통합성, 현실성을 고려하여 조직할 수 있는가?
• 학습자의 학습활동을 조력하기 위해 교육매체를 개발할 수 있는가?
• 학습자의 참여를 촉진시키기 위한 다양한 교육방법을 창출할 수 있는가?

넷째, 협상전문가로서의 역할이다. 이것은 프로그램개발이 여러 사람이 함께 하는 집단적 협력과정이라는 전제를 기반으로 한다. 즉 팀이나 혹은 위원회를 구성하여 프로그램을 개발하는 것이 일반적이므로 프로그램개발자는 참여한 사람들은 관점과 요구를 적절히 조정하고 협상하는 일련의 과정을 강조하여 "NTE 전문가"(negotiating experts)라 한다. 실제로 프로그램개발과정은 다양한 이해와 관심사가 충돌하지 않고 서로 인정할 수 있도록 조정하는 과정이 중요하다. 따라서 프로그램개발자는 프로그램개발 과정에서 환경과의 갈등, 지원기관과의 갈등, 기관 내부의 갈등 등이 유발되지 않도록 다음과 같은 협상력을 발휘할 수 있어야 할 것이다.

• 프로그램개발의 방향이 청소년단체와 기관 책임자의 관심사와 차이가 있는가?

- 함께 참여하고 있는 다른 프로그램개발자의 의견과 일치하는가?
- 프로그램개발 진행상에 불협화음 및 갈등은 합리적으로 조정할 수 있는가?

다섯째, 의사결정전문가로서의 역할이다. 이것은 프로그램을 개발하는 일련의 과정이 매 단계마다 다음 단계를 위해서 의사결정이 민주적, 과학적으로 이루어져야 함을 강조하여 "DME 전문가"(decision-making experts)라 한다. 실제로 프로그램개발의 전 과정은 많은 의사결정 상황에 직면하고 이 과정에서 집단적 의사결정을 필요로 한다. 따라서 프로그램개발 전문가는 합리적이고 효율적인 의사결정을 내릴 수 있도록 다음과 같은 전문성을 발휘해야 할 것이다.

- 프로그램개발의 범위는 어느 정도로 할 것인가?
- 프로그램개발에 참여할 전문가 집단은 몇 명으로 구성할 것인가?
- 우선순위 설정을 위해 어떤 합당한 준거를 기반으로 추진할 것인가?
- 확인된 많은 요구 중에서 가용자원과 여건을 고려하여 어떤 것을 우선 프로그램 내용에 포함할 것인가?

정리하면, 청소년지도자는 프로그램개발전문가(PDS)로서 절차적인 측면에서 계획과정을 논리적이고 체계적으로 진행시켜 나갈 수 있는 과정전문가(PME)로서의 역할을 발휘하여야 하며, 내용적인 측면에서 계획할 내용에 대한 깊이 있는 식견과 지식을 갖춘 내용전문가(SME)로서의 역할도 갖추고 있어야 한다. 또한 프로그램의 내용을 청소년의 특성과 능력에 맞게 적절히 설계할 수 있는 설계전문가(IDE)로서의 역할을 갖추어야 하며, 정치적인 측면에서 다양한 사람들이 가지고 있는 요구와 관심사를 적절히 조정하고 결정할 수 있는 협상전문가(NTE)의 역할을 발휘해야 하며, 의사결정 측면에서 도출된 많은 대안과 요구 중에서 주어진 여건과 제한된 자원을 고려하여 우선순위를 합리적으로 결정할 수 있는 의사결정전문가(DME)로서의 역할이 요청된다.

본 장에서는 청소년 프로그램개발의 이론과 모델을 살펴보고, 청소년지도사가 프로그램개발자로서 어떠한 역할과 전문성을 발휘해야 하는가를 탐구하였다. 프로그램개발 이론은 목표중심적인 실증주의 패러다임, 청소년의 인식과 역량을 강조하는 구성주의 패러다임, 청소년의 권리와 인권을 위한 프로그램개발을 강조하는 비판주의 패러다임이 언급되었다. 그리고 프로그램개발을 위한 다양한 접근방법에 대해서도 탐구하였다.

참고문헌

김진화(2001). 평생교육 프로그램개발론. 서울: 교육과학사.

김진화(2004). 청소년 프로그램개발과 평가. 문화관광부 · 국립중앙청소년수련원. 2급 청소년지도사자격연수교재.

김진화 · 정지웅(1997). 사회교육 프로그램개발의 이론과 실제. 서울: 교육과학사.

남정걸(1994). 사회교육 행정론. 서울: 교육과학사.

한국청소년개발원(1992). 프로그램개발과 평가. 서울: 양서원.

한상철(1998). 청소년학개론. 서울: 중앙적성출판사.

3장 청소년 프로그램개발의 통합모형

청소년지도사가 실제 프로그램을 개발하기 위해서는 프로그램개발의 원리와 접근방법을 인식하고 있어야 할 뿐만 아니라 나름대로 프로그램개발을 위한 모형을 구상하고 계획을 수립하는 것이 필요하다. 이에 본 장은 청소년지도사가 프로그램개발을 전개하기 위해 기본이 되는 프로그램개발의 통합모형에 대해 언급하고자 한다.

1. 청소년 프로그램개발의 원리

청소년지도사가 프로그램을 개발함에 있어 단순히 프로그램개발의 도구적인 절차와 기법을 알고 있는 것만으로는 충분하지 않다. 청소년지도사는 프로그램개발전문가(program development specialist)로서 프로그램이 청소년들에게 무엇을 의미하고, 프로그램을 왜 개발해야 하며, 효과적인 프로그램을 개발하기 위한 이론과 접근방법에 대해 알고 있어야 할 것이다. 사실상 프로그램을 개발하는 과정은 매우 복잡한 절차와 단계로 이루어진다. 그리고 프로그래머는 각 단계에서 합리적인 의사결정을 내려야 하는데 그것은 그렇게 간단하지가 않다. 이러한 맥락에서 볼 때 청소년지도사가 프로그램개발 상황에 적절하게 대처해 나갈 수 있도록 하기 위해 프로그램개발의 기본 원리에 대해 언급하는 것은 큰 의미가 있다.

첫째, 청소년 프로그램개발의 출발은 청소년에게 필요한 프로그램의 내용이 무엇인가에 대한 질문에서부터 비롯되어야 한다. 그러므로 청소년개발을 위한 교육과정(youth curriculum)에 대한 이해가 선행되어야 한다. 이러한 질문은 청소년의 건전한 성장과 발달에 직접적인 관계가 있다. 그러므로 청소년지도 프로그램개발은 본질적으로 다음 세 가지 질문에 해답을 제시하는 것부터 출발한다. '청소년지도 현장에서 청소년이 무엇을 체험(활동)해야 하는가?', '왜 청소년이 그것을 체험해야 하는가?', '청소년이 의미 있는 체험할 수 있도록 하는 방법은 무엇인가?'이다. 이 세 가지 질문에 대한 명확한 해답 없이 만들어진 프로그램은 의미가 없다.

둘째, 개발하고자 하는 프로그램이 왜 필요한가에 대한 명확한 해답을 가지고 있어야 한다. 청소년의 발달과업 측면, 청소년의 요구 및 흥미 측면, 청소년지도 기관 및 단체의 이념과 임무 측면, 국가사회적 측면 등에서 구체적인 해답을 가지고 있어야 한다.

셋째, 청소년의 요구와 필요분석을 통해 프로그램의 내용을 선정하는 과정에 충실해야 한다. 청소년 프로그램은 청소년의 자발적인 참여와 적극적인 활동이 전제되어야 함을 가정할 때, 프로그램개발과정에 청소년의 요구와 필요를 확인하고 분석하는 것은 매우 중요한 과정이 아닐 수 없다.

넷째, 프로그램개발은 협동적 노력이며 집단적 의사결정과정이다. 프로그램을 개발은 한 개인의 노력만으로 많은 한계가 있다. 프로그램개발팀을 만들어 추진해 나가야 할 실천적 연구행위이기 때문이다. 또한 실제 프로그램을 개발하는 과정에서 많은 의사결정이 내려야만 할 상황을 접하게 된다. 이 과정에서 합리적인 의사결정은 매우 중요한 프로그램개발의 원리 중에 하나이다.

다섯째, 프로그램개발은 기술적 측면(technical aspect), 내용적 측면(content aspect), 설계측면(design aspect), 의사결정측면(decision aspect), 정치적 측면(political aspect)이 고려된 통합적인 조화가 이루어져야 효과적이다. 프로그램개발은 일정한 모델에 의해 전개되는 절차나 기법만으로 완성될 수는 없는 복합적인 요소들이 필요하다.

여섯째, 프로그램개발 과정에 참여하게 될 청소년지도사에게 과정전문가(planing management expert), 학습설계전문가(instructional design expert),

내용전문가(subject matter expert), 의사결정전문가(decision making expert), 협상가(negotiating expert)의 역할이 필요하다. 제대로 된 프로그램이 개발되기 위해서는 프로그램개발을 위한 진행 절차와 구체적인 기법에 능통해야 하고, 프로그램 속에 포함시킬 내용에 대해 전문적인 지식과 능력을 가지고 있어야 한다. 또한 프로그램을 개발하는 동안 관련된 많은 사람(stakeholder)의 요구를 조정할 수 있는 사회적・정치적 활동이 요구되는 바 협상전문가의 능력이 절실히 요청된다.

일곱째, 프로그램개발은 단순한 선형적 접근 방법보다는 순환적이고 체제적 접근이 바람직하다. 현실적으로 프로그램개발은 여러 단계를 동시에 수행하거나 필요에 따라 이전 단계에서 수행된 것을 반복적으로 되풀이해야 할 경우가 발생하기 마련이다.

여덟째, 프로그램개발은 창조성, 현실성, 논리성이 필요하다. 프로그램개발은 단순히 다른 프로그램을 차용하거나 수정・보완하는 것보다는 참신한 아이디어가 반영된 창조적인 내용이어야 할 것이다. 한편, 아무리 창조적인 내용이라 할지라도 프로그램의 운영 주체인 청소년지도기관 및 단체의 상황에 부합되는 현실성이 고려되어야 할 것이다. 그리고 프로그램개발이 주먹구구식이나 짜집기식(patchwork)으로 이루어져서는 안 되고 프로그램개발의 처음부터 체계적이고 논리적인 전개가 필요하다.

2. 청소년 프로그램개발의 접근원리

청소년지도에서 프로그램을 개발하기 위해서는 많은 형식들이 개발되어 왔다. 그러나 한 모형이 모든 상황에 가장 적절히 적용될 수 있는 유일한 체제는 없다. 그럼에도 불구하고 계획의 필수적인 구성요소에 대해서만은 깊이 고려해야 할 것이다.

청소년지도사가 프로그램을 개발함에 있어 적용해야 할 기본적인 접근방법은 선형적 접근과 비선형적 접근, 그리고 통합적 접근과 비통합적 접근으로 요약할 수 있다.

1) 선형적 접근

프로그램개발을 위한 접근 방법 중 가장 일반적으로 사용되는 것은 선형 모형(linear model)으로 이것은 청소년지도 현장에서 주로 사용되었던 전통적인 기법이라 할 수 있다.

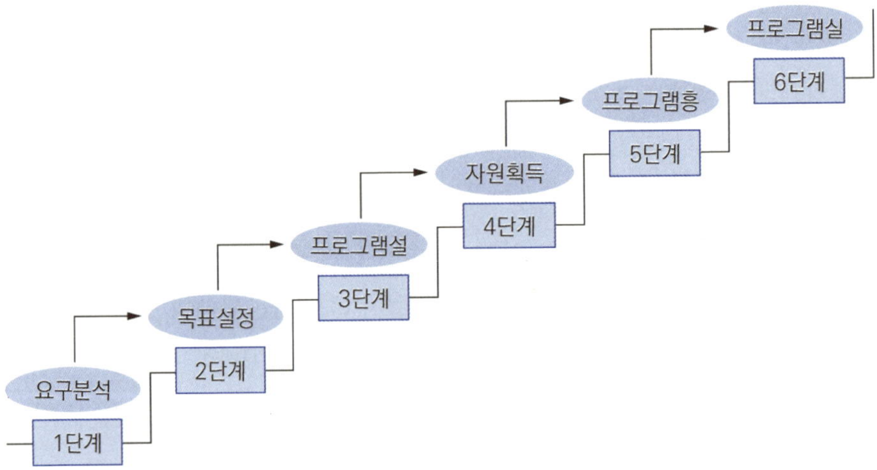

[그림 3-1] 프로그램개발의 선형 접근

이 접근법은 마치 케이크를 굽는 사람이 기존에 신뢰하고 있는 제조법을 그대로 따라하는 것처럼, [그림 3-1]에서 보는 바와 같이 한 단계가 마무리된 후에 비로소 다음 단계에서 수행될 절차가 연속적으로 진행된다. 청소년지도 현장에서 이 모형이 많이 활용되는 이유는 단계마다의 과업이 명확하고 단순하여 안정감을 가지고 있기 때문이다. 이러한 이유에서 이 접근방법은 초보자가 쉽게 적용할 수 있다.

2) 비선형적 접근

비선형적 접근(nonlinear approaches)은 선형 접근이 각 단계에 하나의 절차만이 수행되는 것에 비해 같은 시간에 몇 개의 절차가 동시에 이루어져 시간상의 제약을 받지 않으며, 각 단계가 계속적으로 순환되는 특징을 가지고 있다.

이러한 접근 방법은 시간과 자원할당에 의해 융통성을 보다 많이 부여 받게 되며, [그림 3-2]에서 보는 바와 같이 프로그램 평가가 이 접근의 중심 핵이 되어 각 단계 마다 적절한 평가가 되풀이되고 피드백 된다. 이러한 이유 때문에 선형 접근에 비해 훨씬 더 어렵고 더 많은 자원을 필요로 하며, 기획에 상당한 능력과 전문성을 부가적으로 요구한다.

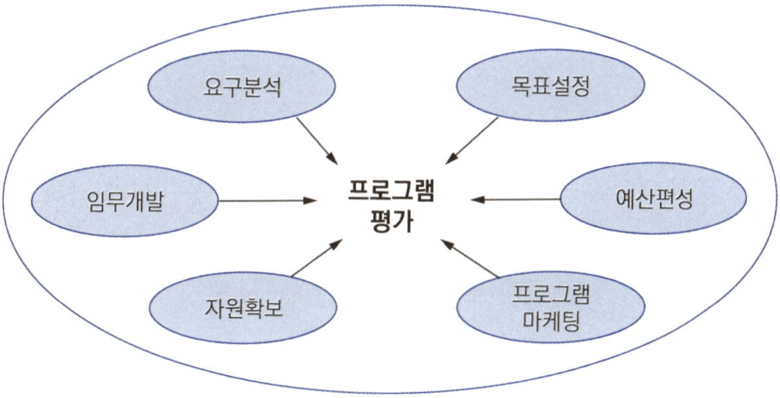

[그림 3-2] 비선형적 프로그램개발 접근

3) 비통합적 접근

비통합적인 접근(nonintegrated approaches)은 프로그램의 참여가 예상되는 잠재적 고객, 즉 청소년의 참여를 고려하지 않고 청소년단체나 기관, 그리고 청소년지도사가 독자적으로 프로그램개발을 전개하는 방식을 말한다.

이러한 이유에서 이 접근방식의 뚜렷한 특징 중에 하나는 고립성(isolation)을 가지고 있다는 사실이다. 다시 말해, 이 접근은 잠재적 고객의 참여(participation)

와 집중(focus)을 제한시키는 형태로 프로그램개발의 전개과정이 진행된다. 뿐만 아니라 참여고객인 청소년의 요구(need)와 가치(value)를 반영시키려는 의식적인 노력을 기울이지 않는다. 이 접근에 의하면 프로그램개발자가 프로그램개발 과정에서 기존에 어딘가에 존재하는 다른 프로그램을 차용하여 모방하는 방식을 선호하는 경향이 있다.

결과적으로 비통합적 접근을 통한 프로그램개발은 단시간 내에 일방적으로 이루어지는 정책적인 행위와 같으며, 미비한 계획을 쉽게 개정하거나 수정할 수 있다는 장점을 가지고 있는 반면에 청소년단체나 청소년기관이 청소년과의 연계체제를 마련하지 않음으로써, 청소년의 흥미와 필요를 왜곡하거나 부정할 수 있다는 문제점을 발생시킬 소지가 있다는 한계를 가지고 있다.

4) 통합적 접근

통합적 접근방법(integrated approaches)은 프로그램개발에 영향을 미치는 요인들을 종합적으로 고려하는 방식으로 '체제분석적 접근'이라 하기도 한다. 이러한 통합적 접근 방법은 전개방식이 총체적(holistic)이고 분석적이기 때문에 프로그램개발의 전 과정이 복잡하고 프로그램개발자의 전문적인 능력을 필요로 하지만 여타 접근 방법에 비해 오차(planning errors)를 최소화시킬 수 있다는 장점이 있다.

3. 프로그램개발의 영향 요인

청소년지도자가 프로그램을 개발하기 위해 최상의 모델을 선정하여 진행한다 할지라도 인식되지 않거나 통제할 수 없는 많은 제한 요소에 의해 영향을 받을 수 있다. 청소년지도자는 프로그래머로서 프로그램을 개발하는 과정에 영향을 미치는 제한 요인을 확인하는 데 특별한 주의를 기울이는 것이 필요하다. 프로그램 기획 과정은 [그림 3-3]에서 보는 바와 같이 환경적인 요인, 기관 및 조직체적 요인, 과정상 요인 등에 의해 제한을 받는다(Kowalski, 1988: 77-105).

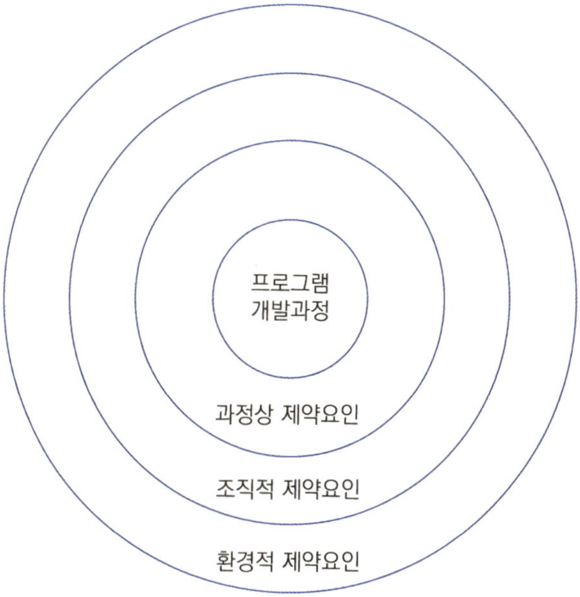

[그림 3-3] 프로그램개발의 제한 요인 영역

1) 환경적인 제약

환경적인 제약 요인은 확인하기 가장 어렵고 복잡한 장애물들로 청소년지도 기관 및 조직체의 외부에 존재하는 것을 말한다. 구체적으로 이러한 환경적인 제약 요인에는 청소년지도에 대한 청소년의 낮은 가치 의식, 청소년지도의 잠재적 제공자들 사이의 네트워크 부족, 잠재적 참여자에게 프로그램을 제공하는 청소년지도기관 및 조직체들 사이의 심한 경쟁, 잠재적 참여자들의 평생학습에 대한 부정적인 태도 등이다.

2) 청소년지도기관의 제약

청소년지도기관의 제약 요인으로는 청소년지도기관의 속성(attributes), 청소년지도에 대한 조직 내부의 인식 부족, 재정자원의 부족, 청소년지도 수행을 위한 부적절한 시설, 청소년지도 가치에 대한 협의적인 시각, 청소년지도를 제공하기 위한 이기적인 동기 등이 있다.

청소년지도기관의 속성이란 기관의 목적, 철학, 이념, 구조 등을 말하며, 이것들이 청소년지도자의 기획행동(planning behavior of an adult education)을 형성하는 데 지배적인 영향 요인이라는 사실을 반영한 것이다(Boone, 1985). 청소년지도기관의 이념과 목표가 청소년지도자의 계획 방향의 개발에 기여하며, 뿐만 아니라 청소년지도자의 구체적인 계획행동(planning behavior)이 조직체의 구조 및 목표와 운영절차에 의해서 결정된다(Rothman, 1976: 39). 프로그램이 기획되고 결정되는 데 있어서 청소년지도기관이 어떠한 철학과 이념을 가지고 있느냐에 따라 프로그램의 기획 방향이 달라지게 된다. 즉 청소년지도 프로그램은 정치적 상황 속에서 창출되며, 프로그램이 계속성을 유지하는 데 유리한 정치적 풍토와 정치적 결정의 결과에 따라 달라지게 된다(기순신, 1995: 41).

뿐만 아니라 청소년지도기관의 재정적 상태가 프로그램 기획에 상당한 압박으로 작용하기도 한다. Mee & Wiltshire(1978)의 지적대로 청소년지도자가 프로그램 기획 당시에는 기관의 예산이 어느 정도인지 알지 못하고 계획을 세웠다가 프로그램이 완성된 후, 혹은 프로그램이 인쇄된 후에야 예산 삭감 공고가 있게 되어 그동안 프로그램을 계획한 노력이 소용없게 될 때 분노를 느끼게 되는 경우가 있다.

따라서 청소년지도자는 청소년지도기관의 철학과 목표를 통해 프로그램개발의 방향을 설정하고 프로그램개발과정에 영향을 미치는 요인들에 대해 뚜렷하게 인식하고 있어야 할 것이다.

3) 기획 과정상의 제약

청소년지도자가 프로그래머로서 프로그램을 기획하는 과정에 여러 가지 제약 요인들이 있다. 구체적으로 프로그램을 개발하기 위해 책정된 예산의 부족, 청소년지도자의 프로그래머로서의 전문성 결여, 프로그램을 개발하기 위한 시간 상의 제약, 기획과정에 참여한 사람들 사이의 갈등 등이 있다.

특별히 청소년지도자의 속성은 프로그램 기획에 큰 영향을 미친다. 프로그래머로서 청소년지도자의 개인 특성과 스타일, 즉 개인적인 가치관과 목표, 프로그램개발과 관련된 개념과 원리에 대한 정확한 이해, 그리고 프로그램개발의 전문성은 매우 중요한 요인이 된다. 프로그래머의 가치관과 목표는 대개 청소년지도에 대한 개인적인 철학을 반영하고 있으며 이것은 프로그래머가 활동하는 데 지침이 되는 준거틀 중에서 중요한 구성 요소로 기능하기 때문에 매우 중요한 요인이라 할 수 있다.

4. 프로그램개발의 통합모형

이상에서 제시된 내용을 토대로 청소년지도현장에서 적용할 수 있는 프로그램개발의 통합적 모형을 [그림 3-4]와 같이 제시하였다. 이 모형은 프로그램개발의 거시적 범위를 프로그램기획(program planning), 프로그램설계(program design), 프로그램마케팅(program marketing), 프로그램실행(program implementation), 프로그램평가(program evaluation) 등 5개로 설정하여 각 영역에서 수행되어야 할 다양한 절차에 대해 비교적 체계적으로 정리되었다.

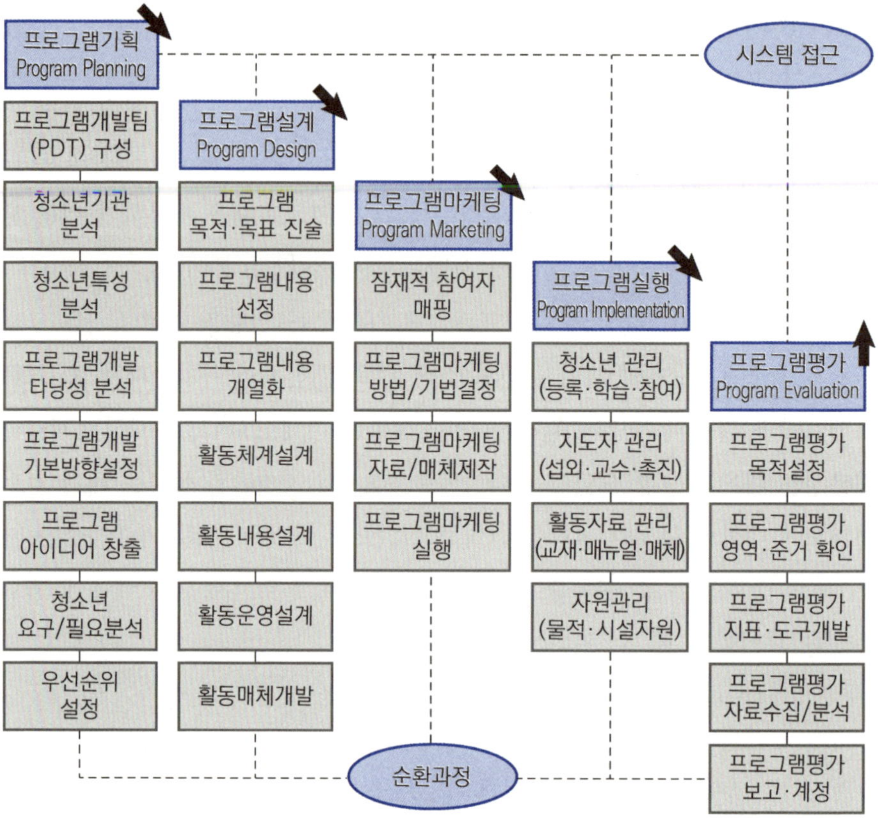

[그림 3-4] 프로그램개발 통합 모형

1) 프로그램기획

프로그램기획(program planning)은 프로그램개발의 네 개의 하위과정 중에서 첫 번째 과정으로 프로그램개발 전문가(PDS)가 미래의 교육활동을 위해 준비하는 미래지향적인 활동으로 프로그램과 관련된 상황을 분석하고 프로그램개발이 기본방향을 설정하는 단계를 말한다. 프로그램개발에 참여하는 프로그램개발전문가가 프로그램 기획과정을 어느 정도 충실하게 준비하느냐에 따라 앞으로 산출될 프로그램의 질뿐만 아니라 프로그램개발이 체계적이고 논리적이며, 객관적으로 이루어질 수 있게 된다. 이 때문에 프로그램기획을 일컬어 프로그램개발의 반석이라 한다.

프로그램기획에는 [1] 프로그램개발팀(PDT)구성, [2] 청소년기관 분석, [3] 잠재적 참여자(청소년) 분석, [4] 프로그램개발 타당성 분석, [5] 프로그램개발 기본방향설정, [6] 프로그램 아이디어 창출, [7] 청소년의 요구 및 필요분석, [8] 우선순위설정 등이 포함된다.

2) 프로그램설계

프로그램설계(program design)는 전 단계에서 확인된 청소년의 요구 및 필요와 프로그램개발의 기본방향에 맞게 프로그램의 목적과 목표를 설정하고, 이것과 관련된 프로그램 내용을 선정・조직하고, 지도방법을 체계화시키고, 교육매체를 개발하는 단계를 말한다. 이 단계에서는 프로그램의 형태에 따라 접근방식이 달라진다. 활동체계의 설계, 활동내용의 설계, 활동방법의 설계, 활동매체의 설계 등이 그것이다. 이 때문에 프로그램설계는 가장 많은 노력과 인내가 필요하며, 가장 정교해야 한다.

프로그램설계에는 [1] 프로그램목적 및 목표 설정, [2] 프로그램내용 선정, [3] 프로그램내용 계열화, [4] 활동체계설계, [5] 활동내용설계, [6] 활동운영설계, [7] 활동매체설계 등이 포함된다.

3) 프로그램마케팅

프로그램마케팅(program marketing)이란 프로그램에 잠재적 고객(청소년)의 참여를 유도하고 촉진시키기 위해 취해지는 조치를 말한다. 프로그램설계가 완료되면 프로그램개발전문가는 잠재적 고객들의 참여를 유도하고 촉진하는 데 관심을 기울여야 한다. 청소년기관들이 프로그램에 고객의 참여를 유도하기 위해 여러 가지 조치를 취하게 되는데 이것을 포괄적으로 지칭하는 것이 프로그램마케팅이다. 프로그램마케팅과 유사한 용어로 협의적인 의미의 진흥(promotion)

과 모집(recruiting), 광고, 홍보 등이 있는데 이들의 공통점은 잠재적 학습자의 참여에 관심을 갖는다는 것이다.

프로그램마케팅에는 ① 잠재적 고객 분할, ② 프로그램마케팅 방법 및 기법 결정, ③ 프로그램마케팅 자료 및 매체 제작, ④ 프로그램마케팅 실행 등이 포함된다.

4) 프로그램실행

프로그램실행(program implementation)이란 완성된 프로그램을 실제 적용하고 전개하는 단계를 의미한다. 설계가 완료된 프로그램은 실행 및 운영과정을 거치지 아니하면 그 가치를 판단할 수 없다. 청소년 프로그램이 실행된다는 것은 컴퓨터 프로그램처럼 자동적으로 작동되는 것이 아니라 프로그램에 관련된 청소년, 청소년지도사, 운영 요원 등 인간의 의도적인 노력에 의해 가능하다. 실제 청소년지도 현장에서 프로그램의 실행은 청소년지도사의 행위와 청소년의 학습행위, 그리고 운영요원의 운영 및 관리 행위가 있어야 가능하다.

프로그램실행 단계에는 ① 청소년 관리(등록 · 학습 · 참여), ② 지도자 관리(섭외 · 교수 · 촉진), ③ 활동자료 관리(교재 · 매뉴얼 · 매체), ④ 자원확보 및 관리(물적 자원과 시설관리) 등이 포함된다.

5) 프로그램평가

프로그램평가(program evaluation)란 일정기간 동안 실시된 청소년 프로그램을 대상으로 하여 그것이 의도한 대로 제대로 잘 수행되었는지를 판단하는 과정을 말한다. 프로그램개발전문가는 프로그램을 완성한 후에 그것을 실행한 결과에 근거하여 지속적으로 프로그램을 개선해 나가야 할 것이다.

프로그램평가 단계에는 ① 프로그램평가 목적설정, ② 프로그램평가 영역 및 준거 설정, ③ 프로그램평가 지표 및 도구개발, ④ 프로그램평가 자료수집 및 분석, 5 프로그램 보고 및 개정 등이 포함된다.

본 장에서는 현장에서 청소년지도사가 프로그램개발 모델을 구상하는데 실질적인 도움을 줄 수 있는 프로그램개발의 원리와 제한요인, 그리고 프로그램개발의 통합 모형에 대해 탐구하였다.

참고문헌

김진화(2001). 평생교육 프로그램개발론. 서울: 교육과학사.

김진화(2004). 청소년 프로그램개발과 평가. 문화관광부 · 국립중앙청소년수련원. 2급 청소년지도사자격연수교재.

김진화 · 정지웅(1997). 사회교육 프로그램개발의 이론과 실제. 서울: 교육과학사.

남정걸(1994). 사회교육 행정론. 서울: 교육과학사.

한국청소년개발원(1992). 프로그램개발과 평가. 서울: 양서원.

한상철(1998). 청소년학개론. 서울: 중앙적성출판사.

4장 청소년 프로그램개발의 기획

이 장은 청소년 프로그램개발의 첫 번째인 프로그램 기획의 단계로 청소년 프로그램 기획의 개념과 특징, 기획의 필요성과 고려요인, 청소년 프로그램 기획자의 역할과 능력, 청소년 프로그램의 기획과정 등을 설명할 것이다. 특히, 청소년 프로그램 기획과정은 점증주의, 제한적 합리주의, 완전 합리주의의 3가지 모델에 기초해서 기획과정의 차이를 비교할 것이며, 기획과정에서 수행되어야 할 각각의 내용에 대해서도 설명할 것이다. 여기에 프로그램을 보다 효과적이고 효율적으로 준비할 수 있는 기획의 관리방법과 더불어, 최근 청소년분야에서 중요한 의미로 부각되고 있는 청소년 참여 프로그램이 어떠한 과정을 통해서 기획되고 있는지에 대해서도 자세히 언급하고자 한다.

1. 청소년 프로그램 기획의 개념 및 특징

1) 청소년 프로그램 기획의 개념

청소년 프로그램의 기획에 대한 의미를 파악하기 위해서는 프로그램과 기획의 각각에 대한 개념적 이해가 필요하다. 먼저 프로그램(program)은 협의적으로는 공연 등 각종 행사를 할 때 배포되는 행사내용을 소개하거나 설명하는 소책자부터 어떤 활동을 목적으로 시간과 활동의 순서에 따라 구체적으로 나열한 사전계획표로 정의된다.

광의적으로 프로그램은 활동내용이나 활동 순서만으로 국한되는 것이 아니라 일정의 활동을 구체적으로 실행하기 위해 필요한 모든 활동을 의미한다. 즉, 프로그램은 일정의 활동이 이루어지는 총체적인 환경으로서 활동내용 그 자체와 함께 활동목적과 목표, 활동대상자, 과정, 방법, 장소, 시기, 조직 등 모든 제반활동을 포함한다. 따라서 프로그램은 어떤 목적을 달성하기 위해 선택된 활동에 관해서 누가, 무엇을, 어떻게, 왜, 언제, 어디서, 그리고 누구와 행할 것인가를 종합적으로 묶어서 부문별로 보다 구체적으로 일목요연하게 제시해주는 활동지침이라고 할 수 있다(한국청소년개발원 편, 2004: 376).

한편, 기획은 일련의 의사결정과정으로 영어의 planning에 해당하는데, 계획(plan)과 혼용되고 있다. 그러나 기획은 진행·과정으로서의 의미가 강하고, 계획은 기획의 결과로 나타난 최종산물로 보는 경우가 많다. 즉, 기획은 계획을 수립하고 집행하는 폭넓은 과정이며, 계획은 기획을 바탕으로 한 목표와 수단을 구체화시킨 형태이다. 기획이 정책적·장기적·포괄적·동적이라고 한다면, 계획은 구체적·단기적·부분적·정적인 개념으로 이해할 수 있다(정규서·강태룡, 1993; 윤정길, 1987).

Gilbert & Specht(1977)는 기획을 통찰과 체계적인 사고, 조사 등에 의해서 문제 해결과 미래 사건의 과정을 통제하기 위한 의식적인 시도라고 정의하고 있다. 한편 Myrdal(1960)은 기획을 미래 개발의 바람직한 목적에 신속하게 도달하기 위해서 공공정책을 보다 합리적으로 조정하기 위한 정부나 지자체의 의식적인 시도라고 정의하고 있다. 보다 간명하고 폭넓게 인정되고 있는 Dror(1967)의 정의에서는 기획을 최적의 수단에 의한 목적 달성으로 방향 설정된 미래 행동을 위한 일련의 의사결정의 준비과정으로 정의하고 있다(York, 1982: 12).

또한, 기획은 어떤 차원으로 볼 것인가 혹은 어떤 부분을 강조할 것인가에 따라서 다르게 정의된다. 기획의 차원에 관해서는 단순한 개인적 차원이나 문제해결과정으로 보는 견해, 기관 및 조직의 관리기능의 단계로 이해하는 견해, 그리고 국가발전의 정책체계로 이해하는 견해 등이 있다. 또한, 어떤 부분을 강조하느냐에 관하여는 장래행동에 대한 사전결정임을 강조하는 견해, 사회적

선의 증진을 강조하는 견해, 합리성과 지적 과정임을 강조하는 견해, 그리고 여러 가지 요소를 포함한 견해 등이 있다(정규서 · 강태룡, 1993: 19~20).

광의적인 프로그램의 개념에 기초하여 청소년 프로그램을 정의하면, 청소년 프로그램은 청소년지도자와 청소년을 연결해 주고, 청소년지도자와 청소년 상호간에 활발한 활동을 가능케 하는 중요한 매개체로서 지도자가 청소년들에게 지도해야 할 내용이며, 청소년들이 청소년지도자의 지도아래 갖게 되는 모든 경험과 활동이 된다. 또한, 청소년 프로그램의 기획은 청소년들의 전인적인 성장발달 등을 목적으로 청소년단체 및 기관, 지역사회, 국가가 최적의 수단에 의해서 청소년들에게 다양한 경험과 활동을 지속적이고 체계적으로 제공하기 위한 일련의 의사결정과정이라고 볼 수 있다.

2) 청소년 프로그램 기획의 특징

청소년 프로그램 기획의 의미를 보다 잘 이해하기 위해서는 프로그램 기획의 정의 속에 포함되어 있는 공통적인 속성을 알아보는 것이 필요하다. 그동안 프로그램 기획과 관련하여 다음과 같은 공통적인 속성을 발견할 수 있다(York, 1982; 윤정길, 1987; 정무성 · 정진모, 2001).

첫째, 기획은 미래지향적(future-oriented)이다. 여기에서 미래는 현재에 뒤이은 일정 시기의 시간을 말한다. 기획은 과거에 수행되었던 것을 진술하거나 이미 이루어진 결정을 합리적으로 정당화하기 위한 노력이 아니라는 것을 의미한다.

둘째, 기획은 연간 이벤트가 아니라 연속적인 과정(continuous process)이다. 연간 계획을 작성할 때, 미래 행동 과정에 관한 결정이 단지 1년에 한번 이루어지는 것이 아니다. 상황의 변화에 따라 계획은 수행과정 동안에 언제나 수정되기 때문에 기획은 연속적으로 이루어진다.

셋째, 기획은 일련의 의사결정(decision making)의 과정이다. 기획의 목적은 의사결정을 촉진하고 의사결정 과정에 합리적인 방법과 체계적인 절차를 도입하는 것이다. 프로그램 의사결정과 관계를 가지지 못하는 활동들은 진정한 기획활동이 아니다. 모든 기획 활동들은 의사결정에 적절해야 할 뿐만 아니라 의사결정 과정의 모든 요소들은 기획과정을 통하여 구체화되어야 한다.

넷째, 기획은 목표지향적(goal-directed)이다. 기획은 최적의 수단에 의해서 목표 성취를 지향하고 있다. 이것은 기획이 집단의 정치적 혹은 전문적인 세력의 유지보다는 사회에 기여하는 프로그램의 목적과 관련되어야 함을 의미한다.

다섯째, 기획은 수단을 목적과 연계시킨다. 목표를 명확히 하는 것도 중요하지만 그러한 목표를 성취하기 위한 수단을 명료화하는 것 또한 중요하다. 특정 목표를 달성하기 위한 최적의 수단들이 명확한 기준에 의해서 확인되고 고려되어야 한다.

여섯째, 기획은 행동지향적 활동이다. 기획은 행동에 제일차적 목표를 두는 것이며, 결코 순수한 지식의 탐구나 기획담당자의 육성과 같은 다른 목표를 지향하는 것이 아니다. 물론, 기획은 실제에 있어 집행책임자의 자질 향상, 보다 효과적인 의사결정, 집단활동의 개선 등 여러 가지 부수적인 효과를 가져올지 모르지만 그것이 일차적인 목표는 아니다. 단순한 선택이나 결정은 반드시 행동성을 내포하는 것이 아니지만, 기획은 행동을 전제로 한다. 전혀 집행되지 않는 계획을 지니는 것을 기획이라고 말할 수는 없다. 그런데 기획이 본질적으로 행동 또는 집행을 지향한다고 해서 행동이나 집행 그 자체를 기획으로 보는 것은 잘못이다.

일곱째, 기획은 준비과정이다. 기획은 일단의 결정, 즉 계획을 준비하는 과정으로서 그것을 승인하고 집행하는 것은 별개의 기능이며 대부분 상이한 기관에 의해서 수행된다. 비록 한 부서에서 기획기능과 그것을 승인하고 집행하는 권한을 함께 갖는다 하더라도 분석상 별도로 취급되어야 한다.

2. 청소년 프로그램 기획의 필요성과 고려요인

1) 청소년 프로그램 기획의 필요성

청소년 프로그램 기획의 필요성에 대해서는 다음에서 제시되는 바와 같이 불확실성의 감소, 합리성의 증진, 책임성의 향상, 의사결정과정에서의 참여 및 잠재적 가능성 확대, 효과성과 효율성의 증진 등이 논의되고 있다(York, 1982; 정무성 · 정진모, 2001).

첫째, 기획은 불확실성(uncertainty)을 줄인다. 계획의 부재는 프로그램 종사자들로 하여금 그들의 행동에 대하여 확신을 가지지 못하게 한다. 이러한 조건은 목표 치환(goal displacement)에 이르게 되며, 개인들은 개인적 목표를 조직이나 사회의 목표로 대치하게 된다. 결국 프로그램 종사자들이나 고객들은 프로그램의 조건을 향상시키기 보다는 자신의 개인적 발전이나 안일을 생각하는 권력 지향적 행정가들의 희생자가 되기 쉽다.

둘째, 기획은 문제해결과 의사결정 활동에 합리적인 기술을 도입함으로써 합리성(rationality)을 증진하게 된다. 즉, 기획은 가능성 있는 목적을 성취하기 위한 최선의 수단으로 경험적으로 입증될 수 있는 의사결정의 정도를 향상시킨다. 대부분의 의사결정은 정치적 환경에서 이루어지지만 기획은 선택의 범위를 확대하고 여러 가지 대안들의 잠재적 결과에 관해서 의사결정자들을 깨우친다.

셋째, 기획은 책임성(accountability)을 향상시킨다. 기획은 의사결정 과정을 공개함으로써 수단과 목적을 밝히며, 사회적으로 인정된 목표와 일치하는 프로그램이 될 수 있도록 구성원들이 보다 나은 통제력을 행사할 수 있는 기회를 제공한다. 따라서 프로그램은 중요한 지원이 요청되는 사람들에게 보다 정당화될 수 있다.

넷째, 기획은 의사결정과정에서의 참여(participation)를 증진시키거나 최소한 참여가 확대될 수 있도록 잠재적 가능성을 향상시킨다. 참여의 증진은 여러 가지 이유에 대한 기획의 논리적 결과이다. ① 기획은 의도된 수단과 목적뿐만 아니라 그 밑에 깔려있는 가정을 밝힘으로써 의사결정과정을 공개한다. 이로 인해 다양한 대안들의 타당성이나 실행가능성은 보다 도전하기 쉽게 된다. ② 기획은 대안들에 대한 고려사항을 확대하게 되며 필요한 정보를 가지고 있는 폭넓은 개인들의 기여를 필요하게 된다. 또한 기획은 실행의 중요성을 재확인하고 참여를 통하여 증진된다.

다섯째, 기획은 효율성과 효과성을 증진시킨다. 즉, 설정된 목표를 가장 효율적으로 달성할 수 있는 대안을 선택하게 함으로써 효율성을 증진시켜 준다. 여기에서 효율성이란 목적을 경제적으로 달성하는 것을 뜻한다. 또한, 기획을 통하여 서비스 이용자의 문제나 욕구를 해결하는 데 도움을 준다.

2) 효과적인 청소년 프로그램 기획을 위한 고려요인

청소년 프로그램의 청소년에 대한 긍정적인 영향은 프로그램의 정확한 목표, 청소년의 참여 정도, 프로그램에 관여하는 성인, 프로그램이 발생하는 상황 등과 같은 요인들에 의해서 좌우되는 것으로 나타나고 있다. 즉, 효과적인 청소년 프로그램을 기획하기 위해서는 다음과 같은 요인들이 포함되어야 한다(Villarruel et al, 2003: 332-334).

첫째, 프로그램개발 과정에서 청소년들이 파트너로서 충분한 참여가 보장되어야 한다. 청소년들은 프로그램의 필요한 투입요소를 찾는 과정에서 참여되어야 하며, 프로그램의 조직 및 운영과정에서 발언권을 가져야 한다. 프로그램개발, 기획, 평가 과정에서의 청소년참여는 프로그램 성공의 중요한 요인이 된다.

둘째, 프로그램에서 특정한 기능(specific skills), 능력(competencies) 및 자산(assets)을 강조한다는 명확한 목표를 가지고 시작되어야 한다. 이러한 목표는 잠재적 참여자들의 확인된 요구(needs) 및 힘(strengths)으로부터 도출된다. 청소년들이 확인과정의 일부가 되는 것이 중요하다. 일부 기능은 보편적인 반면에 다른 기능은 특정 상황의 집단에 특수하다. 가령, 커뮤니케이션 기능은 모든 청소년들에게 필요하지만, 연극적인 기능은 하위 청소년집단의 특수한 필요를 나타낸다.

셋째, 프로그램에 청소년들의 복합적인 학습양식을 나타내는 다양한 활동과 경험을 포함해야 한다. 예를 들어, 리더십에 대해서 가르칠 경우에 한편으로는 소형강의를 통하여 내용을 제시할 수 있고, 또 다른 한편으로는 리더가 집단에서 출현하는 경험적인 문제해결 활동을 제공할 수 있다.

넷째, 프로그램을 통해서 청소년들에게 성인들과 또래집단들 간에 긍정적이고 지속적인 관계를 형성할 수 있는 기회를 제공해야 한다. 성인들과 또래집단들과 함께 참여하는 의미 있는 프로젝트를 기획함으로써 이러한 관계를 형성할 수 있다. 더욱이, 서로 가까이에 살고 있는 사람들과 활동을 개발하는 전략적인 사고를 통하여 프로그램 이외의 시간에도 관계를 유지할 수 있게 할 수 있다. 세대 간 이벤트 및 활동을 통하여 청소년들과 성인들이 상호작용할 수 있는 잦은 기회를 제공해야 한다.

3. 청소년 프로그램 기획자 역할과 능력

1) 프로그램 기획자의 역할

청소년 프로그램의 기획자는 합리성과 책임성을 고양하는 역할, 청소년 대변자로서의 역할, 자원과 요구를 연결하는 역할 등을 수행한다(York, 1982: 21).

첫째, 기획자는 합리성(rationality)과 책임성(accountability)을 고양시키는 역할을 수행한다. 이러한 목적을 추구하는 데 있어서 기획자는 조직적인 의사결정에 기획기술을 도입함으로써 종종 전문가의 역할을 수행한다. 이러한 기술에는 합리적인 의사결정 과정과 각 단계의 합리성을 고양시키기 위한 도구를 포함한다.

둘째, 기획자는 특별한 대상을 위한 대변자로서의 역할을 수행한다. 예컨대,

기획자는 비편익집단(the disadvantaged group)의 정당성을 주장하기 위한 정보와 전략을 선택한다. 이 과정에서 기획자는 자신의 객관성을 상실하는 경향이 있지만 기획자의 객관성은 그렇게 중요하게 여겨지지 않는다.

셋째, 기획자는 주요한 자원(resources)을 요구(needs)와 연결하는 데 도움을 주고 제한된 자원에 대한 갈등을 중재하는 중개인(broker)로서의 역할을 수행한다. 이러한 역할을 수행하기 위해서 기획자는 정치적 기술과 지역사회 조직 기술을 소유하여야 한다.

2) 프로그램 기획자가 갖추어야 할 능력

프로그램의 기획의 과정에서 발생되는 문제를 합리적으로 해결하기 위해서 프로그램 기획자는 다음과 같은 능력을 갖추어야 한다(York, 1982: 23~25).

첫째, 프로그램 관리자는 단순히 서비스보다는 사회적 조건과 결부시켜 프로그램을 기획할 수 있어야 한다. 즉, 청소년 프로그램의 기획은 단지 프로그램의 서비스나 서비스 수행에 필요한 인력 등 협의적인 차원에 초점을 두기보다는 사회문제 해결의 효과적인 대안을 마련하기 위하여 청소년실업, 약물남용 등 폭넓은 사회적 문제에 기초하여 프로그램을 기획할 필요가 있다.

둘째, 프로그램 기획자는 공통의 목적(goals)과 측정 가능한 목표(objectives)를 설정할 수 있어야 한다. 즉, 목적은 프로그램 실행자들이 공통적으로 인정할 수 있도록 설정되어야 하고, 목표는 측정 가능하게 진술되어야 하며, 목표와 수단은 상호 연계되어야 한다.

셋째, 프로그램 기획자는 프로그램에 대한 다양한 욕구를 파악할 수 있는 능력을 개발해야 한다. 일반적으로 사회통계는 청소년기관이 새로운 프로그램을 기획하게 될 때 욕구를 파악하기 위해서 활용하는 대표적인 지표이다. 그러나 모든 욕구가 이러한 제한된 과정을 통하여 파악되는 것은 아니기 때문에 기획자는 사회통계 방법 이외의 다양한 방법을 통하여 청소년들의 욕구를 파악할 수 있는 능력을 갖추어야 한다.

넷째, 프로그램 기획자는 우선순위 설정 과정에서 분석적 도구(analytical tools)를 사용하고, 그러한 과정에 적정하게 참여할 수 있는 능력을 가져야 한다. 우선순위 설정과정은 전체 계획 중의 하나의 메커니즘으로 수행되어야 하며, 다양한 인적 자원들을 참여시켜야 한다.

다섯째, 프로그램 기획자는 프로그램의 상대적인 효율성(efficiency)을 분석할 수 있어야 한다. 간혹 일부 기관에서는 프로그램의 최종산출물을 프로그램 수혜자인 청소년 참여자의 수로 규정하기도 하며, 다른 기관에서는 청소년의 행동변화로 정의하기도 한다. 하지만 프로그램 기획자는 기본적으로 프로그램에 소요되는 투입비용 대비 산출결과를 명확히 분석할 수 있는 능력을 갖추고 있어야 한다.

여섯째, 프로그램 기획자는 다양한 대안(alternatives)을 확인하고 합리적인 기준(rational criteria)에 의해서 프로그램을 선정할 수 있는 능력이 필요하다. 실제로 다양한 대안들 사이에서 선택을 하기 위해서는 대안 선정을 위한 기준을 확인하는 것이 중요하다. 종종 효율성이나 효과성보다 편리성이 중요한 기준이 되기도 한다.

일곱째, 프로그램 기획자는 프로그램의 성과를 측정하는 능력을 개발하는 것이 중요하다. 실제로 프로그램 평가는 두 가지 극단적인 범주에 빠지게 되는 경향이 있다. 하나는 일부 프로그램 관리자의 판단에 의존하는 것이고, 다른 하나는 방법론적으로는 정교하지만 문제가 있어서 프로그램 의사결정에서 자주 활용되지 않는 방법이다. 따라서 프로그램의 평가는 두 가지 극단적인 경향을 적절히 조합하여 최선의 방법을 찾는 것이 필요하다.

4. 청소년 프로그램의 기획과정

1) 프로그램 기획의 모델과 주요 단계

(1) 프로그램 기획의 모델

프로그램 기획과정은 사회적으로 승인된 목적(goals)을 성취하기 위하여 최적의 자원에 기초한 프로그램 선정의 과정을 수반한다. 즉, 기획은 여러 가지 대안들 사이의 선택을 의미하는 의사결정의 과정을 통해서 이루어진다. 이러한 의사결정은 무엇에 기초하느냐에 따라서 완전합리주의 모델, 점증주의 모델, 제한된 합리주의 모델로 구분된다.

완전 합리주의 모델(comprehensive rationality)은 프로그램의 의사결정이 합리성에 기초해서 이루어진다. 여기에서 합리성이란 목적을 달성하기 위한 최선의 수단으로 경험적으로 입증될 수 있는 정도를 의미한다. 따라서 이 모델에서는 우선순위에 의한 목적의 세분화와 그러한 목적을 달성하기 위한 모든 가능한 대안과 각 대안과 관련된 비용의 확인 등을 필요로 한다. 의사결정은 어떠한 대안이 목표를 성취하는데 가장 효율성을 가지느냐에 의해서 이루어진다. 결과적으로 완전 합리주의 모델은 모든 대안에 대한 완전한 정보를 이용할 수 있고 이에 필요한 수단에 대해서 참여자들 사이의 상당한 동의가 있음을 가정한다.

점증주의 모델(incrementalism)에서는 의사결정이 정치적 필요나 편의 등 기존 프로그램의 점증적인 조정 수단에 의해서 이루어진다. 의사결정의 목적은 궁극적인 합리성을 추구하는 것이 아니라 참여자들 사이의 합의를 이루는 것이다.

제한된 합리주의 모델(limited rationality)은 완전 합리주의 모델과 점증주의 모델의 문제점을 인식하고 사전에 가정을 통하여 먼저 분야를 좁힌 후에 대안에 대한 합리적인 비교를 한다. 즉, 문제 영역을 체계적으로 조사한 후에 특별한 대안에 초점을 둔다. 이 모델에서는 모든 대안이 조사되지 않고 일부 대안만이 조사된다는 점에서 완전 합리주의 모델과 다르며, 또한, 아직 발생하지 않은 문제를 파악할 수 있는 체계적인 조사과정과 점증주의적인 의사결정을 유도하는 기초적인 의사결정이 제공된다는 점에서 점증주의 모델과 차이가 있다.

현재 대부분의 프로그램의 기획은 점증주의 모델에 의해서 수행되고 있다. 프로그램 기획 상황에서 광범위한 제한요인의 확인은 여러 기관들로 하여금 점증주의 방식을 채택하게 하고 있으며, 완전 합리주의 모델의 사용을 억제하고 있다. 점증주의 접근에서는 형편에 따라서 기존의 프로그램 실제에 대한 점증적인 조정을 하게 되며, 제한적 합리주의 모델에서는 제한요인이 첫 번째로 확인되고 적절한 대안이 고려된다. 하지만 완전 합리주의 모델에서는 대안에 대한 완전한 정보와 그러한 정보를 다룰 수 있는 능력을 필요로 한다. 제한적 합리주의 모델과 점증주의 모델 간의 주요한 차이는 제한적 합리주의에서는 점증주의 모델 이외의 대안을 포함한다는 것이다. 즉, 점증주의 모델에서는 단순히 특정 프로그램을 어떻게 수행할 것인가의 문제만을 생각하는 것이 아니라 보다 효과적인 다른 대안을 찾고자 한다. 예를 들어, 탁아프로그램의 분석에서 단순히 얼마나 많은 탁아를 제공할 것인가에 중점을 두기 보다는 탁아와 고용상담 등의 혼합 등 실업을 줄이기 위한 또 다른 대안을 찾고자 하는 것이 제한적 합리주의 모델이다.

3가지 모델을 종합적으로 비교해 보면, 점증주의는 주로 지금 당장 발견되는 문제에 의존하는 반면, 제한적 합리주의 모델에서는 특출한 대안을 위하여 날카로운 시각에 의존하고, 완전 합리주의 모델에서는 높은 수준의 확실성을 필요로 한다. 제한적 합리주의와 완전 합리주의와 관련된 실제적인 임무는 유사하다. 목적과 목표, 대안 분석, 결과 평가 등이 같으며, 단지 경계가 한정되는 것에 차이가 있을 뿐이다(York, 1982: 26~29).

〈표 4-1〉 프로그램 기획의 3가지 모델

단계 \ 모델	점증주의 (Incrementalism)	제한적 합리주의 (Limited Rationality)	완전 합리주의 (Comprehensive Rationality)
문제 확인	사실의 발견에 의한 문제의 확인	제한요인의 확인을 통하여 범위를 좁힌 후 문제와 요구의 체계적 확인	제한요인에 대한 고려 없이 문제와 요구의 체계적 확인
목적 설정	문제가 되는 사실에 대한 입증이 없는 한 기존 목적과 목표가 적절할 것이라고 가정함	목적과 목표가 개념적으로 활동과 결과의 연계를 통해서 위계적으로 설정됨. 최소한 1개 수준의 목표에 대한 경험적 측정을 필요로 함	모든 목표에 경험적인 측정을 필요로 한다는 점만 제외하고는 제한적 합리주의와 동일함
프로그램 과정	편의에 의해서 기존 프로그램이 점증적으로 조정됨	제한요인이 먼저 확인되고 프로그램개발의 기초가 수립됨. 수용할 수 없는 대안은 제거되고 나머지 대안이 효율성, 효과성 및 기타 기준에 의해서 체계적으로 분석됨	모든 대안들이 체계적으로 확인되고 제한요인 없이 비교됨. 효율성, 효과성 등의 기준이 프로그램 선택에 사용됨
평 가	새로 입증된 사실이 없는 한 기존 프로그램이 효과적일 것으로 가정됨	선정된 프로그램의 효율성과 효과성이 경험적으로 측정됨	모든 프로그램의 효율성과 효과성이 경험적으로 측정됨

(2) 프로그램 기획의 단계

프로그램 기획 과정에서 수행되어야 할 주요한 단계는 다음과 같다(York, 1982: 30~35).

첫째, 경계의 설정(establishment of the boundaries)이다. 문제를 확인하고 프로그램 목표를 설정하기 전에 프로그램 기획자는 경계를 결정해야 한다. 경계 수립의 기본적인 목적은 프로그램의 범위와 한계를 확인하는 것이다, 이 단계에서는 제한적 합리주의와 완전 합리주의는 차이가 있다. 제한적 합리주의에서는 적정한 규모의 제한요인이 확인되지만, 완전 합리주의에서는 특정 지역의 비행문제, 빈곤문제 등과 같은 단지 폭넓은 경계만이 설정될 수 있다. 폭넓은 경계는 기관의 사명이나 국가의 법령 등에서 확인될 수 있으며, 제한요인은 정책이나 기관의 환경 등에서 확인될 수 있다.

둘째, 기획과정의 두 번째 단계는 문제의 분석(analysis of the problem)이다. 문제 분석의 목적은 변화될 수 있는 사회적 조건(실업, 청소년 학대, 비행 등)을 확인하고 프로그램 전략을 수립하는 것이다. 프로그램 분석과 관련된 것으로는 요구사정(assessment of need)이 있다. 요구사정의 목적은 문제가 집단에 확산된 정도를 측정하고 행동 목표를 확인하는 것이다. 요구사정 과정에서 많은 지표가 사정되어야 한다.

셋째, 기획과정의 세 번째 단계는 목적과 목표를 규정(definition of goals and impact objectives)하는 것이다. 이 단계의 목적은 프로그램의 문제 해결로 연계하고 프로그램 결과에 대한 평가 목표를 수립하는 것이다. 기획자는 성취되어야 할 목적과 확인된 문제에 영향을 줄 수 있는 목표를 수립한다. 목적과 목표의 규정에 매우 밀접히 관련되어 있는 것이 우선순위의 결정이다. 우선순위의 설정은 기획과정의 여러 단계에서 발생할 수 있다. 우선순위의 대상이 되는 문제나 요구는 여러 대안들 사이에서 이루어질 수 있다. 우선순위 설정의 주요한 목적은 프로그램의 의사결정에 가치를 부여함으로써 자원의 할당을 할 수 있도록 하는 것이다.

넷째, 기획 과정의 네 번째 단계는 프로그램 결과의 효율성과 효과성을 극대화하기 위한 대안의 확인(identification of alternatives)이다. 프로그램 기획자들은 종종 대안의 범위를 협의적으로 생각하고 효율적이거나 효과적인 대안을 무시하는 경향이 있다. 그러한 상황은 점증주의적 접근에서 많이 발견된다.

다섯째, 대안이 확인된 후에 프로그램 선택의 기준(criteria for program choice)을 선정하고 그러한 기준을 적용해야 한다. 보통 점증주의적 접근에서는 편의적인 기준이 사용되지만, 다른 모델에서는 중요성, 효율성, 효과성, 공정성 등과 같은 합리적인 기준이 사용된다. 이는 최적의 프로그램의 해결방안을 확인하고 자원배분을 하는 데 목적이 있다.

여섯째, 프로그램 기획과정의 여섯 번째 단계는 프로그램의 산출물(program's products)을 규정하는 것이다. 프로그램 산출물은 성취라는 말로 진술되기도

하지만 측정될 수 있는 단위로 설정될 필요가 있다. 프로그램의 자원을 결정하고 프로그램의 결과 평가에 대한 목표를 수립하기 위하여 프로그램의 수준을 확인하는 것이다.

일곱째, 프로그램 기획과정의 일곱 번째 단계는 자원의 결정(determination of resource)이다. 이 단계는 대안의 비교 및 산출 목표의 결정 뒤에 이루어지는 것처럼 보이지만 이들로부터 분리될 수 없다. 자원이 없는 대안을 고려하는 것은 비현실적이다. 마찬가지로 이미 프로그램 대상에게 적절하게 전달되고 있는 산출물을 선정하는 것은 어리석은 일이다. 이 단계에서는 필요한 산출물의 확인, 적절하게 전달될 수 있는 산출물의 결정, 각 프로그램의 영역에 적절한 요구 격차를 해소할 수 있는 예산 등을 수반한다.

여덟째, 프로그램은 실행되고 평가되어야 한다. 실행(implementation)은 프로그램 목표의 실현을 보장하는 기능을 수행한다. 실행과 기획은 서로 뒤섞여 있다. 다음 해의 프로그램 기획은 금년도 계획의 실행 과정 동안에 발생하며 그 경험에 의존하게 된다. 평가(evaluation)는 목표가 얼마나 잘 성취되었는가를 결정하고 성공과 실패의 원인을 확인하는 기능을 한다. 결과는 방법과 목표를 재규정하고 보다 나은 연구를 위한 기초를 확인하게 한다. 평가는 "무엇을 성취하였고 어느 정도의 비용으로 성취하였는가?"라는 두 가지 관련된 질문에 대한 대답을 시도하는 것이다. 따라서 평가는 프로그램의 결과에 대한 효율성과 효과성의 조사에 주로 초점을 두고 있다.

다음 표는 이러한 프로그램 기획 단계의 목적, 적용 가능한 분석적 도구 등을 소개하고 있다. 첫 번째 3가지 단계는 프로그램 기획의 문제 확인단계와 관련되어 있다. 4번째와 5번째 단계는 목표 설정의 부분이다. 프로그램 과정은 6번째에서 9번째의 단계의 도움으로 이루어진다. 평가는 10번째 단계로써 성취된다.

〈표 4-2〉 프로그램 기획의 임무, 방법 및 도구의 패러다임

기획의 임무	목 적	적용 방법 및 도구
1. 경계의 설정	프로그램의 행동 범위 · 한계의 확인	사회지표 (실업률, 아동학대 발생률, 사망률 등) 지역 분석: 인구조사와 같이 필요 자료를 통계적으로 분석하는 방법
2. 문제의 분석	사회적 조건을 확인하고 프로그램 전략의 수립	
3. 요구 사정	문제가 확산되는 정도의 측정과 행동 목표의 확인	
4. 목적과 목표의 규정	프로그램의 문제해결과 연계 및 프로그램 결과 평가의 목표 설정	명목집단기법(Nomial Group Technique, NGT): 민주적으로 아이디어를 산출하는 구조화된 집단방법 교차영향 매트릭스(The cross-impact matrix): 한 변수의 다른 변수에 대한 영향에 가중치를 부여함으로써 서열화하는 방법(프로그램의 문제에 대한 상대적인 영향 등)
5. 우선순위 설정	프로그램의 의사결정에 가치 부여 및 자원 배분	
6. 대안의 확인	프로그램 결과의 효율성과 효과성 극대화 및 프로그램 활동과의 연계	제로베이스 예산 계상(Zero-base budgeting): 사전 충당금 없이 예산을 계상하는 방법 프로그램 회계(Program accounting): 프로그램의 위계를 정하고 각각의 비용에 대한 총합을 확인하는 방법
7. 대안의 선정	최적의 프로그램 해결방안 확인과 자원배분 수행	
8. 자원 결정 및 산출 목표 설정	프로그램 수준 확인 및 자원 배분	
9. 실 행	프로그램 목표 실현 보장	관리정보시스템(The management information system): 수집 · 분석되는 프로그램 자료의 수단 PERT 네트워크: 프로그램의 이벤트를 서열적 관계로 도표화하는 도구 The Gantt chart: 프로그램의 진행상황에 대한 일정표를 만들고 점검하는 도구
10. 평 가	목표 성취 정도 결정 및 성공과 실패의 원인 결정	목적달성척도(Goal attainment scaling): 고객중심의 목적 척도로 진전사항을 평가하는 방법

(3) 프로그램 기획의 관리방법

프로그램 기획의 관리 방법은 프로그램을 보다 효율적이고 효과적으로 준비하여 실시하기 위한 것으로 활동별 시간계획도표(Gantt Chart), 프로그램 평가

검토기법(PERT: Program Evaluation and Review Technique), 월별 활동계획 카드(Shed-U-Graph) 등이 있다(김진화 · 정지웅, 1997: 131-134에서 재인용).

① 활동별 시간계획도표(Gantt Chart)

Gantt도표는 1910년경 Henry Gantt라는 미국의 사업가가 고안해 낸 것으로 세로에는 사업(행사)을 위한 주요 세부목표 및 관련활동을 기입하고 가로에는 월별 또는 일별 시간을 기입한 도표에 사업의 시작 또는 완료시까지의 기간 동안 계획된 세부목표 및 활동기관과 그것의 실제 수행현황을 병행하여 막대모양으로 표시한 도표이다. 이와 같은 도표는 우리나라에서도 오래 전부터 군 조직, 행정관서, 기업체 및 기타 사회단체 등에서 많이 이용되어 오고 있는 것이다. 프로그램개발과 관련하여 Gantt도표를 그려보면 다음과 같다.

〈표 4-3〉 Gantt도표

주요목표			기간(월별)													
	활동		1	2	3	4	5	6	7	8	9	10	11	12	1	2
1.0		프로그램개발 운영팀 구성	→ ⋯→	→ ⋯→												
	1.1	책임자 임명	→ ⋯→													
	1.2	자원봉사자 모집		→ ⋯→												
2.0		상황분석 및 요구분석		→	→ ⋯→											
	2.1	상황분석		→ ⋯→												
	2.2	요구분석		→ ⋯→												

* 범례: → 계획 ⋯→ 실시현황

② 프로그램 평가검토기법(PERT)

이 기법은 1950년대에 미해군의 핵잠수함 건조과정에서 고안된 것인데 우연히도 같은 시기에 미국의 한 건설회사에서 개발된 주요 경로 방법(CPM: Critical Path Method)과 거의 비슷하다. 그리하여 일부에서는 CPM으로 불리워지기도

하다. 이 기법은 목표달성의 기한을 정해놓고 목표달성을 위하여 설정된 주요 세부목표 또는 활동의 상호관계와 시간계획을 연결시켜 도표로 나타내는 것이다. PERT는 명확한 목표를 가진 프로그램을 조직화하고 진행시간표를 작성하고, 예산을 세우고 프로그램 진행사항을 추적해 가는 데 매우 유용한 관리기법이다.

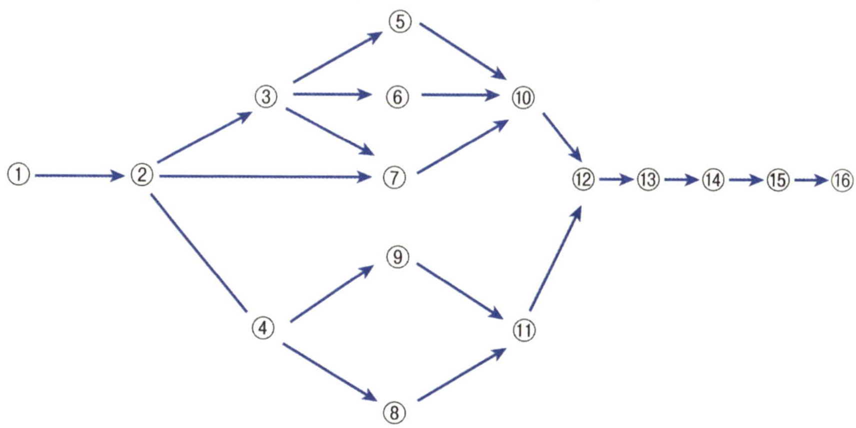

[그림 4-1] PERT 네트웍

어떤 사건이나 행사를 나타내는 원 표시와 프로그램개발 단계와 단계 사이의 활동의 관계를 나타내는 화살표시가 있다. 여기에서 프로그램개발 단계는 어떤 과업의 출발이나 완료를 말하는 것이고 어떤 과업의 수행을 말하는 것은 아니다.

Gantt도표는 활동만을 나타내고 진행과정을 나타내지 않고 있어 각 단계의 활동과 진행 사이의 상관관계를 보여주지 않아 전반적인 계획을 잘 이해하기 힘든 점이 있다. 그러나 PERT는 이러한 단점을 해결해 주고 활동에 기대되는 시간까지 나타내 주기 때문에 아주 유용한 기획기법이라 할 수 있다.

③ 월별 활동계획 카드(Shed-U Graph)

이 기법은 미국의 Remington-Rand라는 회사에서 고안해 낸 것인데 Gantt 도표와 비슷한 성격을 갖고 있다. 원래 개발된 모양은 24″× 42″(61×107cm) 크기의 바탕종이에 3″× 5″(8×13cm) 크기의 카드를 꽂을 수 있는 주머니가 달려 있었다. 이 바탕종이의 위쪽 가로에는 월별이 기록되어 있고 특정 활동이나 업무를 조그만 카드(3″× 5″)에 기입하여 월별 아래 공간에 삽입하거나 붙인다. 이 카드는 업무의 시간에 따라 변경되어 이동키는 데는 편하지만 Gantt 도표에서와 같이 과업과 완성된 행사들 간의 상관관계를 잘 알 수 없다. 예를 들면 어떤 기획자가 이사회에 다음 해의 예산안을 제출하기 위하여 준비하고 있다면 다음과 같은 월별 활동 카드를 만들 수 있을 것이다.

○○기관 예산서 작성계획

7월	8월	9월	10월	1월
예산서를 복사함	예비적 예산안을 완성함	임시예산안을 완성하여 경리담당 이사에게 제출함	최종예산안을 경리담당이사가 승인이사회에 제출함	이사회에서 예산안을 승인함

[그림 4-2] 월별 활동계획 카드

2) 청소년참여 프로그램의 기획과정

다음은 지역사회 내의 파트너십을 통하여 청소년참여 프로그램이나 기존 프로그램을 시작하기 위한 모델을 설명하고 있다. 이 패러다임은 폭넓은 지원과 계속성을 위한 흥미롭고 효과적인 수단을 제공하며, 진정한 지역사회 욕구가 프로그램에 의해서 충족될 수 있게 한다. 과정의 지속적인 특성을 강조하기 위하여 원이나 바퀴모양으로 제시되고 있다. 청소년참여는 이러한 과정을 통하여 움직이기 때문에 자체적인 추진력을 가지기 시작한다. 프로그램의 성공은 새로운 파트너십을 형성하고 기존 파트너십을 강화하게 된다(Swinebart, 1992: 17).

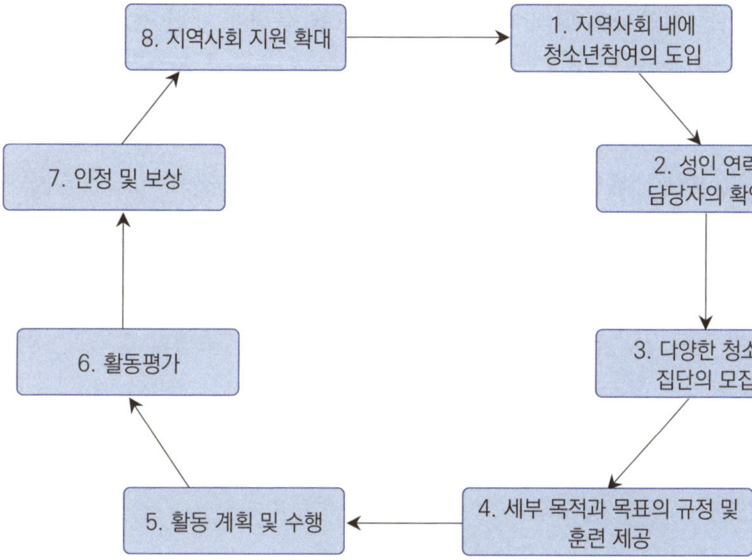

[그림 4-3] 청소년참여 프로그램의 기획 과정

(1) 지역사회 내에 청소년 참여의 도입

프로그램을 위한 일반적인 목적이 수립되고 프로젝트를 지원하기 위한 파트너십이 형성된다. 청소년참여의 첫 번째 단계는 지역사회 내의 핵심 집단으로부터 지원을 이끌어내는 것이다. 사람들은 청소년참여의 목적에 대하여 알아야 할 필요가 있다. 이러한 종류의 지원은 성인과 청소년들의 연합을 통해서 가장 잘 이루어진다. 특히, 외부의 청소년참여 프로젝트에서 성공적인 경험을 한 청소년과 성인과의 연합이 이러한 지지를 보다 잘 이끌어 낼 수 있다. 이 단계에서는 지역사회의 핵심 지도자를 기획모임에 초대하고, 지역사회 핵심 집단을 대상으로 프리젠테이션을 하며, 중요한 의사결정자를 위한 특별한 워크숍이나 세미나를 개최함으로써 성취될 수 있다.

이 단계에서 지원을 구함으로써 다음의 3가지 기능을 수행한다. 첫째, 제안된 프로젝트를 지속시키기 위해 필요한 자원을 함께 동원할 수 있다. 둘째, 지역사회 내의 다양한 사람들에게 기획한 내용에 대해서 알려서 이들이 기여할 수 있는 기회를 제공할 수 있다. 셋째, 가장 중요한 것으로 학교, 가족, 교회, 민간

기관, 기업 등 지역사회 내의 대표들이 프로그램 목적에 대한 동의와 청소년에 대한 분명하고 일관성 있는 메시지를 주게 된다.

최선의 시나리오는 단지 특정한 프로젝트가 장려되는 것이 아니라 청소년참여라는 전체적인 개념이 지지되는 것이다. 또한, 지역사회 내의 모든 파트너들이 함께 참여해서 확인된 요구와 자원에 기초한 프로그램 목적을 공식화할 수 있을 때, 그러한 참여활동은 지역사회의 욕구를 가장 잘 충족시킬 수 있다. 청소년참여 프로그램을 지원하는데 가장 중요한 역할을 수행할 수 있는 집단은 부모, 기업, 학교, 종교기관, 청소년기관, 기타 서비스 기관, 청소년집단, 지역사회집단, 매체 등이 해당된다.

(2) 성인 연락담당자(adult liaison)의 확인

청소년참여 프로그램이 성공하기 위한 최선의 기회는 프로그램을 지원할 기관 내에 "본거지"(home)를 확보하는 것이다. 또한, 그러한 기관의 1~2명의 성인들을 장기적으로 그 프로젝트 참여에 동의하게 하는 것이 필수적이다. 많은 프로그램에서는 최소한 2명의 성인과의 연계를 확보하는 것이 지속성을 유지시키는데 도움을 주는 것으로 나타나고 있다.

이러한 성인들은 다음과 같은 역할을 수행하는데 청소년들과 책임을 공유하게 된다.

① 지원을 포함하여 프로젝트의 성공에 필요한 자원을 확보할 수 있게 한다.
② 진행 과정에 대한 정보를 제공하면서 후원기관과 기타 파트너와의 연락 역할을 수행한다.
③ 일과 놀이의 균형, 새로운 구성원의 모집 및 오리엔테이션 등과 같은 집단의 구성원들의 요구에 주의를 기울인다.
④ 필요한 활동이나 서비스의 기획과 전달을 촉진한다.
⑤ 필요로 하는 훈련을 제공하거나 준비한다.
⑥ 집단의 성취가 지역사회로부터 인정과 축하를 받을 수 있게 한다.

또한, 청소년참여 프로그램에서 성인 연락담당자의 바람직한 특성은 다음과 같다.

① 멋진 유머를 가지고 있어야 한다.
② 무질서를 인내할 수 있어야 한다.
③ 청소년들의 의제를 지원하기 위해서 자신의 의제를 포기할 수 있다.
④ 청소년들과 함께 즐기고 청소년들을 존경한다.
⑤ 다양한 집단의 청소년들과 함께 일하는 것에 편안함을 느낀다.
⑥ 지역사회 내의 다양한 집단과의 파트너십을 개발하는 경험을 가지고 있다.
⑦ 한 청소년 참여자가 록 앤 롤에 대해서 말할 때 그것에 대해서 두려워하지 않는다.
⑧ 청소년들과 분명한 경계를 가진다(청소년을 그들의 절친한 친구, 아들이나 딸 등으로 하려고 노력하지 않는다).

(3) 다양한 청소년집단의 모집

특정 프로그램이나 서비스가 지역사회 내의 다양한 청소년 하위집단에 도달하는 가장 최선의 방법은 지역사회의 다양성을 반영하는 청소년집단을 모집하는 것이다. 여기에는 인종집단이나 문화집단뿐만 아니라 사회적 하위집단 등이 포함된다.

다양성은 프로젝트의 기획과 실행의 책임을 맡은 집단이 다양한 기능과 개인적인 스타일을 가져야 하는 것을 의미하는 것은 아니다. 이상적으로 실행집단은 비전을 제시하는 추상적인 사고를 하는 사람들뿐만 아니라 구체적인 사람들도 포함된다.

다른 한편, 다양성은 그 자체를 위해서 추구되지 않아야 한다. 예를 들어, 청소년참여 프로젝트가 특정한 이슈나 집단을 목표로 한다면, 그 집단의 구성원들이 그 프로젝트의 일차적인 기획자가 되어야 한다. 이와 같은 특성에 의해서 다양성은 갈등을 초래하게 된다. 다른 경험, 가치, 지각, 이해를 가진 청소년들이 함께 참여하게 될 때 오해와 잘못된 가정에 대한 준비가 되어 있어야 한다. 모든 사람들은 각자 일을 하는 방식을 가지고 있고 다르게 일을 하는 사람들에 대한 판단을 한다. 그리고 다르게 사물을 보는 사람들과 함께 일하게 될 때까지 그러한 기대와 판단에 대해서 알지 못한다.

성공적으로 함께 일하는 다양한 집단에게 서로의 이야기나 경험과 같은 서로에 관해 학습하게 될 시간이 필요하다. 갈등 관리 및 커뮤니케이션 기술은 모든 참여자들에게 주어지는 훈련의 일부가 될 필요가 있다. 사람들 사이의 유사성과 차이점에 관해 아는 것이 필요하다. 집단의 구성원으로서가 아니라 개별적으로 개인적인 연계가 이루어지면 적절한 갈등을 통하여 함께 일하고자 하는 의지가 생기게 될 것이다.

(4) 세부 목적과 목표의 규정 및 훈련 제공

지역사회 구성원들이 공동으로 청소년참여 프로그램의 목적을 설정하고 동의를 필요로 하자마자, 프로그램의 청소년과 성인 참여자들은 구체적인 목적과 실천계획을 제안하고 모든 참여자들이 프로젝트의 목적과 기대되는 것에 대해서 명확히 알게 된다. 프로젝트의 훈련에는 실천기획을 포함해서 다음과 같은 요소들이 포함된다.

① 실천 기획(action planning): 목적 설정, 임무의 우선순위, 책임 분담, 장애요인 예측, 첫 번째 단계 착수, 진전사항 평가

② 청소년과 성인을 포함하는 집단 구성원 사이의 팀 구축(team buliding): 서로에 관한 이해, 커뮤니케이션 및 집단의사결정기술 학습, 청소년과 성인의 파트너십 형성

③ 이슈에 관한 정보(information): 수행된 것과 수행 중인 것, 지역사회에의 영향, 현재 다른 사람들의 관여 정도, 추가적인 노력이 필요한 이유

훈련은 형식적으로 혹은 비형식적으로 이루어질 수 있다. 많은 집단에서는

집단 사이의 팀 의식 형성에 도움을 주기 위해서 도시를 벗어나는 것을 선호하는 경우가 많다. 훈련은 지역사회 파트너들이 과정에 참여하는 하나의 방법이다.

(5) 활동 계획과 수행

훈련을 통하여 개발된 기능을 이용하여 집단에서는 학교나 지역사회에 필요한 서비스를 개발하고 전달한다. 계획의 수행에 지역사회 파트너들을 참여시킴으로써 그 영향을 폭넓게 하고 파트너십을 강화한다. 청소년 학습 교사의 역할을 하는 기업파트너, 도구 사용과 청사진의 판독법을 가르치는 지역 건설회사 대표, 용매(solvents)의 위험에 대해서 훈련시키는 약물남용전문가, 청소년권리에 대해서 효과적으로 로비할 수 있는 방법을 설명하는 지역 정치가 등이 이러한 참여유형에 속한다. 파트너들에게 적극적이고 의미 있는 역할을 수행하게 함으로써 계획을 성공적으로 이끄는데 중요한 몫을 담당하게 하는 것이 필요하다.

다른 집단이 참여할 수 있도록 계획에 인센티브를 제공하는 창의적인 방법에 대해서 생각하는 것이 유용할 수 있다. 청소년참여 프로젝트에서 파트너에게 제공할 수 있는 가장 쉬운 방법 중의 하나는 지역사회 내의 책임 있는 구성원으로서 보일 수 있게 하는 것이다. 예를 들면, 기관이나 기업의 로고를 티셔츠, 모자, 전단 등에 넣는 것이다. 기업 지도자들은 단순히 돈을 주는 것 이상의 것을 하기를 원하는 경우가 있다. 수상식 연회에서 사회를 보게 하거나 지역사회 모금 행사에 명예 의장이 되게 할 수 있다.

(6) 실천 계획의 목적에 따른 활동 평가

청소년참여활동의 평가는 철저하고 정확해야 한다는 것과 빠르고 유용하게 환류되어야 한다는 필요 사이에 균형을 유지해야 한다. 활동에서 기대된 결과를 얻었는가? 목적을 달성하기 위해서 지속하거나 또 다른 활동을 계획할 필요가 있는가? 이러한 질문들은 어떠한 일이 발생했는지를 반성하고 프로그램을 정상적인 궤도에 올려놓기 위한 비형식적인 과정을 만드는데 도움을 줄 수 있다.

다른 한편, 집단에서 일을 하고 기금을 모으고 다른 집단의 지원을 찾고자 할 때 보다 집중적인 평가가 필요하다. 이러한 유형의 평가에서는 집단이 정말로 효과가 있는지에 대해서 염려하고, 결과에 대한 책임이 있는 것에 대해 좋은 일이라는 것을 보여준다.

지역사회 프로그램의 효과에 대한 평가 이외에, 후원자들은 청소년과 성인 파트너에 대한 청소년참여 효과의 모니터링을 고려해야 한다. 이러한 평가를 통하여 청소년참여가 지역사회에 중요한 자원을 제공할 뿐만 아니라 프로젝트에 참여하는 사람들에게도 긍정적인 효과를 가진다는 메시지를 강화하도록 도울 수 있다. 결론적으로 다음의 정보는 프로그램의 파트너들과 함께 수집하고 분석하고 공유할 수 있는데 도움을 줄 수 있다.

① 어떠한 정보가 제공되었는가?
② 얼마나 많은 사람들이 서비스를 제공받았는가?
③ 이러한 서비스에 대한 고객의 인식은 무엇인가?
④ 프로그램은 목적을 얼마나 충족시켰는가?
⑤ 불일치에 대한 이유는 무엇인가?
⑥ 프로그램 후원자와 파트너들은 얼마나 혜택을 받았는가?
⑦ 프로그램 참여를 통하여 청소년과 성인들의 태도, 지식, 능력에 어떠한 영향을 주었는가?
⑧ 청소년에 대한 성인들의 인식에 어떠한 영향을 주었는가?
⑨ 프로젝트는 중도탈락률, 무단결석, 비행, 약물남용 등에 영향을 미쳤는가?

(7) 인정과 보상

청소년 프로젝트 성취에 대한 대중적인 인정은 많은 긍정적인 효과를 가질 수 있다. 참여자들로 하여금 흥미를 갖게 하고 새로운 사람들을 프로젝트에 참여시키게 한다. 또한, 지역사회에서 수행되는 프로젝트의 내용에 대해서 홍보하고 청소년들에 대한 지역사회의 인식을 개선하는 데 도움을 줄 수 있다. 셔츠, 모자, 영화티켓, 음식 등을 기증하기를 원하는 파트너들의 참여를 보다 확대할 수 있다. 또한, 청소년에게 건전하고 책임 있는 행동을 하기 위한 지역사회 규범과 기대를 강화할 수 있다.

인정과 축하는 프로그램 파트너와 후원자들에 대한 보상을 포함해야 한다. 이것을 통해서 중요한 목적을 성취하게 한다. 청소년 참여자들과 마찬가지로 기존 파트너들의 관심과 새로운 파트너들의 참여를 이끌어내게 된다. 대중 앞에서 파트너 기관의 긍정적 이미지를 유지시켜 준다. 다양한 지역사회 집단의 성취에 대한 인정은 다른 영역에서도 함께 일할 수 있도록 격려할 수 있다.

(8) 청소년참여에 대한 지원 향상

이 모델의 각 임무가 성취됨으로써 일정한 추진력이 형성되고 청소년들이 지역사회에서 보다 중요한 역할을 수행하기 쉽게 된다. 원활한 순환을 통하여 지역사회는 청소년들과 새롭고 긍정적인 관계로 이동하게 된다. 청소년 자원이 지역사회의 여러 집단과 기관의 집합적인 자원과 결합하기 때문에 문제가 보다 효과적으로 파악된다. 그리고 청소년들은 책임 있는 기여자로서 인정되고 기대된다. 이러한 과정을 통하여 청소년들은 건전한 생활양식과 긍정적인 발달을 형성하고 지원하는 기관과 보다 밀접하게 연계된다.

궁극적으로 학교, 기업, 지방 정부, 인적 서비스 기관, 부모, 청소년, 및 지역사회의 기타 부문 사이의 장기적인 협력관계의 구축이 청소년참여를 지원하는 파트너십을 창조하는 가장 중요한 효과 중의 하나가 된다. 실제로, 지역사회가 청소년들의 위험한 행동을 줄이거나 제거하기 위해서는 이러한 집단들과 함께 단일한 방향으로 응집력 있게 연계되어야 한다.

참고문헌

권영찬 · 이성복(1990). 기획론. 서울: 법문사.

김진화 · 정지웅(1997). 사회교육 프로그램개발의 이론과 실제. 서울: 교육과학사.

정규서 · 강태룡(1993). 기획론. 서울: 대왕사.

정무성 · 정진모(2001). 사회복지 프로그램 개발과 평가. 서울: 양서원.

윤정길(1987). 발전기획능력론. 서울: 범론사.

한국청소년개발원편(1994). 프로그램 개발과 평가. 서울: 인간과 복지.

한국청소년개발원편(2004). 청소년학 용어집. 서울: 교육과학사.

Dror, Y.(1967). *The Planning Process: A Facet Design*. Planning-Programming-Budgeting. Chicago: Markham Publishing Co.

Gilbert, N. & Specht, H.(1997). *Planning for Social Welfare*. N.J.: Prentice-Hall.

Myrdal, G.(1960). *Beyond the Welfare State*. New Haven: Yale University Press.

Reiner, J., Reimer, E., & Reiner, T. A.(1963). *Client Analysis and the Planning of Public Programs*. Journal of the American Institute of Planners 28. pp. 270-282.

Swinebart, B.(1992). Youth Involvement: Deveoping Leaders and Strengthening Communities. Partners for Youth Leadership.

UNESCO(2002). Creating Better Cities with Children and Youth.

Villarruel, F. A. et al.(2003). *Community Youth Development*. Sage Publications, Inc.

York, R. O.(1982). *Human Service Planning*. The University of North Carolina Press.

5장 청소년 프로그램 요구분석

청소년의 성장과 발전을 목적으로 하는 청소년활동 프로그램은 기본적으로 청소년들의 요구와 필요에 근거를 두고 개발, 실천될 때 그들의 참여 동기를 유발시킬 수 있다. 그러므로 청소년활동을 위한 프로그램개발 절차 가운데 청소년의 요구와 필요를 확인하고 분석하는 것은 필수적인 과정이다. 개발된 프로그램이 청소년들의 요구 및 필요를 보다 과학적이고 체계적으로 분석하여 반영하고 있다면 청소년들에게 흥미를 가지고 적극 참여할 수 있는 높은 학습동기를 부여하게 될 것이다. 청소년들의 높은 학습동기는 청소년 활동 프로그램의 성패를 좌우하는 요인이다.

따라서 본 장에서는 청소년활동 프로그램을 개발하는 과정에서 청소년들의 요구 및 필요가 왜 중요하며, 이를 확인하고 분석하는 절차와 다양한 기법들에 대해 살펴보고자 한다.

1. 요구의 개념

프로그램개발 과정에서 가장 어렵고도 중요한 과업 가운데 하나가 잠재적인 학습대상자들의 요구를 정확하게 분석하여 반영하는 것이다. 무엇보다도 학교 밖에서 전개되는 청소년활동이 기본적으로 청소년들의 자발적 참여를 근거로 이루어짐을 감안하면 정확한 요구분석이야말로 그들의 참여를 유도하는 중요한 수단이기도 하다.

이처럼 프로그램개발에서 중요하게 다루어지고 있는 요구(need)는 바램(wants),

흥미(interests) 등 다양한 명칭으로 불려지고 있으며, 의미 역시 다양성을 함축하고 있다. 요구의 의미는 크게 프로그램 참여자들이 '원하는 것(선호: preference)'이라는 의미에서부터 '현재수준과 기대수준과의 차이(discrepancy)'나 '여러 가지 문제나 부족(deficit)' 등 3가지 관점으로 정리된다.

이러한 요구의 개념에는 생물학적인 차원에서 중요시되는 배고픔이나 목마름, 성욕 등도 결핍이나 선호의 측면에서 기본요구로 포함되기도 하지만, 이는 인간의 원초적 본능이라는 의미에서 요구(needs)보다는 충동(drive)으로 표현된다. 교육적 측면에서 요구란 [그림 5−1]에서 보는 바와 같이 학습자에게 존재하는 균형상태와 불균형 상태가 미래의 바람직한 상태와 현재의 상태 사이의 차이에 의해 나타나는데 이러한 차이(gap)를 의미한다.

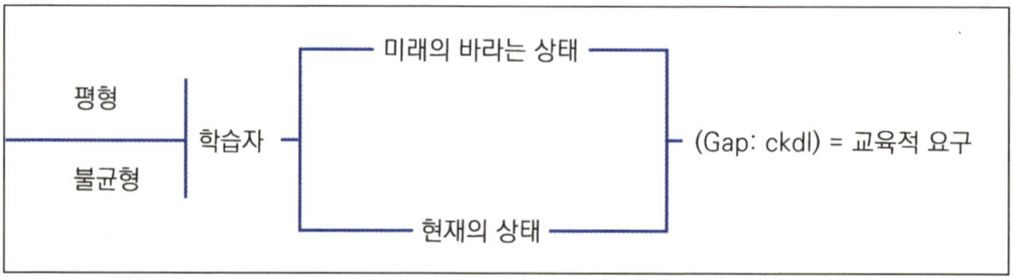

[그림 5-1] 교육요구의 개념도

여기에서는 요구의 개념을 ① 기본요구(basic needs), ② 느낀/표현 요구(felt/express needs), ③ 규범적인 요구(normative needs), ④ 비교요구(comparative needs) 등으로 분류하여 살펴보고자 한다.

1) 기본요구

기본요구(basic needs)는 인간의 교육에 대한 요구를 비교적 포괄적인 관점에서 언급한 것으로 인간의 전 생애에 걸쳐서 발생되는 교육적 동기 또는 학습동기와 관련된 개념이라 할 수 있다. 이와 관련하여 Knowles(1970)는 기본 요구(basic needs)는 성인교육이나 청소년교육 등 사회교육 계획과정에서 마땅히 고려되어야 하는 요인으로 간주하고, 인간의 신체적 요구, 성장 발전하고자 하는 요구, 안전에 대한 요구, 새로운 경험에 대한 요구, 애정요구, 인정받고 싶은 요구 등을 기본요구로 정리하였다(기영화, 2002;106-110). 이는 Maslow의 요구사다리를 이용하여 교육요구를 규정한 것이다. 즉, 요구 사다리 중 비교적 낮은 수준에 머물러 있는 사람은 보다 높은 수준으로 이동하기 위해 무엇인가를 요구하게 되는데 이러한 요구를 충족시켜줄 수 있는 것이 바로 교육적 경험과 활동이라는 것이다.

신체적 요구는 몸을 유지하기 위한 요구로 충족되지 않을 경우 이상 증상을 나타내게 마련이다. 청소년활동 프로그램개발자는 청소년들의 신체적 요구를 고려하면서 프로그램을 설계해야 한다. 적어도 프로그램에 참여하고 있는 청소년들이 편안한 상태에서 듣고, 보고 또 휴식할 수 있도록 프로그램이 구안되고, 실천되어야 소기의 성과를 얻게 될 것이다.

뿐만 아니라 다양한 프로그램에 참여하는 청소년들은 이를 통해 사회구성원으로서 보다 성장 발전하기를 원하며, 자아존중과 같은 심리적 안전을 확보하고자 하는 요구를 가지게 된다. 이 밖에도 새로운 경험에 대한 도전과 누군가를 사랑하고, 기쁘게 해주기 위한 요구도 가지고 있다. 그러므로 청소년활동 프로그램은 인간으로서 갖게 되는 다양한 기본적 요구를 충분히 반영해야 하는 것이다.

2) 느낀/표현된 요구

느낀 요구(felt needs)는 가장 일반적으로 사용되는 개념으로서 학습자가 행동으로 나타내지는 않으나 인지하고 있는 요구를 의미한다. 반면에 표현된 요구(expressed needs)는 학습자에 의해 인간의 커뮤니케이션 기법, 즉 언어나 문장 등으로 표출되거나 행동화된 요구를 의미한다. 느낀 요구를 표현요구로 전환시키도록 제공되는 수단이 요구분석이다. 물론, 요구분석 과정에서 미처 느끼지 못한 요구들이 새롭게 표현요구로 나타날 수도 있을 것이다. 요구분석은 느끼거나 느끼지 않은 요구를 모두 발견하여 문제를 해결하는 노력의 과정이 되어야 한다.

보통 청소년지도자가 잠재적 학습자들로부터 설문조사를 통해 요구를 수렴하고 분석하는 것은 바로 느낀 요구를 표현요구로 전환시키는 대표적인 예이다. 그런데, 느낀 요구와 표현된 요구는 현재의 상태가 정확하게 진단되지 아니한 채 대개의 경우 바라는 상태만 표출되는 경향이 있다. 다시 말해 학습자가 개인 차원에서 주관적으로 인지한 요구이기 때문에 그것이 프로그램에 반영되기 위해서는 반드시 타당성 검토 과정이 필요하다. 때로는 단순한 요구가 무모한 요구인 경우가 많기 때문이다.

3) 규범적인 요구

규범적인 요구(normative needs)는 객관적인 차원에서 진단된 요구이다. 즉, 잠재적 학습자의 현재 상태와 바람직하다고 여겨지는 상태간의 차이 혹은 그 부족분을 의미한다. 여기서 객관적 차원에서의 진단이란 잠재적인 학습자 개인이 주관적으로 인지한 요구가 아니라 전문가나 여타 인증 및 자격 기준에 의해서 결정됨을 뜻한다. 잠재적인 학습들이 미래에 마땅히 성취해야 할 기준과 실질적으로 존재하는 현재의 상태 사이의 결핍(deficiency)이 요구이며, 이는 학습자가 교육이나 학습 활동을 통해서 도달하여야 할 규범적인 상태(to be normative)라는 것이다. 예를 들어, 디지털 시대를 맞이하여 청소년들의 디지털 활용역량이 점점 증가하고 있는데, 디지털기기 활용과 관련해서 개인의 사생활 침해나 무단 복제 등 저작권 위반 사례가 많이 발생하고 있다. 이 경우 전문가의 입장에서 디지털기기 사용 관련 윤리와 개인정보 보호 등 디지털리터러시(digital literacy) 활동이 청소년들에게 필요하다고 판단할 때 규범적 욕구가 되는 것이다.

4) 비교 요구

비교 요구(comparative needs)는 타인이나 다른 집단과의 비교에 의해 생성된 요구이다. 비교 요구는 타인이 받는 서비스와 비교하여 상대적으로 서비스를 받지 못함으로써 개인이 갖게 되는 요구이다. 청소년들이 유행에 민감하여 다른 친구들처럼 유명학원에 보내달라고 부모에게 요구하는 것도 하나의 예라 할 수 있다. 이처럼 비교 요구는 타인 또는 타집단과의 관계에서 나타나는 상대적인 요구로, 그 자체가 현실요구를 측정하는 적절한 수단으로 간주될 수는 없다.

2. 요구분석의 목적과 유형

1) 요구분석의 목적

이상과 같은 요구의 다양한 의미를 고려할 때 요구분석을 하는 목적은 분석하고자 하는 개인이나 조직, 사회의 특성에 따라 달라질 수 있다. 그러나 무엇보다도 청소년활동에서 요구분석이 필요한 것은 프로그램의 계획을 세우는 데 필요한 정보를 획득하기 위함이다. 예를 들어 청소년들에게 문화체험활동을 제공하고자 하는 경우 청소년들이 원하는 프로그램의 목표, 내용 및 방법 등에 대해 체계적으로 조사, 분석하는 것이 요구분석의 목적이 될 것이다. 이러한 목적을 달성하기 위해 수행되는 요구분석에서는 문화체험활동과 관련된 청소년들의 구체적인 목표를 확인하고, 목표를 달성하기 위해 어떤 내용이 어떻게 제공되어야 하는지를 구체화하는 작업이 이루어져야 한다.

요구분석의 두 번째 목적은 조직의 상황이나 시스템이 가지고 있는 문제나 취약점을 발견하고, 이를 처방/개선하기 위함이다. 청소년 관련 기관에서 제공하는 교육이나 학습 프로그램이 비효율적이거나 청소년들로부터 호응을 얻지 못하는 경우 참여하는 청소년들이나 프로그램 운영자들로부터 그 이유를 하나씩 확인 · 점검함으로서 그에 대한 처방내지는 개선점을 찾아낼 수 있을 것이다.

세 번째는 평가를 목적으로 하는 요구분석이다. 이 경우 요구분석은 단위 프로그램이나 기관운영에 대한 평가가 된다. 청소년활동 프로그램에 참여한 청소년들에게 프로그램의 내용과 운영 등이 어떠했는지를 조사할 수 있을 뿐 아니라, 향후 이와 같은 프로그램이 제공될 경우 친구들에게 참여를 추천하겠는가, 그리고 앞으로 내용이나 방법적인 측면에서 어떤 프로그램이 제공되기를 바라는지 등을 조사할 수 있는데, 이런 활동 자체가 평가활동인 것이다.

2) 요구분석의 유형

요구분석은 프로그램이나 정책을 통해 무엇을(또는 어떻게) 할 것인가를 조사하는 방법으로 단순히 체계적으로 정보를 수집하는 것 이상의 가치판단의 문제를 포함한다. 그러므로 요구분석의 유형은 요구판단의 근원과 주체에 따라 다르게 구분된다. 모커와 스피어(Mocker & Spear, 1979)는 요구판단의 주체에 따라 기술적 요구와 규범적 요구로 나누었으며, 동시에 요구판단의 자료 성격에 따라 주관적 자료와 객관적 자료를 나누어 요구분석 유형을 4차원으로 구분하였다.

기술적 요구는 원하는 것이 무엇인지를 개인이나 집단(장애인, 실업자, 비문해자 등) 스스로 진단하는 학습자 중심의 내부지향적 의사결정이며, 규범적 요구는 외부의 전문가에 의해 요구가 결정되는 외부지향적 의사결정 과정이다. 한편, 요구판단의 근거자료로서 주관적 자료란 개인이나 집단의 주관적 진술을 토대로 한 요구이며, 객관적 자료는 개인이나 집단에 대해 보다 과학적이고 체계적으로 수집된 자료를 토대로 한 요구를 의미한다. 요구판단의 주체자와 요구판단의 근거자료 성격에 따라 요구분석 유형은 다음과 같이 4가지로 유형화될 수 있다.

〈표 5-1〉 요구분석 유형

주체 \ 근거자료	주관적 자료	객관적 자료
기술적 요구(학습자)	기술적-주관적	기술적-객관적
규범적 요구(전문가/타인)	규범적-주관적	규범적-객관적

출처: Mocker & Spear(1979) In P.D. Langerman & D. H. Smith(Eds.), Managing adult and continuing education programs and staffs. p. 98(기영화, 2002:112에서 재인용)

(1) 기술적-주관적 요구분석

기술적-주관적 요구분석은 학습자 스스로 주관적 진술이나 판단을 근거로 자신의 요구를 분석하는 것을 말한다. 자기주도학습이 기술적-주관적 요구분석의 대표적인 형태이다. 자기주도학습이란 학습자 스스로 자신의 학습목표, 학습내용, 학습시간 등 학습과 관련된 모든 것을 탐색하고, 선택하는 것을 의미한다. 일반적으로 청소년들이 "태권도를 배우고 싶다", "무슨 무슨 미술학원에 다니고 싶다", "방학 동안에 갯벌체험 캠프에 참여하고 싶다" 등이 대표적인 기술적-주관적 요구분석의 예라 할 수 있다. 청소년들이 개인의 직관이나 느낌 혹은 흥미에 근거를 두고 배우기를 원하는 내용이 바로 학습요구이다. 그렇기 때문에 기술적-주관적 요구분석 결과에 터한 프로그램의 개발과 운영은 학습자들의 요구에 충실하기 때문에 그들의 참여를 촉발시키는 동기가 될 수 있다.

(2) 기술적-객관적 요구분석

기술적-객관적 요구분석은 주체가 학습자라는 면에서 기술적-주관적 분석과 같지만, 분석의 자료가 학습자의 주관이나 직관이 아니라 보다 체계적이고, 객관적인 근거라는 면에서 다르다. 그러므로 학습자가 가지고 있는 지속적이고 일관된 요구를 과학적으로 추출해 내는 것이 매우 중요한 과업이며, 이 때문에 전문가의 도움이 필요하며 학습자와 공동으로 요구분석을 수행하게 된다. 그러므로 청소년지도자가 청소년들의 학습요구를 파악하고, 구체화시키는 일은 중요한 역할의 하나이다.

(3) 규범적-주관적 요구분석

규범적-주관적 요구분석은 학습자가 아닌 전문가에 의해 요구가 판단되며, 요구판단의 근거는 전문가의 주관이나 느낌이다. 주로 기업교육이나 정부의 각종 연수프로그램개발에서 많이 적용된다. 전문가인 프로그램개발자가 참여집단의 다양한 특성을 고려하여 주관적으로 어떤 학습이 필요한지를 결정하는 분석 방법이다. 청소년활동에서도 청소년 전문가들이나 교육학자들이 미래사회를 예측하여 필요한 역량을 강조하는 경우이다. 그러므로 얼마나 현장감과 균형감, 그리고 미래 지향성을 갖춘 전문가를 확보하느냐가 프로그램개발의 성패를 좌우하는 요인이다.

(4) 규범적-객관적 요구분석

규범적-객관적 요구분석은 전문가에 의해 요구가 파악되나 근거 자료는 학습자들에 대한 객관적인 데이터로부터 나온다. 일반적으로 가장 공식적이고 체계적인 프로그램개발과정에서 수행하는 요구분석 방법이다. 자격증이나 수료증이 주어지는 프로그램을 제공하고자 할 때 많이 적용되는 방법이다. 이를테면, 청소년들에게 진로개발 능력 함양 프로그램을 제공하고자 할 때, 청소년지도자는 잠재적 학습자인 청소년들을 대상으로 그들의 진로의식수준(진로성숙도)을 표준화된 검사 도구를 이용하여 먼저 진단하고, 그 결과를 토대로 부족한 능력이 무엇인지를 확인하면 이것이 학습요구가 되는 것이다.

3. 요구 분석의 기법

요구분석을 위한 방법은 매우 다양하다. 그러므로 적합한 분석 기법을 찾아내는 일이 중요하다. 일반적으로 요구분석을 할 때 어떠한 기법을 적용할 것인가는 잠재적 학습집단의 특성, 데이터수집 과정에 잠재적 학습집단을 어느 정도 참여시킬 것인가, 시간·비용과 같은 자원의 제한, 요구되는 데이터의 유형과 깊이, 프로그램개발자의 기법 적용 능력 등을 고려하여 선택한다. 이제까지 교육 및 훈련을 위한 프로그램개발 과정에서 가장 많이 적용되고 있는 요구분석 기법을 살펴보면 아래와 같다.

1) 서베이

서베이 기법은 학습자가 표현한 요구를 확인하는 가장 널리 쓰이는 요구분석 기법이다. 이 기법은 주로 잠재적 학습자 집단이 비교적 많고 널리 분포되어 있는 경우에 요구와 관련된 정보를 수집하기 위해 사용되고 있다. 프로그램개발자는 서베이 기법을 통해 잠재적 학습자들로부터 비슷한 요구정보를 통합적으로 획득할 수 있을 뿐만 아니라, 비교적 쉽게 체계적인 방법으로 정보를 얻을 수 있다는 장점을 가지고 있다. 여기에서 관련 정보는 요구를 충족시키는데 유용한 자원, 요구가 표출되는 조건과 상황, 그리고 잠재적학습자의 의견, 신념, 태도, 실행수준, 지식, 수행 능력 등이 포함된다.

서베이를 실시하는 방법에는 질문지법(questionnaire)과 면접법(interview)이 있다. 질문지법은 우편이나 분배 형식을 통해 이루어지므로 응답자와 비교적 직접적인 접촉 없이(있더라도 극히 제한적인 경우를 보임) 정보를 얻을 수 있는데 반해 면접법은 응답자와 직접 대면하거나 전화를 통해 질문에 응한 사람들과 질의응답의 형식으로 이루진다.

한편, 응답자의 요구가 조사·분석된 정보는 매우 가치 있는 것임에도 불구하고 프로그램개발자가 명심하고 있어야 할 것은 질문지 상에 표현된 정보는 주어진 일정한 시간에 응답자가 답한 제한된 요구에 불과하다는 사실이다. 또한 그러한 응답이 곧바로 행동으로 반드시 전환되는 것이 결코 아니라는 사실이다. 이와 함께 대개의 경우 응답자들은 비교적 긍정적인 태도를 가지고 응답하고 있다는 사실이다. 실제로 교육요구를 조사·분석하다 보면, 응답자들은 설문 내용에 대해 긍정적으로 응답하는 경향이 뚜렷하여 교육의 필요성에 대해서도 대체적으로 "이런 내용을 알면 좋다"(nice to know)라고 응답한다는 사실이다.

질문지법은 분석하고자 하는 내용이 비교적 간단하고, 많은 응답자를 필요로 하며, 응답자가 협조적이고 교육을 받은 집단일 때 적절한 기법이며, 면접법은 분석하고자 하는 내용이 복잡하여 자세한 설명을 필요로 하거나 면접자가 반응의 정확성을 판단할 수 있을 때, 응답자가 주어진 설문에 쓸 수 없을 때, 높은 응답률이 필요로 할 때 등에 적합한 기법이다.

2) 관찰법

관찰법은 관찰자가 조사 대상의 개인, 사회집단, 또는 지역사회의 행동이나 사회현상을 현장에서 직접 보거나 들어서 필요한 정보나 상황을 정확히 알아내려는 방법이다. 일반적으로 관찰은 융통성이 있고, 직접 보거나 듣기 때문에 현장에서 발생하는 실상을 이해하는 데 도움이 되며, 말보다 훨씬 깊은 정보를 얻을 수 있으며, '최적'의 상태와 '현재'의 상태 간에 차이를 밝혀낼 수 있으며, 또 다른 부가적인 관찰이나 기법의 사용을 유도하는 특성을 지닌다. 그러나 관찰은 관찰 대상자가 인지하게 될 경우 잘못하면 왜곡된 사실이나 정보를 얻게 될 수 있으므로 정교한 계획과 준비가 필요하다. 동시에 관찰자가 가지고 있는 편견이나 선입관이 관찰내용이나 정보를 왜곡시킬 가능성이 높기 때문에 관찰대상에 대해 중립성을 지닌 관찰자의 선택도 중요하다. 또한 관찰 목적, 관찰 영역, 관찰 내용, 관찰의 양적, 질적 측면 등이 정리된 관찰 가이드를 작성하여 사용하는 것이 보다 객관적이고 효과적인 관찰을 위해 필요하다.

3) 개별이력

개별이력(individual profile)은 요구를 개인적으로 결정하고 기록하는 데 이용되는 방법이다(Boyle, 1981). 이 기법은 주로 의사나 변호사 등 전문직에 종사하는 사람들의 교육 요구를 분석하고자 할 때 그들의 개인이력을 보고 요구를 파악하는 방법이다. 전문직의 경우 개별이력이 수행하고 있는 직무나 과업을 나타낼 수 있으므로 다른 직업에서의 직무분석 내지는 과업분석과 유사한 것이라 할 수 있다. 청소년지도자들을 대상으로 프로그램을 개발할 경우 그간 청소년지도자들이 이수한 각종 연수나 학습프로그램 내용을 토대로 부족하거나 필요한 프로그램 내용을 구성하는 것도 이에 해당할 것이다.

4) 결정적 사건분석

결정적 사건분석(critical incident approach)은 필요한 관찰과 평가를 위해 가장 적절한 지위에 있는 사람들로부터 특정한 행동에 대한 기록을 얻어내는 것이다. 이 과정을 통해 수집된 정보는 어떤 활동을 수행하는 데 필요한 조건들을 명료하게 알려주게 된다. 무엇보다도 특정 직무에 정통한 사람들의 특징적인 행동들을 통해서 정보가 수집된 것이기 때문에 직무 수행에 필요한 태도나 지식 및 기타 다른 특성들을 추론해 낼 수 있다. 이 기법을 통해 성공적인 행동과 그렇지 않은 행동들을 판별해 줄 수 있는 결정적인 사건들이 수집될 수만 있다면 청소년교육 프로그램개발에 있어서 매우 유용한 방법이 될 수 있을 것이다.

5) 능력분석법

능력분석법(competency-based approaches)은 특정 영역의 전문가가 반드시 소유하고 있어야 할 최소한의 전문적 능력을 현재 그 영역에 종사하고 있는 사람으로부터 확인하여 교육적 요구를 분석하는 방법으로 전문 직업인들을 위한 교육프로그램개발에 많이 적용된다. 앞으로 전문가가 될 사람은 자신들의 능력 수준에 대해 검증을 받게 되며, 전문가가 제공한 능력 수준과 비교하여 드러나는 차이가 곧 교육적 요구가 되는 것이다.

6) 델파이법

이 방법은 원래 미국의 랜드연구소(Rand Corporation)에서 1950년대 초에 개발한 의견조사 방법으로 예측하려는 문제에 관하여 전문가들의 견해를 유도하고 종합하여 집단적 판단으로 정리하는 일련의 절차이다. 다시 말해 추정하려는 문제에 대한 정확한 정보가 없을 때 전문가들의 직관과 판단을 집합적으로 적용하여 미래를 예측하거나 연구하는 방법이다. 전통적인 면대면 전문가 토론에서 발생할 수 있는 다수의 횡포, 권위 있는 사람의 독점적 발언, 사전조율 등을 비롯하여 바람직하지 못한 심리적 효과를 제거한 패널식 조사 방법으로서 절차의 반복과 통제된 피드백, 응답자의 익명, 통계적 집단 반응의 절차를 통하여 이루어진다.

일반적으로 델파이방법은 3~4회에 걸쳐 질문을 하는데 가장 간단한 절차는 다음과 같다(이종성, 2001).

- 제1회: 추정하거나 해결하려는 문제 분야의 전문가 또는 이해집단 구성원(패널)을 선정하여 이들로 하여금 상호접촉하지 않고 문제에 대한 개방형 질문(open-ended question)에 응답하도록 하여 일련의 자료를 수집한다.
- 제2회: 1회 개방형 설문으로 수집한 비체계적인 응답들을 편집하여 구조화된 폐쇄형 질문들을 만들어 다시 패널들로 하여금 질문의 각 항목 내용의 중요성, 희망, 가능성 등에 대하여 동의하는 강도(보통 likert형 척도)를 평정하도록 한다.
- 제3회: 2회에서 회수한 패널들의 반응에 대하여 집중경향과 변산도(중앙값과 사분범위/평균과 표준편차)를 산출한다. 3회 설문은 각 패널들에게 각 질문의 집중경향과 변산도 측정값과 패널 본인의 제2회 반응을 피드백하여 질문에 대한 반응을 재고하고 수정할 수 있는 기회를 제공한다. 제3회 설문의 각 질문에 대한 반응란에는 동의의 강도뿐 아니라 다수의 의견으로부터 벗어난 반응(사분범위를 벗어난 반응)을 할 때에는 다수의 의견과 달리하는 이유를 적을 수 있는 란을 준다.

- 제4회: 제3회에서 회수한 패널들의 반응에 대하여 집중경향과 변산도를 다시 산출하고 다수 의견으로부터 벗어난 소수 의견을 수합한 보고서와 함께 질문을 반복한다. 패널들의 의견이 어느 정도 일치할 때까지 몇 차례 질문을 반복한다.

그러나 이러한 절차는 필요에 따라 또는 합의되는 정도에 따라 두세 차례로 줄여질 수도 있고 또 몇 차례씩 더 반복될 수도 있다.

델파이 방법의 장점은 우선 지역적으로 산재해 있는 여러 사람들의 상호작용을 촉진시킬 수 있다는 데서 찾아볼 수 있다. 특히, 해당 분야에 관련된 다양한 집단의 많은 사람들의 의견을 수렴한다는 데서 이점을 지니고 있다. 비용-효과 면에서도 비교적 경제적이며, 참가자들의 시간을 덜 빼앗는 점에서도 각광을 받고 있다. 전문가들은 각자 자신들의 편리한 시간에 심사숙고하여 그들의 판단을 내릴 수 있으며, 전혀 타인으로부터 방해받지 않는 자유로운 독립적 의사결정을 내릴 수 있다. 델파이 방법은 여러 가지 폭넓은 분야에 걸쳐서 심층적으로 의견을 수렴할 수 있다는 점이 제일 큰 장점이고, 이로 인해 교육요구분석에서도 많이 활용되고 있다.

그러나 흔히 질문지 조사가 갖고 있는 결함과 마찬가지로 요구사정 진술문이 모호하게 작성되어, 그 뜻이 흐려지거나 곡해될 수 있다는 단점도 있다. 뿐만 아니라 한 번에 너무 많은 항목에 걸친 요구조사를 시도할 때, 또 전문가집단(패널)을 잘못 선정했을 때 생기는 비협조적 태도와 비전문가의 왜곡된 참여 가능성도 배제할 수 없다. 조사대상자 선정의 대표성을 확보하지 못할 때 생기는 편파된 의견 수렴과, 반복되는 통계적 처리, 우편 송부와 회송 등에 소요되는 번거로운 절차와 시간의 측면이 단점으로 지적될 수 있다.

7) 데이컴법

데이컴(DACUM)이란 "Developing A Curriculum"의 줄인 말로서 교육과정을

개발하는 데 활용되어온 직무분석의 한 기법이다. 이 방법은 교육이나 훈련을 목적으로 교육목표와 교육내용을 비교적 단시간 내에 추출하는 데 효과적인 방법으로 미국과 캐나다의 직업교육 분야에서 많이 활용되고 있다.

데이컴은 몇 가지 가정과 전제를 두고 있는데, 첫째, 전문적인 숙련자는 다른 누구보다도 그 직무에 대하여 잘 기술할 수 있고, 둘째, 한 가지 직무는 해당 직업에 종사하고 있는 숙련된 사람이 수행하는 직업 명칭들로 충분히 기술될 수 있다. 셋째, 모든 작업에는 그 작업을 올바르게 수행하는 데 필요한 관계 지식과 태도가 있다 등이다.

데이컴은 8~12명의 분석 협조자(panel member)로 구성된 데이컴위원회를 중심으로 이루어진다. 이 위원회는 실무자가 사전에 준비한 쾌적한 장소에 모여 2박 3일 정도의 집중적인 워크숍으로 데이컴 차트를 완성하는 것으로 작업을 마친다.

8) 비형식적 분석 기법

비형식적 기법은 계획하는데 상당한 시간과 자원을 필요로 하는 형식적인 기법과는 달리 프로그램개발자가 일상생활 속에서 잠재적 학습집단과 매일 매일 접촉하면서 그들의 요구를 지속적으로 평가하고 확인하는 것을 말한다. 비형식적 기법에는 비형식적 대화(informal conversations)와 비활동적 측정(unobtrusive)이 있다.

(1) 비형식적 대화

비형식적 대화(informal conversations)는 프로그램개발자나 청소년지도자가 일상생활 속에서 청소년뿐만 아니라 그들의 부모나 교사들과 빈번한 접촉을 통해 청소년들의 요구와 관련된 많은 정보를 획득하는 것을 말한다. 따라서 청소년지도자는 지역사회 및 조직체 내에서 청소년들의 최근 문제점이나 관심사항을 청취할 수 있도록 "청취할 수 있는 위치"(listening posts)에 있어야 하며,

때로는 모임 후 참석자의 반응, 투서함(suggestion boxes), 모임에서 제기된 문제들을 듣기 위해 신중한 행동을 할 필요도 있다. 이렇게 확인된 정보들은 특정 사람들과 대화하면서 보다 구체화되고 명확해지게 된다.

(2) 비활동적 측정

Webb 등은 면접이나 질문지 기법에 의해 획득될 수 없는 상당히 유용한 정보가 있을 수도 있음으로 제기한 바 있다(Boyle, 1981). 당연히 이러한 자료들은 쉽게 관찰될 수 없는 속성을 가지고 있어 정보를 획득하는 방법에 대해 설명하는 것이 불가능하다. 그러나 Webb 등이 제안 것은 우리에게 큰 도움을 준다.

① 과거의 행동을 조사하는 물리적 흔적

- 잔디밭 사이로 난 통로는 그곳에 인도가 생겨야 한다는 요구를 보여준다.
- 박물관의 진열대의 닳아빠진 타일은 그곳의 인기도를 나타낸다.
- 도서관 책 중 해어진 것은 특정 주제에 대한 흥미를 반영한 것이다.
- 오염된 시냇물은 환경 프로그램에 대한 요구를 제안한다.

② 보관된 기록문서

- 공원 가꾸기에 예산이 전혀 집행되지 않은 지방자치단체는 특정 요구를 반영한 것이다.
- 지난 선거 때의 낮은 투표율은 유권자의 관심 부족과 훌륭한 후보자의 부재를 나타낸다.
- 출생 기록은 신설학교 및 새로운 시설을 계획할 필요가 있다는 요구를 반영한다.

③ 관찰

- 학습자가 매우 이질적임이 관찰될 때에는 학습전략 수립에 대한 새로운

요구를 반영한다.

- 학습자의 지루함, 피로, 따분함이 관찰될 때에는 레크리에이션 활동에 대한 요구를 반영한다.

4. 요구분석의 절차

요구분석의 절차는 요구분석의 모형이나 요구분석의 목적과 상황에 따라 달라진다. 그러나 어떤 모형을 적용하든, 어떤 목적과 상황에서 실시되든 간에 요구분석 과정에서 이루어져야 할 공통적인 과업들이 있게 마련이며, 이를 정리하면 문제 또는 상황에 대한 인지, 목적 확인, 자료수집 방법의 선택, 요구분석 계획, 요구분석 실행, 결과 분석 및 보고 등을 들 수 있다(최정임, 2002: 46~54).

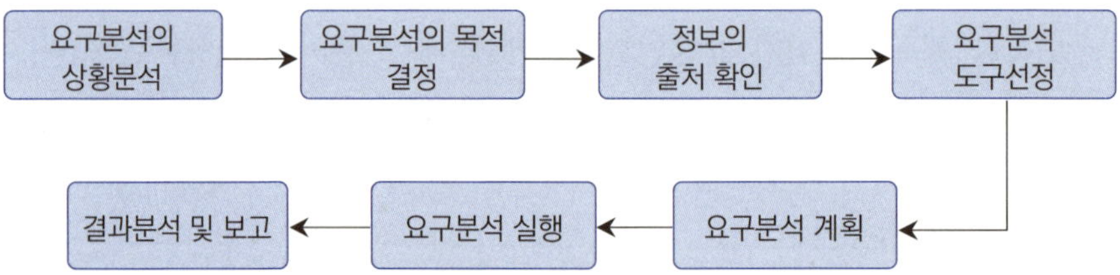

[그림 5-2] 요구 분석의 절차

1) 요구분석의 상황 분석

요구분석의 첫 번째 단계는 요구분석이 필요한 상황을 이해하고, 요구분석에 필요한 정보를 분석해내는 일이다. 요구분석을 통해 어떤 목적을 달성할 것인지, 어떤 정보를 얻을 것인지를 결정하기 위해서는 요구분석이 필요한 상황에 대한 정확한 이해가 있어야 한다. 왜 요구분석을 실시해야 하는가? 요구분석을 통해 어떤 결과를 얻기를 원하는가? 누구를 대상으로 요구분석을 해야 올바른 정보를 얻어낼 수 있는가? 그리고, 시간이나 자원의 제약은 어떤 것인지? 등에 대한 정확한 상황 판단을 하는 단계이다.

상황분석 단계에서 가장 중요한 것은 정확한 문제의식이다. 만약 청소년센터나 수련기관에서 요구분석을 해야 할 경우 반드시 현재의 상황에 대한 문제의식이 전제되어야 한다. 이를 테면 기관운영상의 문제인지, 프로그램 내용의 문제인지, 청소년들의 참여 부족의 문제인지, 주변 지역사람들의 인식의 문제인지 등에 대한 정확한 상황 판단이 필요한데, 이 과업이 요구분석을 위한 첫 단계인 상황 분석이다.

2) 요구분석의 목적 결정

요구분석을 해야 하는 상황에 대한 분석이 이루어지면 요구분석을 통해 어떤 정보를 파악할 것인지의 요구분석 목적을 결정해야 한다. 요구분석의 목적을 결정하는 것은 요구분석을 통해 찾아내고자 하는 정보의 유형을 결정하는 것이다. 일반적으로 요구분석을 통해 찾아내고자 하는 정보의 유형으로는 최적(optimal), 실제(actuals), 느낌(feelings), 원인(causes), 해결방안(solutions) 등 다섯 가지로 나누어진다.

(1) 최적(optimal)

업무수행의 바람직한 상태 또는 최적의 상태를 말한다. 요구분석은 '바람직한 상태'와 '현재 상태'간의 격차를 찾아내는 과정이므로, 바람직한 상태에 대한 정보가 바로 최적에 해당한다. 그러므로 최적에 대한 정보가 정확해야 '문제'를 진단할 수 있다. 예를 들어 중학교 청소년들에게 진로의식 함양 프로그램을 제공하려 할 때 중학교 수준에서 갖추어야 할 최적의 진로성숙 수준을 밝혀내는 것도 요구분석의 한 목적이 된다. 물론, 이 경우 요구분석 대상자는 청소년들을 보다는 진로교육이나 진로상담 전문가들이어야 할 것이다.

(2) 실제(actuals)

현재 수행되고 있는 직무의 상태나 담당자가 알고 있는 것과 할 수 있는 것에 대한 정보이다. 최적과 함께 문제를 진단하기 위해 필수적으로 탐색되어야 하는 정보이다. 중학교 학생들을 대상으로 그들의 진로성숙 수준을 직접 조사 분석한 결과가 이에 해당한다.

(3) 느낌(feelings)

문제나 업무 또는 이와 관련된 능력에 관한 관련자들의 의견을 탐색하는 것이다. 중학생들의 진로의식 수준에 대하여 교사나 청소년지도사, 청소년상담사 등을 대상으로 그들의 느낌을 조사한 정보이다. 물론, 중학생들에게 직접 자신의 진로탐색 및 준비에 대해 어떻게 생각하고 있는지를 물어보는 것도 한 방법이다.

(4) 원인(causes)

무엇이 문제를 야기하는가에 대한 정보이다. 최적과 실제를 통해 '문제'가 진단되면 그 다음 추구하고자 하는 정보는 그 문제를 발생시키는 원인이 된다. 우리나라 중학교 청소년들의 진로의식 수준이 선진국에 비하여 상대적으로 낮다면 그 원인이 무엇인지를 밝혀내기 위해 수집하는 정보이다. 가정교육이 원인일 수도 있고, 학교교육이 원인일 수도 있으며, 또 매스컴을 통해 보도되는 사회의식에 그 원인이 있을 수도 있을 것이다.

(5) 해결 방안(solutions)

문제의 원인이 파악되면, 그 문제를 해결할 수 있는 해결 방안이 제시되어야 한다. 해결 방안은 궁극적으로 요구분석을 통해 얻고자 하는 최종적인 정보이기도 하다. 중학교 학생들의 낮은 진로의식 수준이 정확히 진단되고, 그 원인이 무엇인지가 밝혀지면 자연스럽게 해결방안이 강구될 수 있을 것이다. 최종적으로 도출된 해결방안이 요구분석의 최종 목적이다.

3) 정보의 출처 확인(요구분석 대상자 선정)

요구분석의 상황과 목적이 결정되면, 누구로부터 필요한 정보를 얻을 것인지의 요구분석 대상자를 선정해야 한다. 적절한 요구분석 대상자의 선정은 요구분석의 성패를 좌우하는 주요 요인이다. 앞에서 상황 파악을 하는 것도, 요구분석의 목적을 결정하는 것도 결국은 적절한 요구분석 대상자를 선정하기 위한 사전 준비이다. 만약 청소년기관이 청소년들로부터 외면당하고 있다는 문제의식에 착안하여 요구분석을 할 경우 청소년기관 이용 대상자 모두를 조사할 수는 없을 것이다. 이는 시간과 여건상 불가능한 일이다. 이 경우 과연 누구를 대상으로 조사하는 것이 보다 정확한 정보를 얻어낼 수 있는지를 결정해야 한다. 정해진 시간과 예산을 가지고 효율적으로 대표성을 지닌 정보를 얻어내는 것이 요구분석의 핵심이므로 대상자 선정은 그만큼 중요한 일이다.

4) 요구분석 도구 선정

요구분석 상황과 목적이 결정되고, 그 목적을 달성하기 위해서 누구를 대상으로 분석할 것인지가 확정되면, 어떤 방법을 사용할 것인지를 고민해야 한다. 면담을 통해서 정보를 얻을 것인지, 아니면 관찰을 할 것인지, 설문조사를 할 것인지, 결정적 사태분석을 할 것인지, 집단 회의를 할 것인지 등에 대한 판단이 바로 요구분석 도구 선정이다. 이 경우 요구분석 대상자들의 특성을 면밀하게 검토해서 결정해야 한다. 어린이나 노인을 대상으로 할 때에는 설문조사보다는 면접이나 관찰이 더 유효할 것이며, 고등학교 청소년들을 대상으로 할 경우에는 설문조사도 좋은 방법이 될 수 있을 것이다.

5) 요구분석 계획

요구분석 상황이 파악되고, 요구분석 목적과 방법이 결정되었다면 본격적으로 요구분석 실행 계획을 세워야 한다. 어느 조직에서든 요구분석을 실행하기 위해서는 상사나 팀장의 결재가 필요한데, 이 때 결재를 받기 위해 준비한 계획서가 바로 요구분석 계획이다. 요구분석 계획서는 일정한 형식이 있는 것은 아니지만, 요구분석을 해야만 하는 이유와 목적, 그리고 구체적인 절차와 일정을 담고 있어야 한다. 요구분석 계획서에 포함되어야 할 내용으로는 다음과 같은 것이 있다.

- 문제 상황
- 요구분석의 목적
- 요구분석 대상자
- 요구분석 방법(사용할 도구)
- 요구분석 세부 절차
- 요구분석 담당 조직 및 인력, 그리고 세부 역할 분담
- 요구분석 실행 세부 일정

6) 요구분석 실행

요구분석 계획서가 작성되면 계획된 일정과 요구분석 단계에 따라 자료를 수집한다. 자료를 수집하는 단계는 요구분석의 진행 상황과 요구분석을 통해 얻게 되는 정보의 종류에 따라 융통성을 가질 수 있다. 요구분석을 통해 얻게 되는 자료는 면담, 관찰, 집단회의 등을 통해 얻게 되는 질적 자료와 설문조사를 통해 얻게 되는 양적 자료가 있을 수 있다.

7) 결과 분석 및 보고

요구분석 활동을 통한 자료 수집이 끝나면 자료를 분석하고, 요구분석 목적에 맞게 자료를 정리한다. 수집된 자료를 토대로 문제 상황에 대한 해결방안과 그 대안을 제시하고, 우선순위를 제시함으로써 의사결정에 도움을 줄 수 있는 정보를 제공한다. 또한 여러 가지 대안 중 실제 운영에 필요한 구체적인 실행지침을 제공함으로써 요구분석 결과가 즉각 실천될 수 있도록 도와주는 것이 바람직하다. 조사된 내용 및 결과는 보고서와 같은 인쇄물로 작성하거나 프리젠테이션과 같은 언어적 의사소통을 통해 기관의 경영진에게 보고한다.

참고문헌

기영화(2002). 평생교육 프로그램개발. 서울: 학지사.

김진화(2001). 평생교육 프로그램개발론. 서울: 교육과학사.

서울대학교 교육연구소편(1998). 교육학대백과사전. 서울: 하우동설.

이성호(1982). 교육과정: 개발전략과 절차. 서울: 문음사.

이종성(2001). 델파이 방법. 서울: 교육과학사.

최정임(2002). 인적자원개발을 위한 요구분석 실천 가이드. 서울: 학지사.

허운나 역(2002). 산업교육 요구분석. 서울: 배영사.

Boyle, P. G(1981). *Planning Better Programs*. McGraw-Hill. Inc.

Caffarella, R. S.(2002). *Planning Programs for Adult Learners*. Jossey-Bass; A Wiley Company.

6장 청소년 프로그램 목적 및 목표 설정

프로그램 목적 및 목표 설정은 프로그램개발의 초점을 명확히 해주고 청소년 기관의 자원을 통제하는 관리 책임자, 프로그램 운영자, 청소년지도사, 청소년에게 프로그램의 의도를 명확하게 전달할 수 있게 한다. 본 장에서는 청소년 프로그램 목적 및 목표 진술을 명확히 설정하고 기술할 수 있도록 원리를 설명하였다.

1. 프로그램 목적 및 목표의 이해

청소년 프로그램 목적과 목표를 설정하는 것은 중요하다. 그런데 프로그램 목적과 목표에 대한 개념 규정에 많은 혼란이 있어 개념 정의를 분명히 할 필요가 있다. 여기에는 목적과 관련된 개념을 위계화시켜 규정함으로써 프로그램개발 현장에서 혼선을 겪지 않도록 하였다.

1) 교육목적, 프로그램목적, 활동목표의 개념

인간의 행동은 일정한 목적을 갖고 가치를 추구한다. 사전에 체계적이고 철저한 준비과정을 통해 이루어지는 청소년의 교육활동은 더욱 그러하다. 청소년 지도와 활동이 목표지향적인 활동이라는 지적은 이러한 이유 때문이다. 청소년 기관은 나름대로 지향하는 이념이 있고, 이러한 이념을 실현하기 위해 구체적인 목적을 가지고 있다. 그리고 청소년기관이 제공하고 있는 프로그램마다 의도하는 목적이 뚜렷하게 명시되어 있다. 또한 프로그램에 참여한 청소년이 도달해야 할 최종적인 성과도 구체적인 목표로 제시된다.

프로그램개발은 청소년기관의 이념과 목적을 기본으로 하여 프로그램을 개발하는 목표지향적인 활동이다. 그러므로 청소년지도사가 목적에 대한 개념을 명확히 인식하는 것은 매우 중요하다. 그런데 목적과 관련된 개념들은 약간 혼란스럽다. 우리말로 "목적"(目的)과 "목표"(目標)가 있고, 영어로 "goal", "aim", "purpose", "objective", "target", "intention" 등 매우 다양하다. 이 때문에 청소년 현장에서 많은 혼선이 빚어지고 있는 것이다.

본 저서에서는 청소년지도자가 프로그램개발 과정에서 실질적으로 적용할 수 있도록 하기 위해 목표와 관련된 개념들을 청소년기관 수준, 프로그램 수준, 수련활동 수준으로 나누어 구체적으로 명시하였다. [그림 6-1]에서 보는 바와 같이 청소년기관 수준, 프로그램 수준, 수련활동 수준에 따라 『기관목적-프로그램목적-활동목표』로 위계화시켜 개념상의 혼돈을 막고 그 의미를 명확히 한 것이다.

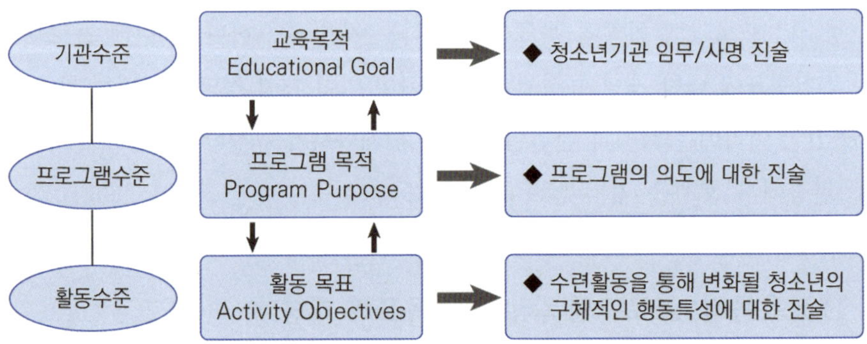

[그림 6-1] 교육목적-프로그램목적-활동목표의 개념도

기관 수준에서 청소년기관이 지향하는 궁극적인 목적을 교육목적(educational goal)으로, 프로그램 수준에서 프로그램의 직접적인 의도가 무엇인지를 명시해 놓은 진술양식을 프로그램목적(program Purpose)으로, 수련활동 수준

에서 청소년이 의미 있는 교육적 경험을 통해 변화되는 행동의 결과를 활동목표(activity objectives)로 규정하였다. 청소년기관이 지향하는 궁극적인 교육목적을 지칭하는 "educational goal"이라는 용어는 상대적으로 추상적이고 장기적인 성격을 가지며, 프로그램이 추구하는 직접적인 의도를 명시하는 "program purpose"라는 용어는 수련활동 수준에서 청소년의 구체적인 행동결과를 의미하는 "activity objectives"라는 용어보다는 상대적으로 덜 구체적이다. 이처럼 수련목적과 관련된 개념은 "educational goal-program purpose-learning objectives" 순으로 그 구체성이 위계화된다.

(1) 교육목적

교육목적(educational goal)이란 청소년기관이 지향하는 궁극적인 이념을 구체화시켜 놓은 것으로 그 내용이 상당히 추상적이고 일반적이다. 왜냐하면, 교육목적은 즉시적이고 단기적으로 성취될 수 있는 것이 아니라 보다 장기적으로 실현될 수 있는 내용이기 때문이다. 한편, 교육목적의 설정은 청소년기관이 지향하는 이념이 무엇이며, 청소년기관의 구체적인 임무와 사명에 근거하여 이루어진다.

(2) 프로그램목적

프로그램목적(program purpose)이란 프로그램이 직접적으로 의도하는 바가 무엇인지를 체계적으로 명시하고 있는 것으로 교육목적보다는 훨씬 더 구체성을 띤다. 프로그램목적의 개념 속에는 의도성(intentions)이란 의미가 강하게 함축되어 있다. 프로그램에 참여한 청소년에게 어떠한 프로그램의 내용을 제공하여 그들의 지속적인 성장과 발전을 조장할 것인가? 프로그램에 참가한 청소년에게 어떠한 내용과 방법을 동원하여 개인이 직면하고 있는 문제를 해결할 수 있도록 할 것인가? 프로그램에 참여한 청소년에게 어떠한 기술을 연마시켜 새로운 기회를 확대시켜줄 것인가? 한편, 프로그램목적의 설정은 프로그램을 통해 성취되어야 할 직접적이고 구체적인 의도가 무엇인지에 근거하여 이루어진다.

(3) 활동목표

활동목표(activity objectives)란 한마디로 프로그램에 참여한 청소년이 구체적으로 어떠한 행동변화를 가시적으로 일으켰는가에 초점이 맞추어진다. 프로그램 속에서 청소년이 알아야 할 것이 구체적으로 무엇인가? 프로그램 속에서 청소년이 의미 있게 체험한 내용이 무엇인가? 청소년이 프로그램에 능동적으로 참여하여 직접 경험하고 체험함으로써 그들이 터득한 것이 무엇인가? 청소년이 의도된 학습결과(intended learning outcomes)에 도달하기 위해서는 프로그램에 참여하는 동안 마땅히 수행해야 할 과제가 무엇인가를 구체적으로 명시하고 있는 것이 바로 학습목표이다.

2) 교육목적, 프로그램목적, 활동목표의 기능

우리는 앞에서 청소년기관 수준, 프로그램 수준, 수련활동 수준에서 목적과 목표가 갖는 의미에 대해 살펴보았다. 여기에서는 이러한 목적과 목표가 어떠한 기능하는지에 대해 보다 자세히 살펴봄으로써 목적 및 목표 설정의 중요성을 다시 한번 확인하고자 한다.

교육목적(educational goal)은 청소년기관이 지향하고 있는 이념을 대외적으로 드러냄으로써 청소년기관의 성립근거와 정체성을 명확히 해주는 기능을 가진다. 또한 청소년기관의 교육목적은 그 기관에 소속된 모든 구성원들을 하나의 공통된 관심사로 묶어주고 그들이 적극적으로 역할을 수행할 수 있도록 방향을 잡아주는 역할을 갖는다.

프로그램목적(program purpose)은 프로그램이 의도하는 바를 구체적으로 명시해줌으로써 잠재적 참여자인 청소년에게 선행적 기대감을 갖게 할 뿐만 아니라 프로그램의 홍보에도 기여하게 된다. 또한 프로그램 실행과정에서 운영자에게 정체성을 갖게 하는 근거를 제공하며, 프로그램 운영과정에서 다양한 지원을 가능케 하기도 한다.

활동목표(activity objectives)는 프로그램에 참여한 결과로서 청소년이 얻게 되는 변화된 지식, 흥미, 태도 등의 청소년의 특성을 표현한 것이며 몇 가지의 본질적인 기능을 생각해 볼 수 있다.

첫째, 활동목표는 목적의 달성을 위해서 계획되어야 할 학습경험의 범위를 명확하게 시사할 수 있는 기능을 가진다. 이러한 활동목표의 기능은 프로그램을 전개하는 청소년지도사의 입장에서 본 기능적인 측면이라 할 수 있다.

둘째, 활동목표는 교육의 내용, 방법, 방향을 규정해주는 기능을 지닌다. 그러므로 활동목표는 의미 있는 경험과 활동을 위한 상세화를 요구하게 되고, 이에 따라 수련활동의 방법이 구체화되며, 수련활동이 지향할 방향을 명료하게 한다. 수련활동에 있어서 활동의 방향, 내용, 방법이 결정되면 결국 활동목표의 달성은 용이하게 될 것이 확실하기 때문이다.

셋째, 활동목표는 청소년의 수련활동을 촉진 내지 활성화시키는 기능적 역할을 갖는다. 모든 활동이 그러하듯이 어떤 조직적이고 계획적인 체제를 가질 때 비로소 그 일의 방향, 내용, 방법을 찾고, 그 활동에 대한 능률을 기대할 수 있게 된다. 활동목표도 이러한 수련활동의 체제와 능률과 활성화를 가져오는 그 기본적 틀로 보는 점에서 대단히 중요한 의의를 갖는다.

넷째, 활동목표는 평가의 방향, 내용, 결과 해석의 규준 결정의 기능을 갖는 것이라 할 수 있다. 목표의 설정 자체는 평가의 방향, 내용, 결과 해석의 성격과 범위를 규정 지우는 의미를 갖게 되는 것이라는 점에 유의하여 본다면 활동목표 자체도 그러한 측면의 성격을 벗어나기는 어려울 것이다. 활동과 평가의 문제는 결국 서로 인과관계에 있는 셈이다.

2. 프로그램 목적 설정과 진술

우리는 활동목표를 설정하고 진술하는 것에는 어느 정도 익숙하다. 그렇지만 프로그램 목적을 설정하고 진술하는 것에 대해서 등한시 해왔다. 실제 청소년 개발 현장에서 프로그램 목적을 설정하고 진술하는 것은 활동목표 설정과 진술보다 오히려 더 중요시되고 있다.

1) 프로그램 목적의 설정

청소년지도사가 프로그램 목적을 설정하기 위해서는 프로그램이 지향하는 바가 무엇인가에 대해 인식할 필요가 있다. 프로그램 목적을 설정하기 위해서는 다음 몇 가지의 사실에 근거하여 프로그램의 의도를 명시해야 할 것이다.

첫째, 프로그램 목적을 설정하기 위해서는 기초적인 자원으로 국가와 지방자치단체, 그리고 청소년기관이 지향하는 사회적 이념을 파악하는 것이 필요하다. 비록 현재 청소년지도가 학교교육처럼 국가와 지방자치 단체의 정책이나 제도에 의한 통제가 약하지만 장기적으로 청소년기관도 국가와 지방자치단체가 지향하는 바와 깊은 관련성이 있어야 하기 때문이다.

둘째, 청소년기관에 재정적인 지원을 제공하는 정부나 민간단체, 그리고 여타 기관들에 의해 프로그램의 방향이 결정될 수 있다. 청소년기관을 지원하는 단체나 조직체 등이 의도한 대로 프로그램의 목적이 설정되고 이에 따라 프로그램의 내용이 결정되기 때문이다.

셋째, 청소년기관을 둘러싸고 있는 제반 속성과 사회적 변화 및 동향에 의해 프로그램의 목적이 설정될 수 있다. 청소년기관은 지속적으로 변화되는 제반 환경에 효과적으로 적응하고 대처해 나가야 한다. 청소년기관은 프로그램을 통해 변화하는 사회에 적절히 적응해 나가야 하고, 사회를 변화시킬 수 있도록 프로그램을 통해 적극적인 대안을 제시해야할 책무가 있다. 그러므로 프로그램 목적은 청소년기관을 둘러싸고 있는 제반 환경과 매우 밀접한 관계가 있기 때문이다.

넷째, 청소년기관의 설립 취지와 이념은 프로그램 목적을 설정하는데 중요한 근거가 된다. 비록 청소년기관이 청소년의 요구와 흥미를 토대로 프로그램을 개발하기도 하지만, 청소년기관마다 나름대로 지향하는 가치와 이념이 있기 마련이다. 따라서 청소년의 요구와 기관이 지향하는 가치를 연계시켜 프로그램을 개발한다. 이런 경우 청소년기관의 목적과 이념이 프로그램 목적을 설정하는 중요한 근거가 된다.

다섯째, 청소년의 성장, 발달, 요구, 필요, 문제해결 등은 프로그램 목적을 설정하는데 중요한 근거가 된다. 청소년지도는 정규학교교육에서처럼 교과목을 중심으로 한 프로그램 목적이 설정되어서는 안 되고, 청소년의 성장과 발달, 그들의 요구와 필요, 그리고 그들이 직면하고 있는 문제해결과 직접적으로 관련하여 프로그램 목적을 설정해야 할 것이다.

2) 프로그램 목적의 진술방법

실제 청소년지도 현장에서 프로그램의 목적을 진술하는 것은 매우 빈번하게 이루어지고 있다. 프로그램을 고객에 알릴 목적으로 팸플릿을 만들거나 프로그램을 간략히 소개할 때도 프로그램 목적을 설정하여 진술하고 하고 있다. 그러나 프로그램 목적을 어떻게 진술할 것인가에 대한 구체적인 방법과 원리에 대해서는 등한시되어 왔다.

청소년 프로그램 목적은 어떻게 진술할 것인가에 대한 원칙이 외국에서도 소개되고 있다. 이와 관련하여 미국 대학의 확장교육(extension education)에서 주로 사용되는 프로그램 목적의 진술은 시사하는 바가 크다. 여기에서 제시하고 있는 기본 원칙은 "To-By-For"의 원리이다. 이 원리는 프로그램의 수혜자에게 어떤 종류의 프로그램을 제공하여 궁극적으로 이루고자 하는 구체적인 결과가 무엇인지를 명시하는 형태를 취하고 있다. 그런데 이러한 진술의 원칙은 언어의 진술 양식이 우리말과 달라 이것을 그대로 우리 상황에 적용하기에는 어려움이 있다.

〈표 6-1〉 프로그램 목적의 진술 원리

요소	원리	의미
To	*to achieve specific objectives*	구체적 목표를 성취하는 것
By	*by providing programs*	프로그램의 제공함으로써
For	*for identified learner*	확인된 학습자를 위해

출처: 김진화(2001: 279).

이제 우리나라의 언어체계와 평생교육의 상황을 고려하여 다음과 같이 프로그램 목적설정과 진술의 원리를 설명해보자. 여기에는 프로그램 목적의 설정과 진술은 [그림 6-2]에서 보는 바와 같이 상황, 상태, 대상, 내용, 직접적 결과, 기대효과 등 6개의 요소가 포함되는 것이 적절하다.

프로그램 목적 진술의 구성요소

- 상 황: 수혜자(청소년)가 처해 있는 거시적·시대적 사회맥락
- 상 태: 거시적 사회맥락 속에서의 청소년 특성과 수준
- 대 상: 프로그램의 잠재적 참여자 및 청소년
- 내 용: 제공될 프로그램의 포괄적인 주요 내용
- 직접적 결과: 프로그램 결과로 즉시적으로 변화된 청소년의 특성
- 기 대 효 과: 적용으로 인한 개인적·지역적 기대성과와 파급효과

[그림 6-2] 프로그램목적 진술의 구성요소

출처: 김진화(2001: 280).

이상에서 언급한 6가지의 요소에 대해 자세하게 살펴보자. 첫째, 상황은 학습자가 처해 있는 시대적 상황이나 환경적 맥락을 말한다. 둘째, 상태는 거시적 사회맥락 속에서의 청소년에게서 나타나는 주요 특성과 수준 등을 말한다. 셋째, 대상은 프로그램에 참여하여 활동을 경험하게 될 청소년을 말한다. 넷째, 내용은 참여자가 경험하게 될 프로그램의 주요 내용이 포함된 프로그램 주제 혹은 명칭을 말한다. 다섯째, 직접적 결과는 프로그램의 결과로 프로그램 청소

년에게서 나타나는 성장기반 변화의 구체적 결과 및 행동을 말한다. 여섯째, 기대효과는 청소년이 프로그램을 통해서 이룩한 결과를 적용하여 각자의 삶과 생활에서 파생되는 성과를 말한다.

이러한 지침을 토대로 프로그램 목적을 어떻게 진술할 것인지에 대해서 사례를 들어 살펴보자.

〈표 6-2〉 프로그램 목적 진술 사례

세계화 흐름 속에서 지역사회의 독자적인 문화 창달이 요구되는 시점에서(① 상황) 우리고장의 역사와 문화에 관심이 있는(② 상태) 청소년에게(③ 대상) 문화유산역사알기, 문화체험장 답사, 우리고장 특산품 조사 등 문화유산해설가과정 프로그램』을 제공함으로써(④ 내용) 전통문화지역홍보대사로서의 자질과 능력을 갖게 하여 향토사랑 운동에 일조하고,(⑤ 직접적인 결과) 지역사회와 함께하는 청소년기를 보낼 수 있도록 하는데 목적이 있다.(⑥ 기대효과)

이상에서 제시된 프로그램 목적설정과 진술의 사례는 실제로 프로그램개발의 전개과정에서 프로그램 목적을 진술하는데 활용할 수 있을 만큼 중요한 지침이 될 수 있을 것이다.

3. 활동목표의 영역과 유형

1) 활동목표의 영역

활동목표는 프로그램 속에서 청소년이 체험을 통해 변화되는 행동영역에 근거하여 진술된다. 그러므로 학습목표의 영역이 무엇인지를 아는 것은 중요하다. 활동목표의 영역은 〈표 6-3〉에서 보는 바와 같이 크게 3가지의 영역으로 구성된다. 인지적 인간행동(cognitive domain) 특성의 경우에는 지식, 이해력, 적용력, 분석, 종합, 평가가 인지적 학습목표의 영역에 포함된다. 정의적 인간행동(affective domain) 특성의 경우에는 수용, 반응, 가치화, 조직화, 인격화가 정의적 학습목표의 영역에 포함된다. 신체운동적 인간행동(psycho-motor domain) 특성의 경우에는 반사운동, 초보적 기초운동, 지각능력, 신체적 운동능력, 숙련된 운동기능, 동작적 의사소통 등이 포함된다.

〈표 6-3〉 인간행동 특성과 활동목표영역

인간행동영역	활동목표영역	내 용
인지적 행동특성 cognitive domain	지 식	이미 배운 내용의 기억
	이해력	내용의 의미를 파악, 추론, 해석하는 능력
	적용력	학습내용을 새롭고 구체적인 장면에 활용하는 능력
	분 석	조직의 구조를 이해하기 위해서 내용을 세분하는 능력
	종 합	새로운 형태나 구조를 구성하기 위해 자료의 내용, 요소를 정리 조직하는 능력
	평 가	어떤 목적과의 의도를 위해서 주어진 내용의 가치를 판단하는 능력
정의적 행동특성 affective domain	수 용	특별한 자극이나 현상에 대한 학습자의 수행의지
	반 응	어떤 자극 또는 활동부분에 대한 능동적 참여행동
	가치화	특정대상, 활동현상, 행동에 대해서 부여하는 주관적 가치매김
	조직화	서로 다른 가치를 비교, 관련짓기, 종합화하는 것, 즉 가치의 개념화
	인격화	개인적인 가치체제, 일반적인 적응기제형태로 내면화된 행동
신체운동적 행동특성 psycho-motor domain	반사운동	개인의지와 관계없으며, 학습목표로 설정될 수 없으나 보다 높은 운동기능의 기초가 됨.
	초보적 기초운동	반사적 운동과 반사적 운동의 통합(잡기, 서기, 걷기와 같은 조작·위상·이동 동작)
	지각능력	감각기관을 통해 지각해석하고 환경에 대처 적응하는 기능
	신체적 능력	연속, 숙달운동에 필요한 기초기능(장거리 경주, 역기, 레슬링)
	숙련된 운동기능	동작에 능률성, 숙달성, 통합성이 포함된 기능.
	동작적 의사소통	신체적 동작을 통해 감정, 흥미, 의사, 욕구, 의사를 표현(창작운동기능, 표현, 해석동작 등)

2) 활동목표의 유형

(1) 일반적 목표와 명세적 목표

일반적 목표는 활동목표의 진술내용과 표현이 추상적이고 포괄적이어서 일반성의 수준이 높게 진술된 목표를 의미한다. 일반목표는 포괄적이어서 방향제시성이 있고 대체로 '안다', '이해한다', '감상한다' 등과 같은 내현적 동사를 사용하고 수업내용이 비교적 폭넓게 진술된다.

명세적 목표는 활동목표의 진술내용과 표현에 나타난 일반성과 포괄성의 수준이 낮지만 아주 구체적이고 명시적으로 진술된 목표를 의미한다. 명세적 목표는 '설명한다', '구별한다', '열거한다' 등과 같이 관찰, 측정이 가능한 행위 또는 동작동사를 사용해서 진술한다.

(2) 주목표와 하위목표

일반적 목표를 만들어 놓고 그것을 근거로 하여 명세적 목표를 작성한다. 그래서 학습목표는 그것이 만들어지는 순서 또는 포괄성과 구체성의 정도에 따라 주목표와 하위목표로 구분된다.

주목표는 활동목표 중에서 중요하고 핵심적인 목표를 지칭한다.

하위목표는 일반적 목표에서 명세적 목표가 도출된다고 해서 명세적 목표를 의미한다. 그러나 어떤 프로그램 내용 중에 있는 목표 중에 아주 중요하고 핵심적인 목표를 제외한 나머지 목표들을 하위목표라고 할 때도 있다.

(3) 궁극적 목표와 직접적 목표

활동목표가 지향하고 있는 학습성과를 시간적인 차원에 따라 구분하면 궁극적 목표와 직접적 목표로 나누어진다.

궁극적 목표는 교육 또는 어떤 프로그램을 통해 최종적으로 달성하려고 하는 목표를 진술한 것이다. 그러므로 궁극적 목표를 흔히 장기적 목표라고 한다.

직접적 목표는 궁극적 목표를 달성하기 위해 지금 당장 이룩해야 할 목표를 진술한 것이다. 그래서 직접적 목표를 즉시적 또는 단기적 목표라고도 한다.

(4) 중도점 목표와 도달점 목표

활동이 진행되는 과정과 활동의 경과로 얻어지는 성과가 분명히 구분될 수 있다. 그런 각도에서 보면 활동은 그것이 시작되는 시점에서의 조건들도 상당히 중요한 의미를 갖는다. 활동목표의 진술내용이 그 중에서 어떤 부분을 다루고 있느냐에 따라 활동목표는 출발점 행동목표, 중도점 행동목표, 도달점 행동목표로 구분된다.

- 출발점 행동목표: 학습이 시작되기 전에 프로그램 내용과 직접 또는 간접으로 관계되는 내용을 학습하는데 절대적으로 필요한 지식이나 기술을 출발점 행동이라 하고 출발점 행동이 학습목표 형태로 진술된 것을 출발점 행동목표라고 한다.
- 도달점 행동목표: 학습활동을 통해 변화 또는 획득되기를 바라는 학습자의 행동을 그 학습에서 계획하고 있는 도달점 행동이라 하고 도달점 행동으로 진술된 목표를 도달점 목표라고 한다.
- 중도점 행동목표: 출발점 목표에서 도달점 목표를 향해 학습하는 과정에서 부대적으로 그러나 필연적으로 발생하는 변화 또는 획득해야 하는 행동을 중도점 행동이라 하고 중도점 행동으로 진술된 목표를 중도점 목표라고 한다.

(5) 과정목표와 결과목표

흔히 중도점 목표는 학습과정에서 변화 또는 획득되는 행동을 다룬다고 해서 과정목표(process objectives)라고도 하며 학습을 통해 획득되는 최종 행동을 취급한다고 해서 도달점 목표를 성과목표라고 하기도 한다. 그러나 학습목표가 어떤 성질의 행동을 기술하고 있느냐에 따라 학습목표를 과정목표와 경과목표로 분류할 때는 그 의미가 판이하게 다르다.

과정목표(process objectives)는 기계류를 다루는 학습을 할 때에 기계를 사용해서 만든 제품의 양이나 질에는 관심을 갖지 않고 기계를 조작하는 과정의 절차에 관한 정확도, 신속성, 유연성 등을 다루기 때문에 과정목표라고 한다. 성과목표를 그렇게 정의하면 성과목표는 중도점 목표와는 전혀 다른 성질의 학습목표이다.

성과목표(product objectives)는 기계를 어떻게 조작하든 그것을 사용하여 만든 제품의 양과 질을 중심으로 진술한 학습목표를 성과목표라고 한다. 그렇기 때문에 과정목표와는 달리 성과목표는 어떻게 정의하든 근본적으로 도달점 행동과 같은 의미로 사용되고 있다.

(6) 행동적 목표와 비행동적 목표

학습목표를 진술할 때에 어떤 성질 또는 종류의 동사를 사용하여 진술했느냐에 따라 학습목표는 행동적 목표와 비행동적 목표로 나누어진다.

행동적 목표는 수업을 통해 변화 또는 획득되는 학습자의 행동을 '설명한다', '식별한다', '조립한다' 등과 같은 동작동사를 사용하여 외현적 행동으로 진술한 것이며 학습결과의 관찰이 가능한 목표라고도 한다.

비행동적 목표는 '안다', '이해한다', '기억한다', '감상한다' 등과 같이 직접 관찰할 수 없는 내현적 행동으로 표현된 학습목표를 직접 학습결과를 관찰할 수 없는 목표를 의미한다.

(7) 인지적 목표, 정의적 목표, 심동적 목표

학습목표에 진술되어 있는 내용이 인지적 영역의 내용이냐, 정의적 영역의 내용이냐 또는 심동적 영역의 내용이냐에 따라 학습목표를 인지적 목표, 정의적 목표, 심동적 목표로 분류한다.

인지적 목표는 지적 또는 사고적인 내용을 다루는 학습목표를 의미한다.

정의적 목표는 흥미, 태도, 가치, 신념 등과 같은 정의적인 영역과 관련되는 내용들을 담고 있는 학습목표를 지칭한다.

심동적 목표는 근육을 움직이는 동작 또는 행동의 변화와 관계되는 내용을 취급하는 학습목표를 의미한다.

(8) 행동목표, 내용목표, 문제해결 목표

행동목표(behavioral objectives)는 마땅히 학습되어져야 할 구체적인 인간 행동에 기초한 것을 말한다.

내용목표(contents objectives)는 구체적인 인간 행동보다는 오히려 청소년이 경험하게 될 교육내용의 양에 기초한 것을 말한다.

내용목표는 마땅히 획득되어져야 할 정보 등과 같은 인지적인 영역(cognitive domain)으로 표현될 수 있고, 학습해야 할 구체적인 행동을 확인하는 것이 필요 없을 때 가장 적절하다 할 수 있을 것이다.

문제중심 목표(problem-centered objectives)는 청소년이 반드시 해결해야 할 문제를 확인하는 방식을 말한다.

4. 활동목표 진술의 방법

1) 활동목표 진술의 원칙

청소년지도사가 활동목표를 진술함에 있어 유념하고 있어야 할 다음의 몇 가지 사실은 반드시 인식하고 있어야 할 것이다. Houle(1971)은 목표가 가지고 있는 특성을 제시하고 목표를 진술하는 과정에서 따라야 할 원칙을 제시한 바 있다(Langenbach, 1988: 184).

첫째, 목표는 합리성(rational)이라는 속성을 가지고 있다. 즉 목표의 진술은 논리적인 패턴(logical pattern)을 요구한다.

둘째, 목표는 실천가능성(practical)이라는 속성을 가지고 있다. 즉 목표 진술은 미래에 성취될 수 있는 현실성이 반영되어 있어야만 한다.

셋째, 목표는 다원성(pluralistic)이라는 속성을 가지고 있다. 즉, 목표 진술은 단순히 하나의 결과보다는 그 이상의 결과를 반영하고 있다는 것이다.

넷째, 목표는 위계성(hierarchical)이라는 속성을 가지고 있다. 즉, 어떤 교육목표는 다른 목표에 포함되기도 하고 오히려 다른 목표가 하위 영역으로 다루어질 수도 있다.

다섯째, 목표는 차별성(discriminative)이라는 속성을 가지고 있다. 즉, 교육목표는 특정 행동만을 기술한 것으로 진술된 목표는 다른 행동과 결코 중복되지 않으며 다른 행동을 배제시킨다는 특성을 가지고 있다.

여섯째, 목표는 시간의 진행에 따라 변화가능성(changeable over time)이라는 속성을 가지고 있다.

2) 활동목표의 진술을 위한 행위동사

목표의 진술함에 있어 프로그램 내용에 따라 어떠한 행위동사를 사용할 것인가를 결정하는 것은 매우 중요하다. 여기에서는 〈표 6-4〉와 같이 예시적으로 목표의 영역별로 자주 사용하는 행위동사를 제시하였다.

〈표 6-4〉 목표의 진술을 위한 행위동사

행동영역		행위동사
인지적 행동특성	지식	정의한다. 구별한다. 확인한다. 일치한다. 인지한다. 열거한다. 설명한다. 묘사한다. 명칭을 붙인다. 이름을 대다. 진술한다. 목록을 만들다.
	이해	계산한다. 토의한다. 식별한다. 그리다. 스스로 설명한다. 예를 들다. 풀다. 변환한다. 예시한다. 읽는다. 표현한다. 재진술한다. 구별한다. 변혁한다. 변환한다. 해석한다. 재배열한다. 예언한다. 추정한다. 추리한다. 확대한다.
	적용	추론한다. 결정한다. 사용한다. 응용한다. 일반화한다. 관련시킨다. 선택한다. 발전시킨다. 조직한다. 이용한다. 변화시킨다. 재구조화한다. 이용한다. 분류한다.

행동영역		행위동사
	분석	구별한다. 탐색한다. 확인한다. 분류한다. 인지한다. 유목화한다. 환원시킨다. 대비한다. 비교한다. 식별한다. 관계시킨다.
	종합	쓸 수 있다. 말한다. 설명할 수 있다. 생산한다. 구상한다. 창안한다. 수정한다. 종합한다. 제안한다. 계획한다. 구체화한다. 개발한다. 조작한다. 형성한다. 기획할 수 있다.
	평가	평가할 수 있다. 판단할 수 있다.
정의적 행동특성	수용	경청하다. 대조할 수 있다. 참가하다. 반응하다. 완성하다. 선택할 수 있다.
	반응	거부한다. 반항한다. 투쟁한다. 논쟁한다.
	가치화	깨닫다. 의미를 부여하다.
	조직화	논의한다. 이론화한다. 비교한다. 구성한다. 정의한다.
	인격화	개선한다. 변화시킨다. 활성화시킨다. 요구한다. 타인으로부터 인정받다.
신체 운동적 행동특성	반사운동	반응하다.
	초보적 기초운동	달리다.
	지각능력	
	신체적 능력	깨끗이 하다. 구멍을 파다. 묶다. 고정시키다. 따르다. 갈다. 칠하다. 깍다. 꿰메다. 젓다.
	숙련된 운동기능	조립하다. 짓다. 측정하다. 연결한다. 조립한다. 설계한다. 분해한다. 조작하다. 고치다. 스케치하다. 타이핑하다.
	동작적 의사소통	창작한다. 표현하다.

3) 목표의 진술 절차

목표진술은 대체로 두 가지 수준에서 이루어진다. 하나는 과정 종료 후 청소년이 달성하기를 기대하는 도착점 목표(terminal objectives)이며, 다른 하나는 이 도착점 목표를 달성해 가는 데 필요한 수단적인 중간목표로써 도착점 목표의 하위목표라고 할 수 있는 수행목표(enabling objectives)이다. 두 가지 수준의 목표진술 방법은 다음과 같다. 먼저, 도착점 목표를 진술하고, 달성해야 할 순서에 따라 순번을 매겨 나간다. 그리고 각 도착점 목표 밑에 수행목표를 순번에 따라 진술한다.

그리고 목표를 진술할 때 다음의 사항들을 고려하여야 할 것이다.

첫째, 관찰 가능한 행동동사를 사용하여야 한다.

둘째, 청소년의 입장에서 진술하여야 한다.

셋째, 다른 목표와 조화를 유지하여야 한다.

넷째, 학습과정이나 학습활동을 중심으로 진술하는 오류를 피하고, 학습이 끝났을 때 기대되는 행동으로 진술하여야 한다.

목표를 진술할 때에 특히 유의해야 할 사항들을 중심으로 학습목표를 진술하는 절차는 대체로 다음과 같다. ① 목표진술 방식의 선정 ② 학습주체의 명시 ③ 학습내용의 선정 ④ 동작동사의 선정 ⑤ 도달점 행동이 나타나는 조건 ⑥ 성취 수용 수준의 결정으로 요약될 수 있다.

① 가장 적당한 진술방식을 결정한다.
  - 진술방식 중에 어느 방식으로 진술할 것인가를 결정한다.
  - 사용하기로 결정한 진술방식에 필요한 기본요건이 무엇인가를 확인한다.

② 진술문(학습목표)의 주어는 청소년이 되도록 진술한다.
  - 반드시 청소년이 주어가 되도록 진술해야 한다.
  - 그러나 학습목표가 간단, 명료해 지도록 주어는 생략하는 것이 바람직하다.

③ 도달점 행동으로 진술하라.
  - 일반적 목표는 예외로 하고 명세적 목표는 반드시 동작동사로 사용하여 "○○할 수 있다"라고 진술하고 정의적 영역의 목표는 "○○하려고 한다" 또는 "○○하고 있다"로 표현해야 한다.

④ 도달점 행동이 나타나는 조건을 명시해야 한다.
  - 학습결과로 획득된 행동이 나타나는 조건 또는 상황을 명시해야 할 수도 있다.
  - 도달점 행동이 표현되는 수단에 해당하는 보조동사도 명시해야 할 경

우도 있다.

⑤ 도달점 행동의 수행수준을 명시한다.

- 도달점 행동의 수행수준은 학습결과로 획득된 행동이 행동의 양과 질을 판단하는 준거를 의미한다.

이상에서 살펴본 바와 같이 프로그램 목적과 목표를 설정하고 진술한 후 청소년지도사는 이러한 목적과 목표를 달성하는 데 필요한 프로그램의 구체적인 내용을 선정하여야 할 것이다.

참고문헌

김진화(2001). 평생교육 프로그램개발론. 서울: 교육과학사.

김진화(2004). 청소년 프로그램개발과 평가. 문화관광부 · 국립중앙청소년수련원. 2급 청소년지도사자격연수교재.

김진화 · 정지웅(1997). 사회교육 프로그램개발의 이론과 실제. 서울: 교육과학사.

남정걸(1994). 사회교육 행정론. 서울: 교육과학사.

한국청소년개발원(1992). 프로그램개발과 평가. 서울: 양서원.

한상철(1998). 청소년학개론. 서울: 중앙적성출판사.

7장 청소년 프로그램의 설계

이 장은 청소년 프로그램개발의 두 번째 단계인 프로그램 설계단계에 대하여 언급하고자 한다. 프로그램 설계는 프로그램을 실행하기에 앞서 반드시 거쳐야 하는 과정으로 프로그램의 목표설정, 내용의 선정 및 조직, 방법의 선정 및 조직, 그리고 평가에 관한 기본 설계 등이 포함된다. 이 장에서는 프로그램을 설계한다는 것이 어떠한 의미인가를 살펴보고, 프로그램 설계의 구성요소와 그 실시상의 가장 핵심 기반인 프로그램 참여자에 대한 분석의의를 기술하고자 한다. 이를 토대로 프로그램 설계의 4요소인 목표, 내용, 방법, 평가의 기본원리를 구체적으로 제시하고자 한다. 이와 함께 프로그램 설계시에 구체적으로 반영해야 할 요소별 내용들을 실제 사례와 함께 살펴보고 프로그램 설계상에 유념해야 할 사항들에 대하여 논의하고자 한다.

1. 프로그램의 설계절차와 구성 요소

프로그램 설계(program design)란 프로그램 기획단계에서 확인된 교육적 요구와 필요를 기초로 프로그램 내용과 방법을 선정하고, 조직하는 과정을 말한다. 이를 위해서는 먼저 해당 기관이나 단체가 추구하는 이념에 맞추어 구체적인 프로그램의 목표를 설정하고, 다음으로는 그것을 실행하기 위한 프로그램 내용을 선정하며, 이를 효과적으로 전달할 수 있는 방법을 선택하고, 구체적인 프로그램 지도안을 구성하는 과정을 거치게 된다. 이와 같은 청소년 프로그램을 설계할 때에는 다음과 같은 질문과정을 반드시 거쳐야 한다.

① 해당 청소년 기관이나 단체가 추구하는 프로그램 목표는 무엇인가?
② 프로그램 목표를 추구하기 위하여 제공될 수 있는 교육적 경험은 무엇인가?
③ 이들 교육적 경험들은 어떻게 효과적으로 조직될 수 있는가?
④ 프로그램 목표의 달성 여부는 어떻게 평가될 수 있는가?

프로그램을 설계하고자 할 경우에는 프로그램의 특성상 청소년의 특성에 알맞은 프로그램이 설계되어야 한다.

프로그램 참가자의 다양한 측면을 파악하는 것은 프로그램 설계에 있어 중요한 전제조건이다. 이는 개별 참가자에게 초점을 두어야 하며 개인의 행동 변화를 초래할 수 있어야 한다는 점을 중시하기 때문이다. 프로그램 참가자들의 특성이 어떠한지를 파악하는 것은 프로그램의 효과를 높이기 위한 기본요소이다. 프로그램 지도자들이나 운영자들은 자신이 담당하게 될 참가자를 철저하게 파악하고 이것에 기초하여 프로그램 내용과 방법 등을 선정해야 한다. 프로그램의 주된 대상자가 누구인가에 따라서, 즉 청소년, 청년, 직장인, 혹은 노인이냐에 따라서 참가자와 학습요구는 달라지기 마련이다. 프로그램 참가자가 누구인지를 명확하게 하고 나면, 그들의 특성을 분석하는 일이 필요하다. 참가대상이 같은 청소년이라고 하더라도 성, 연령, 지역, 사회계층, 교육적 배경 등 그들이 가지고 있는 속성이 다르다. 따라서 프로그램대상 집단내의 청소년의 속성과 특성을 구체적으로 파악해야 한다. 심지어는 동일한 명칭을 가진 프로그램이라고 할지라도 참가자가 어떤 속성과 조건을 가지고 있느냐에 따라서 프로그램내용이 달라지기도 한다. 예를 들면 청소년을 대상으로 하는 인성프로그램이라고 해도 참가자가 초등학생인가 혹은 중학생인가에 따라서 프로그램의 내용이 달라야 하기 때문이다.

참가자 분석을 위해 사용되는 내용은 학자들에 따라 조금씩 관점을 달리하고 있다. 예를 들어 크랜턴과 웨스턴(Cranton & Weston)은 연령, 성, 교육적 배경, 지적 특성이나 능력, 정서적, 인성적 특성, 지각적, 운동적 특성이나 능력을 들고 있으며, 딕과 카레이(Dick & Carey)는 출발행동, 주제영역에 대한 선행지식, 내용과 전달방식에 대한 태도, 학문적 동기, 교육 및 능력수준, 일반적 학습 선호도, 수업을 하는 조직에 대한 태도, 집단의 특성 등을 들고 있다. 한편 블룸(Bloom)은 참가자를 충분히 고려하여 수업안을 설계하게 되면 완전학습이 가능할 수 있음을 시사하면서 참가자들의 개인적 특성(student characteristics), 학습전 인지적 태도(cognitive entry behaviors)와 정의적 특성(affective entry characteristics)들을 충분히 분석할 필요가 있다고 하였다. 이러한 주장들의 공통된 요소를 추출하여 참가자 분석시 고려해야 할 사항을 정리해 보면 다음과 같다(김진화, 2021).

첫째, 참가자의 생물학적 특성을 분석하여야 한다. 생물학적 특성에는 참가자의 연령이나 성별 등이 포함된다. 연령은 한 개인의 외모나 경험을 나타내는 지표이며, 성별 역시 참가자의 특성을 이해하는 아주 중요한 요소이다. 왜냐하면 성별에 따라 학습을 이해하는 용어가 다를 수 있으며 주요한 경험이 다르기 때문이다. 이를테면 남성들은 주로 정의를 중심으로 사물을 판단하는 데 반해 여성들은 타인에 대한 배려나 관계를 중심으로 판단하는 경향이 있다. 그러므로 성별에 따른 특징적 어휘나 욕구, 특유의 하위 문화 특성 등을 고려하여 프로그램을 계획한다면 보다 효과적인 교육이 될 수 있다.

둘째, 참가자의 교육적 배경을 분석하여야 한다. 교육적 배경이란 참가자의 교육수준이나 선행지식, 선행경험 등을 의미한다. 지도자는 이를 통해 참가자의 선행지식이나 기술, 읽기 수준, 학습에 대한 불안감 수준 등을 파악할 수 있다. 물론 학력(學歷)과 학력(學力)이 동일한 것은 아니나 일반적으로 학력수준에 따라 지적 경험이 다르므로 효과적인 프로그램 설계를 위해서는 이에 대한 파악이 선행되어야 할 것이다. 참가자가 프로그램 참가 이전에 가지고 있는 선행지식이나 선행경험을 파악하는 것은 프로그램 방법과 자료선정, 주제의 수준과 결정에 도움이 된다. 참가자의 학업성취 정도를 파악함으로써 참가자의 프로그램에 대한 흥미, 공포 등을 짐작할 수 있다. 교육수준의 파악은 참가자의 수준에 맞는 프로그램 내용이나 방법을 선정함으로써 궁극적으로는 프로그램 효과를 높일 수 있다.

셋째, 참가자의 정의적 특성을 분석하여야 한다. 정의적 특성이란 참가자의 태도, 가치, 견해, 신념, 흥미 및 선호도 등을 의미하는 것으로 학습에 대한 동기, 불안감, 학습유형 등과 관련된다. 실제로 이러한 특성은 지적 특성보다 학습에 더 큰 영향을 미치기도 한다. 동기는 흥미에 영향을 미칠 뿐 아니라 기억, 망각, 학습, 수행능력에 영향을 미친다. 또한 개인의 불안수준은 학습 및 수행능력에 영향을 미친다. 어느 정도의 불안감은 동기수준을 높일 수 있으나 지나치면 사람을 무기력하게 만든다. 참가자의 동기와 불안요소를 파악하는 일이 중요하다. 참가자의 지적 특성의 한 양상인 인지유형은 참가자가 정보를 습득, 축적, 처리, 활용하는 방식을 의미한다. 이와는 대조적으로 학습유형은 학습조건에 대한 사람들의 선호도에 영향을 미치는 정의적 내지 인성적 특성이다. 사람들은 자기가 선호하지 않는 상황에서 학습할 수 있지만 그들이 선호하는 상황에서 프로그램 효과가 더 나타난다.

넷째, 참가자의 지각 및 운동적 특성을 분석하여야 한다. 지각 및 운동적 특성은 신체적 조건을 요구하는 체육과 같은 분야에 참여하는 지도자들에게만 관심이 있는 것으로 생각할 수 있으나 모든 프로그램 상황은 일반적으로 시각 및 청각적 채널을 통한 개인의 지각능력에 의존한다. 프로그램 방법이나 자료를 받아들임에 장애가 있는 참가자를 특별히 배려하는 기술이 요구된다.

참가자에 대한 분석이 끝나면, 청소년 참가자에 대한 정확한 분석을 토대로 프로그램을 설계함에 있어서는 대체적으로 다음의 [그림 7-1]에서 보는 바와 같이 목표, 내용, 방법, 평가의 4개 요소를 적절하게 고려하여 작성하여야 한다. 이들 요소들은 상호 유기적이고 역동적인 관계로 형성된다. 이 가운데, 방법은 프로그램 실행을 위한 일체의 수단을 의미하며, 실제적으로 프로그램 전개에 있어서 중심적인 위치를 차지한다.

이와 같은 것을 기본 토대로 하여 프로그램 설계의 각 요소들이 그 자체의 타당성을 높이고 나아가서 전체 프로그램의 가치를 제고하기 위해 요구되는 원리와 준거들이 있다. 각 요소별로 요청되는 제 원리를 제시하면 다음과 같다. 여기서 기본원리(principle)라 함은 모든 사상(事象)의 기초가 되는 기본적인 진리라든가 모든 사실에 공통적이고 보편적인 법칙이라는 사전적인 의미보다는 효과적인 프로그램 운영을 위해 요구되는 처방이라든가 안내 지침서와 같은 의미를 지니는 것으로 사용하고자 한다.

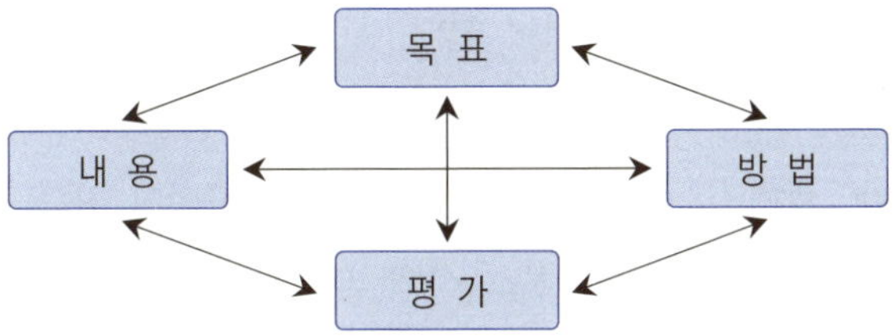

[그림 7-1] 프로그램 설계의 4요소간의 작용관계

2. 청소년 프로그램의 설계원리

1) 프로그램 목표의 설정원리

프로그램의 목표는 모든 프로그램의 전체 과정을 통하여 달성하고자 하는 행동변화를 지칭하는 말이다. 어떠한 지식의 이해 및 응용과 관련된 인지적 영역(cognitive domain)의 변화, 가치·태도·동기 등과 같은 정의적 영역(affective domain)의 변화, 그리고 운동기능적 영역(psychomotor domain)의 변화를 원하느냐의 문제가 프로그램 목표 설정의 주된 과업이 되는 것이다. 이와 같은 의미를 지니는 프로그램의 목표나 목적은 프로그램의 자원을 선택하고 프로그램의 내용을 선정하고 프로그램 실행 및 평가를 위한 절차를 개발하는 기준이 된다. 일반적으로 프로그램의 목적(purpose)은 사회적 활동이 지향하는 포괄적, 일반적, 궁극적 목표를 의미한다. 목표(objectives)는 구체적 또는 세부적인 목표, 즉 일정한 기간 동안에 성취 또는 달성해야 할 구체적인 과업으로서 보통 항목별로 제시되며 어떤 내용에 대하여 어떤 행동의 변화를 가져와야 할 것인가를 포함하는 개념이다.

프로그램의 목표 수립시에는 개인적 요구, 프로그램 실시기관의 요구, 사회적 요구, 철학적 이념을 고려하여야 한다. 첫째, 지도대상자들의 개인적 요구나 필요를 충족시킬 수 있어야 한다. 즉, 교양교육, 건강 및 보건교육, 보충교육, 기술교육, 예능교육, 컴퓨터교육 등과 같은 개인적인 요구를 반영해야 한다. 둘째, 실시기관의 요구도 고려하여야 한다. 무릇 모든 기관은 그들 고유의 이념이나 목적이 있으므로 프로그램 구성시에도 이들의 목적이 프로그램의 목적에 반영되어야 한다. 셋째, 사회적 요구를 적절히 반영하여야 한다. 개인과 기관의 욕구 못지않게 사회질서, 국가 발전 나아가 사회 정의와 같은 사회적 요구사항이 반영되어야 한다. 넷째, 철학적 이념이 반영되어야 한다. 모든 청소년 프로그램의 목표는 그 사회가 지향하는 정치적 이데올로기나 철학적 이념과 연결되어야 한다. 프로그램을 통해 달성하고자 하는 프로그램 목표가 국가의 일반적 교육목표나 이념 등과 일관성이 있어야 한다.

구체적인 프로그램 목표를 설정할 때에는 다음 세 가지 요소를 고려하여야 한다. ① 프로그램 목표는 구체적인 행동용어로 표시되어야 한다. ② 목적한 행동변화를 가져오기 위해서는 어느 정도의 소요시간이 필요한지, 그 기간이나 시간적 빈도 등과 같은 시간조정이 포함되어야 한다. ③ 프로그램 목표의 평가를 위한 기준이 명시되어야 한다는 점 등이다. 이하에서 프로그램 목표와 관련된 기본 원리를 제시하면 다음과 같다(권두승, 2002).

첫째, 타당한 프로그램 목표는 인간과 사회의 바람직한 상태에 관한 철학적·이념적 탐구, 사회문화 발전을 전제로 한 사회문제 및 필요의 분석, 특정 사회의 역사적 현실에서 본 프로그램 주최측의 기능 검토, 참가자들의 요구진단, 특정 전문 분야에서의 전문적인 필요성의 규명을 기초로 하여 구성되어야 한다.

둘째, 청소년 참가자의 전인적인 성장·발달에 균형된 관심을 주는 것이어야 한다.

셋째, 진술된 목표는 프로그램 지도의 내용과 방법의 선정 및 조직, 지도에 명확한 시사를 줄 수 있을 정도의 구체성이 있어야 한다.

넷째, 목표의 설정 및 조정에 있어서는 프로그램 지도자나 여러 전문 자원을 대표하는 인사뿐만 아니라 프로그램 활동 참가자까지도 직·간접으로 포함될 수 있도록 하는 것이 바람직하다.

다섯째, 설정된 목표가 효과적으로 구현되기 위해서는 프로그램 활동을 제공하는 실시기관 및 전체 직원들이 그 목표를 충분히 이해하고 수락하여 자기의 구체적인 활동상황에서 그것을 재확인하고 반영시킬 수 있어야 한다.

2) 프로그램 내용의 선정과 조직원리

프로그램 목표가 설정되면 이를 기초로 프로그램의 목표를 수행하기 위한 구체적인 프로그램 내용을 선정하게 된다. 청소년 프로그램의 내용은 참가자, 프로그램 실시기관, 그리고 사회적 요구분석을 기초로 선정된다. 프로그램 내용은 목표를 구체화하는 것이므로 대단히 중요한 단계이다. 프로그램 내용의 종류와 분량은 프로그램 집단의 정도에 알맞게 선택되어야 한다. 프로그램은 양적으로 유한한 것이기 때문에 일정 시간대를 중심으로 설정된 프로그램에는 다룰 수 있는 내용에 한계가 있게 마련이다. 프로그램개발은 일종의 "선택"의 행위다. 따라서 프로그램의 내용선정에는 "적정화의 원칙"에 유념해야 한다.

청소년 프로그램에서는 그 내용이 실시기관·주체 등에 따라 매우 다양하다는 것을 기본적인 특성으로 하고 있다. 따라서 이들 다양한 내용들을 그 지향하는 목표에 따라 어떻게 선정하고 교육적으로 어떻게 배열하느냐 하는 것에 관한 기본원리를 명백히 하는 것이 필요하게 된다.

그런데 프로그램의 내용선정 및 조직에 있어서 주된 착안점을 참가자가 주어진 상황 속에서 생활과제를 해결해 나가면서 자신의 생활을 유지·발전시켜 나가고자 하는 데 교육적 의미를 두게 되면, 다음과 같은 도식화에 따라서 내용선정 및 조직의 원리가 도출될 수 있다고 본다.

[그림 7-2]에서 '개인의 요구'에는 개인의 생리학적 연령, 사회문화적 생애주기, 그리고 발달단계 등의 변화에 대응하기 위하여 필요한 능력획득의 요구가 포함된다. '상황의 요구'에는 개인을 둘러싸고 있는 가정, 학교(직업), 지역사회

에 있어서의 역할수행과 과제해결을 포함하게 된다. 이들 양자는 개인의 내부와 외부의 두 가지 차원을 대표하고 있으며, 이들의 접합점에 사회적 상황 내에서 생존하기 위하여 필요한 프로그램 경험이 자리잡게 된다. 이것은 단순히 양자의 접합에 의하여 편성되는 것이 아니라 인간의 능력개발 및 형성이라고 하는 교육적 가치로부터 도출된 교육이론(학습이론)에 의하여 조작적으로 편성되게 된다. 여기에 프로그램 내용 편성의 독자성이 있다. 이와 같은 측면을 고려하면서 내용편성에 있어서 고려해야 할 일반적인 원리로서는 다음과 같은 것을 지적할 수 있다.

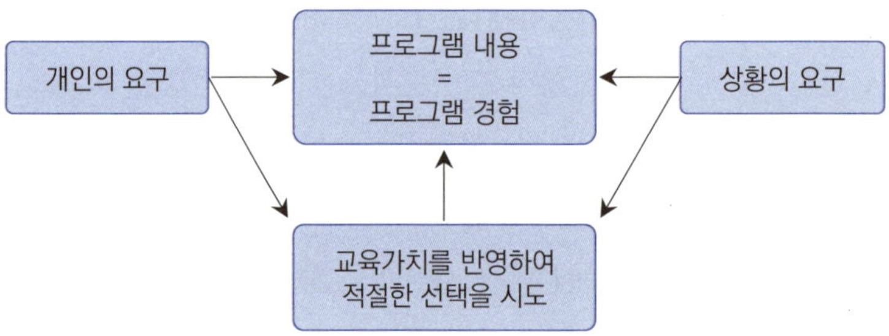

[그림 7-2] 프로그램 내용의 선정 및 조직틀

첫째, 내용의 선정과 편성은 프로그램의 목표를 충실하게 반영하는 것이어야 한다(타당성의 원리). 이는 프로그램의 타당성과 관련이 있는 것으로서 프로그램이 왜 실시되어야 하는가를 판단해 주는 준거가 되기도 한다.

둘째, 내용의 선정과 조직은 학습 전이가치(學習 轉移價値)가 높은 내용에 우선을 두어야 한다(범위의 원리). 이는 선정되고 편성되어야 할 내용들이 구체적인 지식의 전수보다는 새로운 지식을 찾아낼 수 있는 탐구능력과 새로운 태도를 형성하는 데 중점을 두어야 한다는 것을 의미한다.

셋째, 내용의 선정과 조직은 이전의 내용과 다음 단계의 내용 사이에 충분하고도 순조로운 연속성이 보장되어야 한다(계속성의 원리). 이 계속성의 원리는 프로그램 내용에 있어서 계속성을 기하는 일, 각 프로그램 수준간에 그리고 동일 프로그램 내에서도 내용 상호간에 계속성을 기하는 일, 그리고 개별 참가자의 경험 속에서 계속성이 보장되어야 한다는 것을 의미한다.

넷째, 학습의 점진적인 발달을 촉구하는 것에 합당한 계열성(sequence)이 수립되어야 한다(계열성의 원리). 이 원리는 프로그램 내용의 질적인 심화와 양적인 확대에 관한 것으로 프로그램의 순서를 정하는 데 있어서 먼저 학습한 내용을 기초로 하여 다음의 내용과 수준이 보다 높아지도록 하여야 한다는 것을 의미한다. 말하자면, 프로그램 내용이 일반적인 것으로부터 특수한 것으로, 단순한 것으로부터 복잡한 것으로, 쉬운 것으로부터 어려운 것으로 내용이 조직되어야 한다는 것을 일컫는다.

다섯째, 각 과목 및 과정간에 밀접한 관계를 형성함으로써 프로그램의 통합성을 높일 수 있는 배려가 강구되어야 한다(통합성의 원리). 이는 내용의 횡적 구성을 위한 원리로서 한 영역의 한가지 내용이나 경험, 능력들이 다른 여러 영역의 그것들과 어떻게 상호관련 되도록 하는가와 관련된 원칙이다.

3) 프로그램의 전개 방법의 선정과 조직원리

프로그램 내용이 선정된 다음에는 이것을 어떻게 효과적으로 참가자에게 전달할 수 있는가 하는 방법을 고려해야 한다. 즉, 학습경험을 수행하는 방법이 결정되어야 하는 것으로 프로그램 목표를 획득할 수 있도록 도와줄 프로그램 형태나 방법을 결정하는 단계이다. 프로그램 방법의 선정을 위해서는 프로그램의 목표, 참가자들의 상황, 주변의 외적 요인들을 고려하여야 한다. 청소년 프로그램방법은 그 지도대상이 다원적이고 이질적인 배경적 특성을 지닌다. 청소년 프로그램은 민주성 · 자율성 · 융통성 · 참여성 등의 기본 이념을 실현하려는 과정이기 때문에 방법 또한 실시기관이나 실시자 그리고 지도자에 따라 매우 다양하게 나타난다. 청소년 프로그램 방법을 선정함에 있어 참조해야 할 원칙을 제시해 보면 다음과 같다.

첫째, 자기 주도성의 원리이다. 청소년 프로그램 방법은 청소년 참가자의 자기주도성을 촉진시키는 것이어야 한다. 자기주도성(self-directedness)이란 일종의 독학으로 참가자가 스스로 자신의 필요와 프로그램에 대한 욕구를 진단하여 그것을 성취 가능한 목표로 진술한 뒤, 목표 달성에 필요한 자원 및 방법을 선정하여 프로그램 활동을 수행하고 자신이 성취한 결과를 스스로 평가하는 방법을 말한다. 일반적으로 자기주도적 학습자는 내재적 동기, 긍정적 자아개념, 개방성과 독립성 및 자율성이 강하다는 인성적 특징을 갖는다.

둘째, 상호성(mutuality)의 원리이다. 이는 참가자 스스로가 프로그램 활동을 주도적으로 관리한다 하더라도 참가자가 고립된 상태에서 혼자 학습활동을 전개하는 것보다 특정 집단이나 학습동아리(study circle) 등과 같이 학습공동체를 구성하여 여럿이 함께 상호작용을 함으로써 경험하는 것이 효과적임을 의미한다. 따라서, 프로그램 참가자들이 상호작용을 할 수 있도록 여러 가지 집단과정을 활용할 필요가 있으며 조력자(helper or tutor)와 동료들과의 밀접한 연계가 이루어질 수 있도록 조직해야 한다.

셋째, 다양성(diversity)의 원리이다. 이는 청소년 프로그램의 대상이 연령, 취미, 사회적 경험 등 다양한 배경을 지니는 청소년 참가자들로 구성되는 특성을 감안하여, 프로그램 참가자의 이질적인 성격을 프로그램 요구에 반영하고, 이러한 다양한 프로그램 요구를 충족시키기 위해 다양한 프로그램 방법을 채택하여야 함을 의미한다. 최근에는 청소년들의 새로운 교육적 요구에 부응하여 방송매체, 인터넷을 이용한 원격교육방법과 새로운 대안적 교육방식이 점차 대중화되고 있다. 각종 문화센터나 문화학교, 대학, 사회단체 등에서 실시하는 다양한 청소년 프로그램이 있으므로 각 기관의 장점을 최대한으로 살릴 수 있는 다양한 매체의 활용이 요구된다.

넷째, 참여교육(participatory education)의 원리이다. 이는 프로그램의 계획에서부터 목적, 내용의 선정, 방법의 채택 및 실시, 그리고 이들 교육의 평가에 이르는 전 과정에 교육을 실시하는 프로그램 담당자와 프로그램에 참여하여 경험을 하는 자가 함께 프로그램의 전개과정에 적극적으로 참여하면서 이루어져야 한다는 것을 의미한다. 참여교육의 기본정신은 소외되고 혜택을 제대로 받지 못하는 계층의 청소년들도 프로그램 과정에 그들의 요구나 필요를 반영하도록 하고 또한 그들 자신의 발전을 위해 교육적 필요를 발견하고 그들이 안고 있는 문제들을 스스로 해결해 나아가게 하는 것이다. 참여교육은 프로그램 참가자들로 하여금 프로그램의 전 과정에 적극적인 참여를 하게 함으로써 보다 적극적인 삶을 살게 하고 나아가 참여적 시민성을 기르는 데 도움을 준다.

이밖에도 학자들에 따라 자발학습의 원리, 실용성의 원리, 현실성의 원리, 능률성의 원리, 유희·오락성의 원리 등의 다양한 청소년 프로그램 방법의 기본 원리들이 제시되기도 한다. 이와 같은 원리들을 고려하여 프로그램 방법을 선정함에 있어 프로그램 경험을 구조화할 수 있는 프로그램의 목표, 프로그램의 절차 결정, 관련 자료의 선정 및 평가절차 등을 결정해야 한다. 참가자의 연령, 거주지, 생활양식 등이 고려되어 프로그램 형태가 결정되어야 한다.

적절하게 선택되고 조직된 프로그램 방법은 단순히 내용의 이해를 용이하고도 효과적으로 만들어 줄뿐만 아니라, 참여활동에 변화를 가져오기도 하고 집단의 분위기를 조성해 주는 등 여러 교육적 효과를 지니고 있다. 오늘날에는 새로운 교재 및 미디어의 개발에 따라 프로그램 방법이 매우 다양해지고 있는 경향이 있다. 그 중에서 주로 일반적인 학습지도 활동에 사용할 수 있는 방법을 분류해 보면 다음의 〈표 7－1〉과 같다.

〈표 7-1〉 프로그램 전개방법의 분류

분류기준	실시방법
• 듣는 것을 주로 하는 방법	• 강의법(강의·강연, 설명 등) • 문답법(패널 토의, 심포지엄 등) • 청각법(라디오청취, 테이프청취, 감상 등)
• 듣는 것을 주로 하는 방법	• 강의법(강의·강연, 설명 등) • 문답법(패널 토의, 심포지엄 등) • 청각법(라디오청취, 테이프청취, 감상 등)
• 말하는 것을 주로 하는 방법	• 발표법(발표, 보고) • 토의법(버즈세션, 포럼 등)
• 보는 것을 주로 하는 방법	• 관찰법(관찰, 조사 등) • 견학법(견학, 관람 등) • 시청법(TV, 필름 등)

분류기준	실시방법
• 읽기를 주로 하는 방법	• 독서법(독서, 신문, 잡지의 열람)
• 쓰기를 주로 하는 방법	• 기록법(기록, 작문, 묘사 등)
• 실천을 주로 하는 방법	• 극화법(역할연기, 연극 등) • 실습법(실험실습, 사육재배, 레크리에이션 등) • 구성법(그림, 작곡, 작품제작 등) • 연주법(노래, 악기 등)

4) 프로그램의 평가의 설계원리

프로그램 설계에서는 계획단계에서 개략적으로 기술된 평가활동에 대한 계획안을 구체적으로 기술하여야 한다. 평가설계는 평가의 범위와 제한점, 평가모형, 평가설계의 적절성, 목표성취도의 결정, 정보원, 자료수집방법, 분석방법, 평가일정, 예산 등이 명시되어야 한다. 프로그램 평가설계안을 올바로 작성하기 위해서는 다음과 같은 몇 가지 기본원리가 고려되어야 한다(이복희 외, 2020).

첫째, 프로그램 평가는 활동의 과정속에 여러 다양한 사상, 조건 또는 상태들에 대한 바람직성을 필연적으로 평가하게 된다. 따라서 일반적으로 평가는 사상조건, 상태에 관련된 정보를 수집하고, 정리하고 해석하는 경험적 접근에 의해서 이루어진다. 그러므로, 이러한 바람직성에 대한 평가는 가치체계의 수반을 필요로 한다.

둘째, 프로그램 평가는 실험실의 제한된 상태, 또는 이론적으로 가설화된 상태에서 이루어지는 평가가 아니고 현장 또는 사실세계에서 지금 이루어지고 있는 실제 활동상황 속에서의 평가활동이다. 즉, 프로그램 평가는 검토결과와 사실만을 발견해서 진부를 가리는 데에서만 멈추는 것이 아니고 한 걸음 더 나아가 활동을 더욱 승화시켜 발전시킬 수 있는 해결책을 강구하기 위한 노력이다.

셋째, 프로그램 평가는 의사결정 또는 정책수립을 촉진하기 위한 필수불가결의 활동이다. 즉, 프로그램 평가가 프로그램 목적과 목표에 접근하기 위한 과정에 관심이 있는 한, 그것은 곧 차후의 의사결정과 정책수립을 위한 출발점이 된다.

넷째, 프로그램 평가는 지속적이고 종합적으로 전개되어야 평가목적을 성취할 수 있다. 프로그램 평가는 순환적, 재생적, 계속적인 과정이다. 즉, 프로그램 목적과 목표에 따라 각 영역이 분담되어 그 동안 수행되어 오던 모든 활동들이 다시금 한 자리에서 수합되고 통합조정되는 것이 프로그램 평가단계이다. 그러므로, 여러 다양한 상태, 조건들의 실태를 하나로 묶어 그 의미를 찾으려는 것이 프로그램 평가의 특징이며 이러한 프로그램 평가의 종합성은 곧 평가방법과 평가기술 및 도구 등 제반 평가 활동의 다양화를 요구하고 있다.

이러한 몇 가지 평가 설계상의 원리들은 프로그램 평가의 모형과 기준을 설정하는데 좋은 시사점이 될 뿐만 아니라 프로그램 평가가 겪고 있는 문제점으로부터 벗어날 수 있는 하나의 해결책이라고 해도 좋을 것이다.

3. 프로그램 설계의 구체적인 방법

1) 프로그램 설계의 구성요소

앞에서와 같은 프로그램 설계의 요소들에 대한 검토를 통하여 구체적으로 프로그램설계안을 작성하는 데는 그 관련요소들을 체계적으로 제시할 수 있는 일정한 형식이 필요하다. 그리고 이들 형식에 따라 주요 요소들을 체계적으로 선정・배열하고 편성하도록 하는 것이 바람직하다. 프로그램 지도안의 설계에 있어서 예시해야 할 요소로서는 프로그램 활동의 주제, 목표, 일정 및 일시, 장소, 참가(학습)자, 지도자, 담당자, 경비, 단계와 시기, 구체적 프로그램 목표, 프로그램의 내용 및 방법, 자료, 기재, 기구, 유의점, 평가사항 등을 들 수 있다. 프로그램 지도안의 작성시에는 〈표 7-2〉에서와 같은 양식이 일반적으로 많이 사용되고 있다. 이와 같은 것을 토대로 프로그램 활동의 특색, 참가자의 경험도 등을 고려하여 참가자들이 적극적으로 참여할 수 있도록 편성해야 한다.

이와 같은 프로그램 설계의 일반적인 틀이 완성되면 구체적인 실행을 위한 프로그램설계안을 작성하는 것이 필요하다. 즉 체계적인 실시를 위하여 학교교육에서의 수업지도안과 같은 것을 작성해야 한다는 것이다. 이는 개별 단위 프로그램지도 시간에 어떻게 진행해 나갈 것인가를 구체화한 것으로 체계적인 진행을 위해서 없어서는 안 될 필요불가결한 것이다.

〈표 7-2〉 프로그램의 설계틀(예)

(예 1)

1. 프로그램명
2. 프로그램목표
3. 대상자
4. 실시기간
5. 프로그램방법
6. 전개장소
7. 예산
8. 교재·교구
9. 지도자
10. 유의점

회	일정	프로그램 주제	프로그램 내용	프로그램 방법	지도자	장소	교재 교구	유의점	예산

(예 2)

1. 프로그램주제
2. 프로그램주제 설정의 이유
3. 프로그램목표
4. 프로그램내용
5. 실시일자
6. 프로그램방법
7. 프로그램장소
8. 지도자
9. 교재·교구
10. 예산

주제	설정 이유	프로그램 목표	프로그램 내용	실시 일자	프로그램 방법	프로그램 장소	지도자	교재 교구	예산

〈표 7-3〉 프로그램 설계의 사례

■ 프로그램 소개
- 프로그램 명:
- 교육대상:
- 교육인원:
- 교육기간:
- 교육시간:
- 교관(강사) :
- 교육장소 :

■ 프로그램의 개관
- 코스설정의 이유:
- 코스의 주요 내용:
- 코스의 학습지도 방향:
- 코스의 학습진행 체계도(선행학습/본학습/추수학습)
- 코스의 계통
- 코스의 구성과 주요 내용

■ 학습자의 특성 분석

■ 학습목표
- 일반목표:
- 세부목표: - 이해면: - 기능면: - 태도면 :

■ 교수방법 및 준비물
- 교수방법
- 학습자료 및 준비물

■ 학습지도의 전개
- 전시학습:
- 본시학습:
- 추수학습 :

■ 프로그램 평가
- 평가 방법
- 평가 문항

2) 프로그램 지도안의 설계

이와 같은 프로그램 설계요소를 바탕으로 개별 프로그램을 체계적으로 지도하기 위한 지도안의 설계는 그 내용의 수준 및 양, 프로그램 시간의 길이 등에 의하여 다소간의 차이는 있지만 대체적으로 ① 도입부문, ② 전개부문, ③ 심화

(발전)부문, 그리고 ④ 정리부문 등과 같은 4단계로 구분하는 것이 일반적이다. 이는 기·승·전·결(起承轉結)의 흐름을 응용하여 구분한 것으로 매 프로그램 활동마다 이와 같은 원리가 지켜지도록 하는 것이 바람직하다. 예컨대 3시간 가량의 시간이 소요되는 프로그램의 경우 20분 가량이 도입부문, 60분 가량이 전개부문, 그리고 심화 및 정리부문이 각각 80분, 20분 정도로 편성하는 것이 좋다. 이 경우 전개부문과 심화부문 사이에 휴식을 취하도록 하는 것이 좋다. 이에 대한 구체적인 예로서는 다음의 〈표 7-4〉와 같은 것을 들 수 있다. 그리고 프로그램 지도안의 설계형식을 제시하면 다음의 〈표 7-5〉와 같다.

〈표 7-4〉 프로그램 지도안의 작성요소(예)

<table>
<tr><th rowspan="2">단계</th><th rowspan="2">시간배분</th><th rowspan="2">목표</th><th>지도자</th><th rowspan="2">전개내용</th></tr>
<tr><th>참가자</th></tr>
<tr><td rowspan="2">도 입</td><td rowspan="2">20분</td><td colspan="2">조성한다</td><td>동기유발, 학습의욕 환기
청소년의 상황파악</td></tr>
<tr><td colspan="2">의욕고취</td><td>의욕형성, 경험의 상기</td></tr>
<tr><td rowspan="2">전 개</td><td rowspan="2">60분</td><td colspan="2">하게 한다</td><td>과제의 제기
목표의 명시
과제해결의 방법</td></tr>
<tr><td colspan="2">하고 싶게 한다</td><td>목표·과제의 파악
과제해결의 노력
새로운 내용의 발견</td></tr>
<tr><td rowspan="2">심 화
(발 전)</td><td rowspan="2">80분</td><td colspan="2">생각하게 한다</td><td>해결실마리 제공
의문점 제기
지도화법의 구사</td></tr>
<tr><td colspan="2">익숙하게 한다</td><td>향상의 확인
해결방법의 형성
해결의욕의 고취</td></tr>
<tr><td rowspan="2">정 리</td><td rowspan="2">20분</td><td colspan="2">정리한다</td><td>평가(성과와 과제)
방향제시</td></tr>
<tr><td colspan="2">확인한다</td><td>성과확인
과제해결방법 활용
향상의욕의 간직</td></tr>
<tr><td>합 계</td><td>180분</td><td colspan="2"></td><td></td></tr>
</table>

〈표 7-5〉 프로그램지도안 작성의 형식(예)

학습주제						
학습목표						
일 시	년 월 일 ( )교시		프로그램 자료		비고	
장 소			기자재 등			
대 상	명		경비			
지 도 자	명		담당자			
단 계	시간 배분	프로그램내용 · 방법	담당자	기자재	유의점	평가
도 입	20분					
전 개	60분					
심화(발전)	80분					
정 리	20분					
합 계	180분					

〈표 7-6〉 프로그램 지도안과 관련된 진행 자료(예)

■ 프로그램 진행 단계

단계	내용	교수 · 학습활동 (유의점 포함)	시간	AV매체/보조자료명	비고
도입					
전개					
마무리					
차시 예고					

■ 교수-학습활동내용

교수-학습활동	관련자료명
• 소개 • 설명 • 요약 • 복습 • 질문 • 해답 • 피드백 • 제시(각종자료) • 중요 • 연결 • 활동지도(토의 · 실습 등 진행) • 점검 및 평가(시험, 평가, 예제)	

4. 프로그램 설계상의 유의점

이상에서 프로그램 설계의 원리 및 방법에 대하여 살펴보았다. 이제까지 살펴본 바와 같이 프로그램 설계와 관련된 요인들에 대한 정확한 검토를 통하여 프로그램이 설계되어야 하며, 이를 기반으로 실제 프로그램 지도안이 작성되어야 한다. 프로그램 설계 및 지도안을 작성함에 있어서 유념해야 할 사항으로서는 다음과 같은 것을 지적할 수 있다.

첫째, 프로그램을 설계함에 있어서 계획된 프로그램은 프로그램 참가자들의 요구를 만족시켜줄 수 있는 주요한 수단이 됨을 항상 숙지하여야 하며, 프로그램을 매개로 하여 지도자와 참가자가 교류한다는 사실을 유념하여야 한다.

둘째, 프로그램의 실시방법을 다양하게 활용하면 할수록, 상황변화에 유동적으로 대처하기 위한 방안을 미리 마련해 두는 것이 필요하다. 예컨대, 야외실습 프로그램의 경우, 눈·비 등의 기상여건의 변화와 교통사정 등의 문제가 발생할 것을 대비하여 대안을 마련해 두어야 한다.

셋째, 프로그램을 설계할 때 참가자의 자주성을 존중하는 전개를 위하여 그들의 의견을 개진할 수 있는 시간대를 편성해 두는 것을 잊지 말아야 한다.

넷째, 프로그램 설계시 어느 정도의 긴장감을 조성하도록 하는 것도 중요하지만 지나친 긴장을 조성하거나 타이트한 시간대 편성은 좋지 못하다. 따라서 다소간의 여유로운 분위기를 형성하기 위하여 레크리에이션적인 요소도 가미하여 프로그램지도를 전개할 수 있는 방안을 배려해 두는 것이 필요하다.

마지막으로, 프로그램은 구체적인 활동을 통하여 이루어지는 것이기 때문에, 프로그램을 설계하거나 그 프로그램 지도안을 작성할 경우에는 무엇 때문에 프로그램 활동을 계획하고 실시해야 하는가 등과 같은 의문으로부터 출발하는 자세가 필요하다. 말하자면 원점으로부터 출발하는 자세를 지니도록 하는 것이 필요하다는 것이다. 그렇게 해야만 프로그램 활동이 생동감이 있으며 목표달성에 근접할 수 있기 때문이다.

이상에서 살펴본 바와 같이 프로그램 설계는 참가자, 실시주체, 교육여건 등을 감안하여 프로그램 활동을 지도하는 자가 기존의 지식과 기술을 원용하여 창의적으로 프로그램 활동을 체계화하는 하나의 과학이자 예술의 과정이라고 볼 수 있다. 말하자면 관련 조건을 가지고 건축물을 하나하나 형성해 나가는 건축가의 역할과도 같은 것이다. 따라서 프로그램을 설계하는 자는 자기가 하는 분야에 대한 전문적인 지식을 지니고, 모든 차원을 주도면밀하게 분석해 보고 몇 번이고 새롭게 재구축해 보는 열성을 가진 창조적인 자가 되어야 한다는 것을 알 수 있다.

참고문헌

권두승 외(2021). 성인학습 및 상담. 서울: 교육과학사.

권두승(1997). "프로그램의 실행". 한국청소년개발원(편). 프로그램의 개발과 운영. 서울: 인간과 복지.

권진하 외(2023). 뉴 노멀, 초연결, 플랫폼시대의 평생교육 프로그램 개발. 서울: 동문사.

김주환(2023). 내면소통: 삶의 변화를 가져오는 마음 근력훈련. 서울: 인플루앤셜.

김진화(2021). 평생교육 프로그램 개발론. 서울: 교육과학사.

이해주 · 권두승 외(2017) 평생교육 프로그램 개발. 서울: 한국방송통신대학교출판문화원.

박성익(2015). 교수 - 학습방법이론과 실제. 서울: 교육과학사.

배호순(1997). "프로그램 평가의 이해", 한국청소년개발원(편). 프로그램의 개발과 운영. 서울: 인간과 복지.

신용주(2017). 평생교육 프로그램 개발론. 서울: 학지사.

이복희 외(2020). 평생교육 프로그램 개발론: 서울: 양서원.

홍미정 외(2023). 평생교육 프로그램 개발론. 서울: 양서원.

Boone, E. J.(1983). *Developing programs in adult education.* New Jersey: Prentice-Hall, Inc.

Boone, E. J.(1985). *Developing programs in Adult Education.* North Carolina State Univ. Prentice-Hall, Inc. Englewood Cliffs, N. J.

Boyle, P.G.(1982). *Planning better programs.* New York: Macgra-Hill.

Cranton, P. & Weston, C. B.(1989). *Considering the adultness.* P. Cranton, Planning instruction for adult learners. Toronto: Wall & Thompson.

Cross, K.P.(1982). *Adult as learners.* San Francisco: Jossey-Bass.

Flash, C. Tzenis, and A. Waller(1995). *Using student evaluations to increase classroom effectiveness.* Minneapolis: University of Minnesota.

Knowles, M. (1980). The modern practice of adult education. Chicago:Follet Publishing.

Knowles, M.(1980). *Modern practice of adult education: From pedagogy to andragogy.* New York: Association Press.

Kowalski, T. J.(1988). *The Organization and Planning of Adult Education.* State Univ. of New York Press; Oddi, L. F.(1984). Development of an instrument to measure self-directed learning. Doctorial dissertation, Northern Illinois University.

Nadler, P.(2018). *Designing training program.* London: Addison-Wesley Publishing Company.

8장 청소년 프로그램 마케팅과 홍보

전통적으로 공익적인 성격을 띠고 있던 청소년기관들도 수적 팽창으로 인한 경쟁의 심화, 청소년 관심의 다양화 및 기대수준 향상 등의 요인으로 인해 청소년집단의 요구를 더욱 적극적으로 파악하고 그들과의 긴밀한 의사소통을 이룩하기 위한 마케팅과 홍보의 필요성이 높아지고 있다. 이 장에서는 청소년기관의 맥락에서 프로그램의 마케팅과 홍보에 관한 기본 개념과 전략 등을 살펴보고자 한다.

1. 청소년 프로그램 마케팅의 개요

1) 청소년 프로그램 마케팅의 필요성

전통적으로 청소년기관은 청소년들에게 공익을 제공하는 비영리 기관의 성격을 띠어 왔다. 이러한 청소년기관은 청소년들의 급증하는 서비스 수요에 비해 기관의 수가 절대적으로 부족한 실정이다. 또한 청소년기관은 많은 경우 기관 운영에 필요한 재정을 프로그램 참여자인 청소년보다는 주로 사회단체, 독지가, 정부 및 지자체로부터 지원받아오고 있다. 이러한 이유들로 인해 전통적인 청소년기관의 프로그램은 청소년중심보다는 다소 기관중심으로 이루어져 왔던 것이 일반적이다.

그러나 이러한 양상은 최근 들어 큰 변화를 맞이하고 있다. 이를 구체적으로 살펴보면 다음과 같다.

먼저, 최근 청소년에 대한 국가적, 사회적 관심과 지원이 급증하고 있다. 청소년은 가정의 구성원으로서뿐만 아니라 이 사회의 예비 주체들로서 그 위상이 강화되고 있다. 그리고 청소년 관련 분야 정책이 일원화·강화되는 등 청소년을 위한 정부의 관심이 커지고 있는 추세이다. 이에 따라 청소년에 대해 청소년 기관들이 좀 더 적극적으로 고려하고 대처해야 할 필요성이 커지고 있다.

둘째, 앞의 경향과 관련지어 최근 청소년기관과 청소년 프로그램을 제공하는 매체들이 급격히 증가함에 따라 청소년의 참여를 유도하기 위해 해당 기관들의 보다 적극적인 노력이 필요하게 되었다. 최근 사회복지 및 교육복지차원에서 중앙정부나 지방자치단체가 직·간접적으로 운영하는 비영리적 성격의 청소년 기관들이 급증하고 있다. 또한 시민사회 및 지역사회의 성숙과 더불어 시민단체나 지방자치단체 등에서 제공하는 청소년 프로그램들도 급격히 늘고 있다. 이에 따라 이제 청소년기관은 유사한 프로그램을 제공하는 다양한 유형의 유관 기관들과 청소년의 참여를 확보하기 위한 전방위적인 경쟁을 하게 되었다. 이에 따라 청소년기관들도 청소년의 요구에 부응하는 보다 적극적인 자세가 필요하게 된 것이다.

셋째, 사회가 점차 다양화·다원화되어감에 따라 청소년들의 요구도 이와 비슷한 양상을 띠고 있다. 지금까지 청소년 프로그램에 대한 청소년들의 요구는 주로 프로그램 내용 중심의 단순한 것이었다. 그러나 최근에는 프로그램의 목적과 내용뿐만이 아니라 운영방식, 시설, 강사, 주변 환경 등 다른 측면에 대한 요구도 매우 세부적이고 다양하게 나타나고 있다. 그러므로 청소년기관들도 이러한 청소년들의 요구에 부응하기 위해 보다 많은 노력을 기울이지 않을 수 없게 되었다.

이와 같은 점에서 볼 때 청소년기관에게 있어 청소년의 참여증대는 곧 청소년기관의 존재목적이자 생존조건이라고 볼 수 있다. 이와 같은 청소년의 참여증대를 위해 청소년기관의 경영방법에도 커다란 변화가 요구되고 있다. 즉, 청소년기관에서 제공하는 서비스 질의 차별적인 향상이 필요한 것이다. 그것은 청소년의 요구를 보다 적극적으로 파악하고 충족시켜 주는 경영상의 적극적인 노력을 의미한다. 이러한 노력은 곧 경영학 차원에서 논의되는 마케팅과 관련된다. 청소년기관에도 마케팅에 대한 논의가 요구되고 있는 것이다.

2) 청소년 프로그램 마케팅의 이론적 근거

일반적인 의미에서 '마케팅'(marketing)이란 소비자의 요구와 욕구를 파악하여 그것을 충족시키기 위한 제품이나 서비스를 제공하는 경영 활동을 말한다. 즉, 집단의 동질성, 이질성 등을 고려하여 분류함으로써 봉사 대상에 초점을 맞추어 집단에서 자기의 위치를 견고히 함과 동시에 소비자들의 필요를 충족시킬 수 있는 서비스를 개발 창조하는 것이다(Drucker, 1995: 155). 이와 같은 마케팅 원리는 우리나라 속담에 '가는 정이 있어야 오는 정이 있다'라든가, 성경에 기록된 '남에게 대접을 받고자 하는 대로 남을 대접하라'라는 의미와도 일맥상통한다고 볼 수 있다.

마케팅의 관점에서 소비자는 '고객(customer)'으로서 존중된다. 마케팅 과정에서는 고객이 실제로 원하며 중요하다고 생각하는 것을 파악하는 데서부터 시작하여 고객에게 정보를 제공하는 것이 중요하다. 즉, 고객의 관점에서 출발하여 그들의 필요를 더 잘 충족시켜 줄 수 있기 위해 노력하는 것이다. 그러므로 마케팅은 필요를 발견하여 충족시켜 주는 것이라고 할 수 있다. 이런 마케팅 개념은 현재 '고객만족', 더 나아가 '고객감동'이라는 구호와 함께 일반화되고 있으며, 기업은 물론 비영리기관과 정부의 경우에도 광범위하게 적용되고 있다. 즉, 이러한 마케팅 이론을 하나의 사회적 기술로 파악하고 영리를 목적으로 하는 활동 이외의 분야에도 적용하려는 노력이 계속되고 있는 것이다. 이른바 '비영리 마케팅'이라고 불리는 이러한 활동은 사회적인 아이디어와 실천을 표적집단에 수용되도록 하기 위한 프로그램의 설계, 실시 및 통제를 의미한다. 즉, 비영리 마케팅이란 기업이외의 교회, 대학, 병원, 박물관, 자선단체, 정부기관 등의 비영리조직들이 각각 그들의 아이디어와 실천이 사회적으로 수용되도록 하기 위해서 마케팅 기법을 도입하는 것을 말한다(Kotler, 1972; 홍부길, 1994).

이러한 비영리 마케팅의 원리가 청소년기관에도 적용되는 것은 이러한 이론적 근거를 기반으로 한다. 그러나 청소년기관의 발전을 위해서는 청소년기관만의 고유한 특성에 맞는 마케팅의 원리가 개발될 필요성이 있다.

3) 청소년 프로그램 마케팅의 기본 과정

일반적으로 비영리 마케팅은 다음의 과정을 거치게 된다. 첫째, 사명(mission)의 성립, 둘째, 기회(opportunities) 및 위협(threats)의 분석, 셋째, 조직의 강점(strengths)과 약점(weakness) 분석, 넷째, 마케팅 목표의 설정, 다섯째, 마케팅 전략의 형성, 여섯째, 실행계획형성과 실행, 일곱째, 피드백과 통제이다(Kotler & Andreasen, 1991; 한국능률협회, 1994). 이를 청소년기관의 맥락에 맞춰 보다 구체적으로 제시하면 다음과 같다.

청소년기관의 사명은 어떠한 가치의 실현을 통해 청소년들을 위한 공익에 이바지할 것인가와 관련 있다. 이는 청소년기관의 성격에 따라 다양하며 또 그 기관만의 고유한 것이어야 한다.

기회 및 위협의 분석이 청소년기관을 둘러싼 거시적 환경을 분석하는 것이라면, 조직의 강・약점 분석은 청소년기관내부에서 관리 및 동원 가능한 인적, 물적 자원의 장단점을 분석하는 것이다. 기회 및 위협의 분석과 조직의 강・약점 분석을 통틀어 'SWOT 분석'이라고 한다.

마케팅 목표의 설정은 이전까지의 분석을 바탕으로 청소년기관의 성장률, 청소년의 참여증가율, 청소년의 만족도 증가율과 같이 성취해야 할 목표를 구체적인 수치로 설정하는 것을 말한다.

한편, 마케팅 전략이란 이러한 목표를 달성하기 위해 청소년 표적집단을 어떻게 선정하고 어떤 수단을 활용할 것인가를 다루는 것이다. 마케팅 전략은 크게 'STP전략'과 '마케팅 혼합전략(marketing mix strategy)'으로 구성된다. STP 전략이란, 청소년 집단을 청소년의 배경변인에 다라 '세분화(Segmentation)'하고, 거기서 특정 청소년기관이 주로 대상으로 삼고자 하는 청소년 집단을 '표적

집단으로 설정(Targeting)'하고, 표적화된 청소년 세부 집단을 만족시켜 주기 위해서 다른 청소년 관련 조직과 '차별화된 위치'를 잡는 것이다(Positioning).

2. 청소년 프로그램 마케팅 전략의 내용

1) 집단세분화 전략

(1) 집단세분화의 의미와 필요성

청소년 프로그램 마케팅의 맥락에서 집단세분화는 프로그램에 참여할 가능성이 있는 청소년집단의 세분화라고 할 수 있다. 원래 집단세분화란 이질적인 집단구성원을 특정한 제품 또는 마케팅 혼합을 필요로 하는 동질적인 구매자 집단들로 분할하는 활동이다. 일반적으로 우리 주변에 존재하는 임의의 집단은 다양한 욕구와 상이한 구매능력을 가진 소비자들로 구성되어 있다. 따라서 이들의 욕구를 모두 충족시키는 것은 불가능하다. 그러므로 단일제품을 전체 집단에 제공하는 것보다 가능한 한 소비자를 욕구가 비슷한 동질적 집단으로 구분하여 이들에게 맞는 제품을 제공하는 것이 소비자의 만족도도 높일 수 있고 제공하는 기관에게도 효율적이다.

이런 맥락에서 청소년집단의 세분화는 교육에 있어서 청소년의 특성에 맞는 개별화 전략과 일맥상통한다. 즉, 청소년 프로그램의 개발과 운영에 있어서도 "같으면 같게, 다르면 다르게" 접근하는 방식이 필요한 것이다. 이러한 청소년 집단 세분화의 필요성을 좀 더 구체적으로 살펴보면 다음과 같다.

첫째, 기관에 유리한 집단을 선택할 수 있다. 청소년기관은 자신의 강약점을 평가함으로써 자신에게 가장 적합한 청소년 세분집단을 선택할 수 있다. 다시 말해 우리 기관이 가지고 있는 장점을 가장 선호하며, 우리의 약점에 대해 덜 민감한 집단을 선택할 수 있는 것이다.

둘째, 청소년기관의 자원을 효율적으로 배분할 수 있다. 이는 여러 개의 청소년 세분집단을 동시에 관리하는 경우에 해당된다. 청소년기관은 집단세분화를 통해 해당 세분집단에 대한 성격을 파악함으로써 각 세분집단에게 가장 적합한 마케팅 자원을 적절히 투입함으로써 경영자원의 전체적인 효율성을 높일 수 있다.

셋째, 청소년 집단의 동향에 효율적으로 대처할 수 있다. 예를 들어 경제불황이라는 환경의 변화가 닥쳤을 때 특정한 프로그램에 대해 성별, 연령별, 참여동기별로 어느 청소년 세분집단의 수요가 민감하게 변화하는지와, 그 세분집단별로 각각 어떤 욕구를 가지고 있는지를 미리 파악함으로써 환경 변화에 효율적으로 대처할 수 있는 것이다.

(2) 집단세분화의 요건

위와 같이 청소년 집단세분화는 여러 가지 점에서 이점을 제공해 줄 수 있다. 그러나 집단세분화는 다음의 요건을 갖출 수 있을 때 실질적인 효력을 발휘할 수 있다. 이를 살펴보면 다음과 같다.

첫째, 세분집단의 측정가능성이다. 이는 곧 세분화된 청소년 집단의 프로그램 참여 특성을 파악할 수 있어야 한다는 것이다. 예를 들어 성별로 청소년 집단을 세분화 했을 경우 남성과 여성의 프로그램 참여 특성을 파악할 수 없다면 성별 집단세분화는 의미가 없다.

둘째, 세분집단에 대한 접근가능성이다. 즉, 세분화된 특정 청소년 집단에게 프로그램을 전달할 수 있어야 한다는 것이다. 예를 들어 낙도 및 오지에 살고 있는 청소년들이 많이 있고, 그들이 독특한 수요를 가진 세분집단으로 분류될 수 있다하더라도 낙도에 접근할 수 없을 때 이러한 집단세분화는 큰 의미가 없다.

셋째, 세분집단의 실질성이다. 세분된 잠재적 청소년집단의 단위는 독자적인 마케팅 프로그램을 실행할 수 있을 정도로 가치가 보장되어야 한다. 즉, 경제적인 관점에서 특별한 마케팅 활동을 해도 될 정도로 예산의 뒷받침이 충분히 보장되거나, 예산의 부족에도 불구하고 프로그램을 제공할 충분한 가치가 있는 의미있는 청소년 세분집단이어야 한다.

넷째, 세분집단의 신뢰성이다. 각각의 세분화된 청소년 집단은 일정기간에 걸쳐 일관성 있는 특성을 지녀야 한다. 세분집단의 특성이 일관성이 없이 급변한다면 적절한 마케팅 노력을 기울일 수 없으므로 이러한 집단세분화는 큰 의미가 없다.

(3) 청소년집단세분화의 기준

일반적으로 마케팅에 있어서의 집단세분화의 목적은 마케팅 노력을 기울여야 할 표적집단 부분을 확인하는 데 있다. 따라서 특정 부분에 적절한 제품을 개발하고 마케팅 전략을 개발하기 위해 마케팅 관리자는 세분집단의 욕구, 제품에 대한 태도, 인구학적 및 심리적 특징을 인식해야 한다. 집단 세분화는 여러 가지 기준을 가지고 이루어질 수 있다. 먼저 정량적 기준으로는 성(性), 연령, 소득, 직업, 교육수준, 지역 등이 있으며, 정성적(情性的) 기준으로는 가치관, 감각, 구매 습관, 구매 동기, 취미·기호, 라이프스타일 등이 있다(Tarr, 1989; Kotler & Andreasen, 1991).

청소년기관의 집단세분화 기준도 이러한 틀을 크게 벗어나지 않겠지만, 청소년기관 특유의 배경변인들을 고려하는 작업이 필요하다. 그러나 청소년기관의 경우 마케팅의 관점에서 어떠한 기준으로 청소년 집단을 분류할 것인가에 대해서는 깊이 있는 연구가 이루어지지 못했다. 그럼에도 불구하고 기존의 연구를 적용해 볼 때 다음과 같이 분류할 수 있다.

첫째, 지리적 자료(geographic data)이다. 지리적 분석은 집단을 세분화하기 위한 첫 단계이다. 여기에서 특히 고려해야 할 점은 일정한 지역 내 유사한 프로그램을 제공하는 경쟁 청소년기관의 수이다. 경쟁기관에 접근하기 쉬운 청소년과 그렇지 못한 청소년은 평가기준이 서로 다르다고 가정할 수 있다. 또한 그 기관까지의 통학소요시간 및 거리, 청소년과 청소년기관 사이의 시간 및 거리상의 차이도 중요한 변수라고 할 수 있다. 왜냐하면 통학거리와 시간은 청소년의 만족에 영향을 미칠 수 있기 때문이다. 즉, 통학거리가 먼 청소년은 교통수단의 제공이나 청소년 방문 프로그램 등을 가장 중시하는 반면, 통학거리가 가까운 청소년은 다른 요인을 더 중시할 가능성이 크기 때문이다.

둘째, 인구학적 자료(demographic data)이다. 일반적으로 인구학적 변수들로는 연령, 인종, 민족, 성별, 종교, 가족 수, 사회경제적 지위 즉, 수입, 직업, 교육수준 등을 들 수 있다. 청소년기관의 경우에는 청소년의 연령, 성별, 가정의 경제적 수준, 종교, 가족 수 등이 중요한 인구학적 자료에 해당된다고 볼 수 있다.

셋째, 심리적 자료(psychographic data)이다. 이는 소비자를 그들의 활동, 관심, 의견, 라이프스타일을 통해 기술하는 것을 말한다. 심리적 자료는 인구학적 자료보다 좀 더 추상적이고 측정하기가 쉽지 않다. 그럼에도 불구하고 집단에 대한 포괄적 접근을 개발하는 데 있어 심리적 자료가 인구학적 자료만큼 중요하다는 인식이 일반화되고 있다. 특히 현대사회에서는 연령, 직업, 성보다는 공통된 생활방식이나 사고방식이 집단을 구성하는 데 더 중요하다는 주장들도 있다(Kapfer, 1995).

청소년 프로그램 마케팅을 위한 심리학적 자료와 밀접한 관계를 맺는 것으로서 청소년의 성격유형, 청소년기관 참여동기, 자기 자신에 대한 태도, 가족관계의 안정성, 교우관계에 대한 만족도 등을 들 수 있다. 이러한 요인들에 대해 차이를 나타내는 청소년 집단을 세분집단으로 구성하여 다른 접근 방식을 사용함으로써 보다 유익하고 효율적인 프로그램 운영을 할 수 있다.

넷째, 행동적 자료(behavioristic data)이다. 이는 청소년 프로그램에 대한 참여 경향과 관련된다. 청소년 프로그램 마케팅과 관련된 청소년의 행동적 자료에는 청소년이 참여하는 프로그램의 수, 참여하고 있는 프로그램 유형에 대한 청소년의 경험정도를 들 수 있다. 참여하는 프로그램의 수에 따라 청소년이 일차적으로 만족하는 요인이 다를 수 있으며, 그 프로그램 유형을 접해 본 경험 정도에 따라 만족하는 요인들이 다를 수 있기 때문이다. 덧붙여 고려할 수 있는 또 다른 변인은 그 기관에 대한 청소년의 참여기간 등을 들 수 있다. 이는 청소년으로서 또는 회원으로서 참여해 온 기간을 말한다. 그 기관에 어떠한 이유로든 오랫동안 꾸준히 참여해 왔으며, 좋은 이미지를 가지고 있었던 청소년과 그렇지 못한 청소년과는 만족요인이 다를 수 있기 때문이다.

2) 프로그램군 구성 전략

청소년기관이 택할 수 있는 프로그램군 구성방식의 유형은 제공 가능한 프로그램의 수나 대상으로 삼고자 하는 주요 청소년 집단의 범위 등에 의해 결정된다. 이를 대별하면 단일집중방식, 프로그램전문화방식, 집단전문화방식, 다중전문화방식, 전체포괄방식 등의 5가지 유형으로 나뉘어진다(오혁진, 2021).

단일집중방식은 하나의 특정한 프로그램을 특정한 청소년집단만을 대상으로 전문적으로 실시하는 방식이다. 기관의 규모가 매우 영세한 경우나 기관 설립 초기 단계에 이 방법을 많이 사용하는 것이 바람직하다.

프로그램전문화방식은 특정한 프로그램을 다양한 청소년집단을 대상으로 운영하는 방식이다. 이 방식은 프로그램의 깊이가 깊어지는 것과 밀접한 관계를 가진다. 즉, 처음에는 특정한 프로그램을 가장 접근하기 쉬운 청소년집단에게 제공하다가 점차 프로그램에 대한 전문성과 노하우가 축적되면서 다른 집단에도 프로그램을 보급하는 방법을 의미한다. 인터넷 교육을 예로 들면, 처음에는 특정 청소년집단만을 대상으로 하다가 점차 다른 청소년집단에게도 실시하게 되는 경우가 이에 해당한다.

집단전문화방식은 특정한 청소년집단을 대상으로 다양한 프로그램을 제공함으로써 프로그램의 폭을 확장해나가는 방식이다. 즉, 처음에는 특정한 집단에게 가장 제공하기 쉬운 프로그램부터 제공하다가 특정 청소년집단에 대한 전문성과 노하우가 축적되면 점차적으로 프로그램을 다양화하여 제공하는 것이다. 예를 들어, 청소년 시설 또는 수련관에서 처음에는 청소년 대상으로 일반적인 교양교육을 실시하다가 점차 다양한 전문직업교육이나 청소년상담도 실시하게 되는 경우가 이에 해당한다. 이는 특정 대상에 대한 전문성을 바탕으로 프로그램을 심화·다양화하여 나가기에 유리한 방식이다.

다중전문화방식은 특정한 프로그램의 내용과 특정한 청소년집단에 얽매이지 않고 그 기관에서 가장 잘 다룰 수 있는 프로그램과 대상을 선별하는 방식이다. 이 경우에는 프로그램의 폭과 깊이가 선별적으로 확대된다. 예를 들어, 인터넷 중독 청소년을 대상으로 하는 치료교육을 실시하다가 상황에 따라 일반 청소년을 위한 진로지도 교육을 특화해서 실시하는 경우가 이에 해당한다. 이는 순발력 있게 환경에 대처할 수 있다는 점에서 장점이 있지만 자칫 그 기관의 정체성을 잃게 될 우려가 있어 조심스러운 접근이 필요하다.

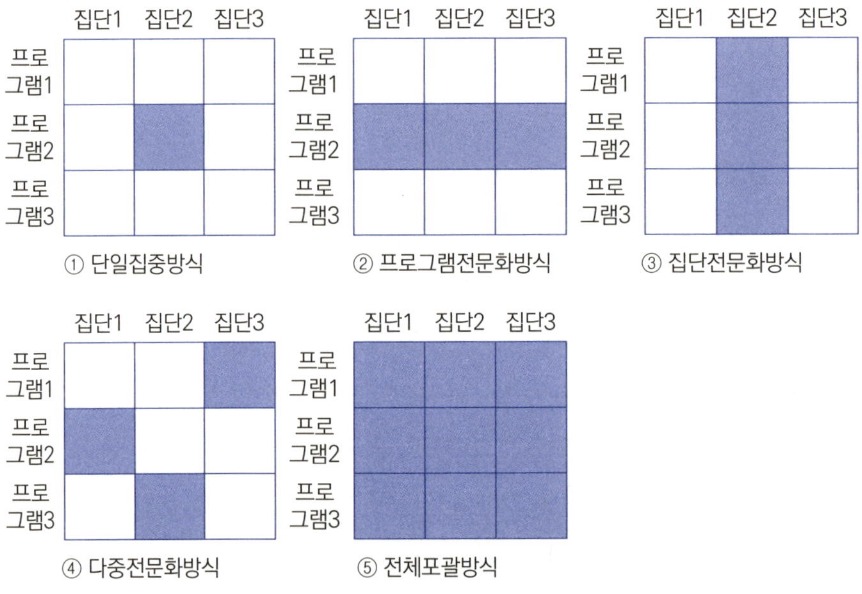

[그림 8-1] 프로그램군 구성방식의 유형

전체포괄방식은 다양한 종류의 프로그램을 집단유형에 관계없이 포괄적으로 제공하는 방식이다. 이 방식은 마치 프로그램을 백화점식으로 운영하는 방법이라고 볼 수 있다. 즉, 모든 청소년집단을 대상으로 모든 유형의 프로그램을 제공하는 방식이다. 이는 대학의 경우 종합대학에 해당한다고 볼 수 있다. 이러한 유형의 방식은 청소년시설기반이 약한 지역사회에 대규모의 청소년기관이 진출할 때 활용하는 경우가 많다. 즉, 청소년센터, 청소년수련관 등이 이런 유형에 속한다. 그러나 최근 청소년기관이 점차 증가함에 따라 점차 전문화 방식으로 재편성되는 추세이다.

위의 다섯 가지 유형 중 어느 것이 가장 바람직하다고 말하기는 어렵다. 단, 청소년 프로그램이 발전되어감에 따라 점차 기관별로 특화되고 전문화되는 경향이 일반적이라고 볼 수 있다.

3) 프로그램의 경쟁적 위치선정 전략

프로그램의 경쟁적 위치선정 전략(Competitive Positioning Strategy)은 동일한 목표 집단을 대상으로 자신의 기관이 현재 제공하는 프로그램과 경쟁적 위치에 있는 기관들이 제공하는 프로그램들 사이의 차이점을 청소년집단이 가지고 있는 평가준거에 근거해 파악함으로써 가장 효율적인 대응방식을 모색하는 전략이다. 즉, 우리 기관에 참여할 수 있는 잠재적 청소년집단의 관점에서 우리 기관이 다른 기관과 비교하여 가지고 있는 우월한 점과 열등한 점을 파악함으로써 우리 기관에 가장 적절한 대응방식을 찾아내는 전략이라 할 수 있다.

이 전략의 구체적인 방법은 먼저 청소년집단이 해당 프로그램의 품질을 평가하고 선택하는 데 몇 가지 핵심적인 준거를 파악한다. 예를 들면, 수강료, 강사의 수준, 시설 등이 될 수 있다. 그 후 그 준거 중 가장 중요한 것 두 가지를 선별하여 각 준거에 대해 청소년들이 우리 기관과 경쟁기관들에 대해 가지고 있는 만족도 또는 선호도를 측정한다. 예를 들면, 가장 중요한 준거가 수강료와 강사능력인 경우 1에서 10점까지의 척도를 사용하여 그래프 위에 각 기관의 위치를 표시하면, 아래와 같이 표현할 수 있다.

◆ 프로그램의 경쟁적 위치선정 전략 적용 사례

준거	우리 기관	경쟁기관A	경쟁기관B
수강료	4	6	3
강사능력	5	3	6

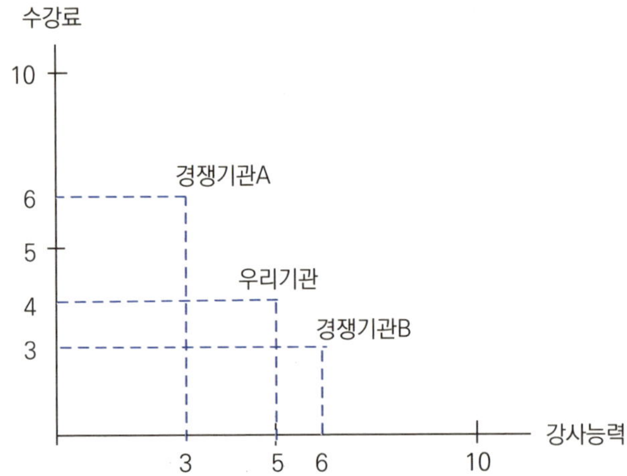

수강료와 강사능력의 두 측면에서 볼 때 세 개 기관은 각각 상이한 측면에서 경쟁력을 가지고 있다. 수강료의 측면에서 상대적으로 가장 경쟁력이 높은 위치에 있는 기관은 경쟁기관 A이다. 한편, 강사능력의 측면에서 상대적으로 가장 경쟁력이 높은 기관은 경쟁기관 B이다. 우리 기관은 두 측면에서 모두 중간쯤에 해당된다. 따라서 우리 기관이 이 집단을 대상으로 최고의 경쟁력 우위를 확보하기 위해서는 수강료 측면에서 최소한 경쟁기관 A와 비슷한 수준 이상이어야 하며, 강사능력 측면에서는 경쟁기관 B와 비슷한 수준이상이 되어야 한다. 그러나 청소년 프로그램 구성요소의 여건상 이 두 가지 측면에서 모두 경쟁기관을 초월하기 어려운 경우에는 전략적인 측면에서 일단 어느 한쪽 경쟁기관에 대해 확고한 경쟁력 우위를 확보한 후 순차적으로 다른 경쟁기관에 대해서도 상대적으로 경쟁력 우위를 확보하는 방안이 필요하다.

이 경우 우리 기관이 경쟁기관 A보다 경쟁력 우위를 확보하기 위해서는 강사능력 측면에서는 현상을 유지하면서 수강료 만족도를 경쟁기관 A와 최소한 비슷한 수준으로 끌어올리기 위한 투자를 집중적으로 할 필요가 있다. 그런 경우 우리 기관은 경쟁기관 A보다 수강료 측면에서는 비슷하나 강사능력 측면에서 확실한 우위를 점함으로써 절대적인 경쟁력 우위를 갖게 된다. 이 경우 우리 기관은 경쟁기관 B와 잠재적 청소년집단을 나누게 된다. 즉, 수강료를 보다 중시하는 청소년집단은 우리 기관에 참여하게 될 것이며 강사능력을 보다 중시하는 청소년집단은 계속 경쟁기관 B에 참여하게 될 것이다. 만약 우리 기관이 수강료 측면에서 얻은 역량을 바탕으로 강사능력에 대한 만족도를 높이기 위한 노력을 계속 기울이게 되면 경쟁기관 B에 대해서도 절대적인 우위를 차지하게 될 것이다.

3. 청소년 프로그램 마케팅 혼합요소의 종류와 지향점

1) 청소년 프로그램 마케팅 혼합요소의 종류

이러한 기준들에 의해 선정된 표적집단에서 마케팅 목표를 달성하기 위해서는 가장 적절한 '마케팅 혼합'(marketing mix)을 결정해야 한다. 기본적으로 마케팅 혼합이란 조직이 목표고객으로부터 원하는 반응을 얻을 수 있도록 하기 위해 사용하는 통제 가능한 수단들의 집합을 의미한다. 마케팅 혼합의 목적은 최소의 마케팅 비용으로 최대의 마케팅 성과를 달성하는 것이다. 일반적으로 마케팅 혼합요소에 대한 연구들은 제품(Product), 가격(Price), 유통(Place) 및 촉진(Promotion)의 4P모델을 따른다. 최근에는 서비스업의 특수성을 고려하여 기존의 4P에 사람(Person), 물적 증거(Physical evidence), 과정(Process)이라는 3P를 추가한 7P 모델이 제시되기도 한다(Booms & Bitner, 1981; 최덕철, 2015).

이러한 논의가 청소년기관에도 적용될 수 있다. 그러나 청소년기관의 마케팅 혼합요소가 반드시 7P 모델을 따라야 할 필연성이 있는 것은 아니다. 청소년기관을 위한 마케팅 하위요소들의 구체적인 내용은 청소년기관의 맥락에 맞아야 하기 때문이다. 또한 청소년기관과 상업적 청소년기관 사이에 마케팅 혼합요소 종류 면에서 본질적인 차이가 있는 것은 아니다. 다만 이러한 혼합요소들을 어떤 목적을 위해 사용하느냐에 차이가 나타난다고 볼 수 있다.

이러한 논의를 종합하여 마케팅 혼합요소를 청소년기관의 맥락에서 볼 때 제품은 프로그램, 가격은 수강료, 유통은 프로그램의 시간배정과 장소의 선정, 촉진은 광고·홍보 및 특전 제공 등으로 해석될 수 있다. 이 외 사람과 관련된 요인에는 강사, 직원 및 동료 청소년집단이 매우 중요한 요소로 인식되어야 한다. 강사는 내용과 방법상의 전문가로 청소년의 만족도에 큰 비중을 차지하고 있다. 직원은 전체 프로그램 구성과 운영을 위해 청소년과 직접 접촉하는 일선에 서 있다. 그러므로 직원의 사명감, 태도와 능력, 권한은 청소년의 만족도에 직접적인 영향을 미치게 된다(Weidermann, 1989). 또한 동료 청소년들을 어떻게 구성할 것인가라는 점도 매우 중요하다. 청소년기관에서 학습은 일반적으로 집단적으로 이루어지기 때문에 학습집단을 어떤 방식으로 구성했는가라는 점이 매우 중요한 환경적 요소가 될 수 있다. 그러므로 동료 청소년의 구성방식과 집단의 운영방법도 별도의 중요한 경영요소라고 할 수 있다.

물적 증거에는 시설과 설비, 각종 편의시설 등이 포함된다. 각종 교육공학과 정보화의 발달로 인해 청소년기관에서도 각종 첨단 기자재와 시설이 요구되고 있다. 또한 휴식과 개인활동을 위한 각종 편의시설과 교육환경이 요구되고 있다. 여기에는 각종 환경의 디자인과 분위기도 포함된다.

또한 교재·자료집도 청소년의 학습만족도와 관련하여 매우 중시되는 요소이다. 따라서 교재·자료집의 제작과 활용도 별도 요소로 파악하여야 할 것이다.

과정에 해당하는 것은 청소년기관의 각종 규칙과 제도의 운영방법 등이 포함된다. 즉, 프로그램에 대한 안내에서부터 접수, 변경, 수료, 서류발급, 건의 등의 과정이 원활하고 신속하게 진행되는가가 중요한 요소가 된다.

2) 청소년 프로그램 마케팅 혼합의 지향점

앞에서 다룬 이러한 모든 점들을 고려하여 청소년기관의 경영자들은 이러한 마케팅 혼합요소들이 어떤 가치를 지향하며 활용되어야 할 것인가를 고려해야 한다. 이를 위해 앞에서 제시된 청소년 프로그램 마케팅이 추구해야 할 가치와 각각의 청소년 프로그램 마케팅 혼합요소를 대별하면 〈표 8-1〉과 같다.

〈표 8-1〉 청소년 프로그램 마케팅 혼합요소별 지향점

지향성 요소	공익성	형평성	참여성	긴밀성	다양성 (융통성)	편의성 (접근성)	신뢰성	응답성	외형성
프로그램	내용이 사회 발전에 유익한가?	내용이 특정 집단에게 반감을 느끼게 하지 않는가?	결정, 평가 과정에 청소년 들이 참여할 수 있는가?	구성시 청소년과 교사가 긴밀히 협조하는가?	청소년의 수준, 관심에 따라 세분화되어 있는가?	내용이 이해하기 쉽도록 구성되어 있는가?	내용이 기대했던 바와 같은가? 목표가 명확한가?	청소년의 요구에 따라 개발하는가?	
수강료	수강료는 프로그램의 질에 비해 저렴한가?	저소득 청소년 계층을 위한 수강료 지원이 있는가?	결정에 청소년이 참여할 수 있는가?	상호교제 위한 경제적 지원이 잘 되고 있는가?	다양한 가격대의 프로그램들이 마련되어 있는가?	지불방식이 편리한가?	수강료 만큼의 가치가 있다고 생각하는가? 수강료 외 예상치 못했던 추가비용이 적절한가?	관련 의견이 신속하게 반영되는가?	
장소 시간	누구든 언제나 다닐 수 있을 만한 장소인가?	장소, 시간을 특정인에게 불리하지 않게 선정하는가?	장소, 시간 결정에 청소년이 참여할 수 있는가?	교제할 수 있는 시간과 장소가 적절한가?	장소, 시간 및 기간 구성이 다양한가?	교통수단, 통신방법, 시간선택 면에서 자유롭고 편리한가?	시간, 기한, 일정을 잘 지키는가?	청소년에 맞춰 시간, 장소가 적절하게 변경될 수 있는가?	주변 환경이 아늑한가?
의사 소통	광고 수단, 홍보매체 면에서 공신력이 있는가?	홍보, 광고 방법, 선택 매체가 특정인들이 접하기 어려운 것이 아닌가?	홍보, 광고 방법, 결정 및 실행 과정에 청소년들이 참여할 수 있는가?	강사, 직원, 청소년간 연락이 긴밀히 이루어지고 있는가?	기관의 정보를 접할 수 있는 홍보, 광고 매체가 다양한가?	언제, 어디서나 기관에 대한 정보를 입수할 수 있는가?	홍보, 광고 내용이 믿을 만한가?	청소년이 알고 싶은 정보를 신속하게 알려 주는가?	홍보와 광고 촉진 기법이 탁월한가?
시설 설비	사용이 개방되어 있는가?	특수소외계층의 사람들을 고려했는가?	결정, 운영에 청소년이 참여할 수 있는가?	교제를 위한 시설, 설비, 기구가 적절히 마련되어 있는가?	각 대상에 따라 다양하게 마련되어 있는가?	편리한 곳에 있으며, 그 사용이 용이한가?	성능이 우수하고 안전한가?	청소년이 원하는 설비, 시설 등을 신속하게 제공하는가?	분위기가 세련되었는가? 시설 배치가 세련되었는가?

요소 \ 지향성	공익성	형평성	참여성	긴밀성	다양성 (융통성)	편의성 (접근성)	신뢰성	응답성	외형성
강 사	강사는 공적인 사명감을 갖고 일하고 있는가?	강사가 모든 사람을 동등하게 대하는가?	강사 선정에 청소년이 참여할 수 있는가?	강사가 청소년에게 적극적이며 친절한가?	다양한 자격, 전공영역의 강사들이 있는가?	언제, 어디서나 강사들을 쉽게 만나 요청할 수 있는가?	강사는 강의계획대로 약속을 잘 지키는가?	강사는 청소년의 요구를 신속하게 반영하는가?	강사의 용모가 세련되었는가?
직 원	직원들은 공적인 사명감을 가지고 일하고 있는가?	직원이 모든 사람을 동등하게 대하는가?	직원 배정에 청소년이 참여할 수 있는가?	직원이 청소년에게 적극적이며 친절한가?	다양한 가격대의 프로그램들이 마련되어 있는가?	다양한 자격, 전공 영역의 직원들이 있는가?	언제, 어디서나 직원들을 쉽게 만나 요청할 수 있는가?	직원은 규정이나 안내사항 대로 약속을 잘 지키는가?	직원들은 청소년이 원하는 사항을 신속하게 처리하는가?
동료 청소년	이들은 공적인 의식을 가지고 있는가?	이들 집단내에 소외된 청소년이 있는가?	학습 동아리 구성에 청소년이 참여할 수 있는가?	이들은 서로 적극적이며 친절한가?	장소, 시간 및 기간 구성이 다양한가?	다양한 부류의 동료 청소년들을 만날 수 있는가?	언제, 어디서나 동료 청소년들이 쉽게 만날 수 있는가? 학급 규모가 작아서 학습하기 편리한가?	동료 청소년들은 믿을만하고 약속을 잘 지키는가?	청소년의 요구에 따라 새로운 동료 청소년을 만날 수 있는가?
과정 제도		소외된 사람들의 의견을 반영하기 위한 특별 제도가 마련되어 있는가?	학사과정, 제도의 구성과 변경 과정에 청소년이 적극적으로 참여할 수 있는가?	강사, 직원, 청소년간 연락이 긴밀히 이루어지고 있는가?	기관은 청소년 자치기구를 적극적으로 지원하는가?	다양한 학사 경로가 마련되어 있는가?	접수, 변경, 탈퇴의 조건과 절차가 간소한가?	청소년 참여자의 선발이나 평가가 객관적으로 공정하게 이루어지고 있는가?	청소년 요구를 신속하게 반영하는 제도가 마련되어 있는가?
교재 자료	교재나 자료의 내용이 사회의 건전한 가치를 반영하는가?	교재나 자료의 내용이 공정하게 선택되었는가?	청소년이 교재·자료의 개발 및 선정에 참여할 수 있는가?		강사, 직원, 청소년간 도서, 자료의 교환이 활발하게 이루어지고 있는가?	교재나 자료가 다양하게 마련되어 활용할 수 있는가?	교재나 자료가 이해하기 쉽게 구성되어 있는가?	교재나 자료의 내용은 믿을 만한가?	청소년이 원하는 교재나 자료를 신속하게 보급하는가?

청소년기관은 프로그램의 기획과 운영과정에서 이러한 가치들이 잘 실현되고 있는가를 마케팅혼합요소별로 치밀하게 고려하고 점검할 필요가 있다.

4. 청소년 프로그램의 홍보

1) 청소년기관 대외적 홍보 기획의 단계

청소년기관이 대외적으로 효과적인 홍보를 하기 위해서는 사전에 치밀한 기획을 해야 한다. 기획의 기본단계에는 다음 그림에 나타난 바와 같이 수용자의 규명, 얻고자 하는 반응의 명시, 메시지의 개발, 매체의 선택, 전달자의 선정, 반응(feedback) 수집 등의 활동이 포함된다. 이를 구체적으로 살펴보면 다음과 같다.

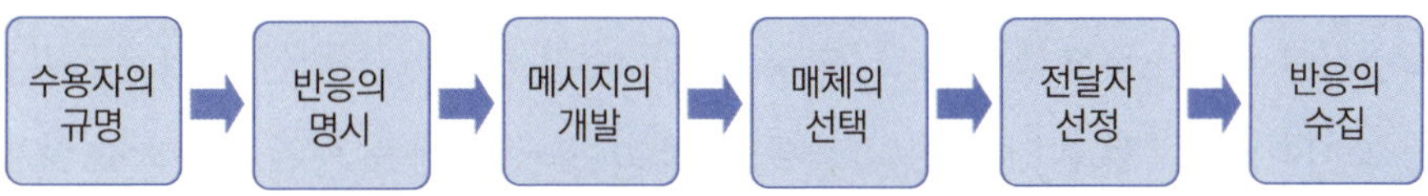

[그림 8-2] 홍보의 기본 단계

첫째, 홍보대상인 수용자를 규명해야 한다. 수용자의 규명은 청소년기관 의사소통의 잠재적인 수용자를 선정하는 활동을 말한다. 잠재적 수용자에는 기관에 참여하고 있는 청소년 집단과 잠재적 청소년 집단, 그리고 직원 및 강사, 후원자 등의 유관집단이 있다. 이러한 집단의 성격에 따라 의사소통의 내용 및 방법이 달라지게 된다.

둘째, 수용자의 기대되는 반응을 명시해야 한다. 그 반응은 기관 및 프로그램에 대한 인식의 변화(프로그램의 질에 대한 호의적인 인상)일 수도 있고 행동적인 반응(추가 정보의 요청, 입학, 기부 등)일 수도 있다. 기대하는 반응을 결정해야만 기관은 가장 좋은 메시지를 만들 수 있고 그것의 효과를 평가할 수 있다.

셋째, 의사소통의 내용, 즉 메시지를 개발해야 한다. 이상적인 메시지는 수용자의 주목을 끌고, 관심을 유지하며, 기대감을 유발하고, 행동에 이르게 하는 것이다. 메시지에는 이성적 메시지, 감성적 메시지, 도덕적 메시지 등의 3가지 종류가 있다. 이성적 메시지는 정보를 전달하거나 청중의 지적인 관심을 충족시키기 위한 메시지로서, 프로그램의 특질, 경제성, 가치를 논하는 메시지이다. 감성적 메시지는 청중의 부정적 또는 긍정적 감정을 고양시키기 위한 메시지로서 예를 들면, 청소년들의 고민에 대한 공감, 청소년의 미래 진로에 대한 희망 등을 표현하는 메시지 등을 들 수 있다. 도덕적 메시지는 청중의 정의감에 호소하기 위한 메시지로서 청소년의 권리, 환경문제에 대한 청소년의 사명감, 청소년의 세계시민의식 함양 등과 관련된 메시지가 그 구체적인 예가 될 수 있다. 메시지를 평가하고 선정할 때는 바람직함(desirability), 독특성(exclusiveness), 신뢰성(believability) 등의 기준을 고려해야 한다.

넷째, 의사소통 매체를 선택해야 한다. 매체로는 크게 대인적 의사소통과 비대인적 의사소통 두 가지가 있다. 대인적 의사소통은 인격적인 만남을 통한 직접적인 의사소통으로서 가장 설득력 있는 의사소통이다. 대인적 의사소통은 청소년의 프로그램 참여 결정이나 후원자의 기부 결정에 유력한 요인으로 작용한다. 비대인적 의사소통은 직접적인 대인 접촉을 수반하지 않는 모든 종류의 의사소통 채널들로서 신문, 잡지, 라디오, TV, 광고게시판, 행사, 우편 등을 포함한다. 비대인적 의사소통은 대인적 의사소통을 증진하고 강화할 수 있다. 그러므로 청소년기관들은 의사소통 대상에 따라 대인적·비대인적 의사소통 채널을 조화시키기 위해 힘써야 한다. 또한 대상 청중들의 매체 습관, 전달 내용, 메시지, 비용 등을 고려하여 주요 매체 범주들에 주어진 재정을 어떻게 배분할 것인가를 결정해야 한다.

다섯째, 메시지의 전달자를 선정한다. 수용자에 대한 의사소통의 효과는 수용자가 전달자에 대해 가지고 있는 신뢰성에 의해 크게 좌우된다. 즉, 신뢰성 높은 전달자에 의해 전달된 메시지는 설득력이 높다. 따라서 전달자의 선정은 전달자의 신뢰성에 대해 신중히 검토한 후에 이루어져야 한다. 전달자 신뢰성의 세 가지 기초적 요소로는 전문성, 신용, 호감이 있다. 전문성은 전달자가 주장하는 내용에 요구되는 권위를 가졌다고 인식되는 정도이며, 신용은 전달자가 얼마나 객관적이고 정직한가라는 정도와 관련되어 있다. 한편, 호감은 전달자가 수용자에게 매력을 주는 정도와 관련된다. 솔직함, 유머, 자연스러움과 같은 특질은 자원을 보다 호감 있게 만든다. 따라서 청소년기관은 이러한 조건을 갖춘 메시지의 전달자를 선정함으로써 의사소통의 효과를 높여야 한다.

여섯째, 수용자의 반응(feedback)을 수집한다. 홍보담당자는 홍보를 사전에 시험해 보아야 하며, 수용자에 대한 메시지의 효과를 연구해야 한다. 이것은 추가적인 정보의 요구, 접수된 지원서 또는 기부약정신청서, 기타 관심의 척도들을 기록하는 일을 수반한다. 의사소통담당자는 수용자를 조사하고 그들이 메시지를 인지하고 있는지, 어떻게 인지하고 있는지, 기관에 대한 사전・사후 태도, 그리고 그들의 등록의사, 후원의사를 물어볼 수 있다.

(1) 청소년기관 홍보 매체의 성격

청소년기관은 청소년집단을 대상으로 대외적인 홍보를 위해 다양한 매체를 활용할 수 있다. 활용할 수 있는 매체의 유형으로는 인쇄매체, 방송매체, 뉴미디어로 대별할 수 있다.

인쇄매체는 종이를 매개체로 한 의사전달매체를 의미하며, 신문, 잡지, 도서 등이 이에 속한다. 방송매체는 전파라는 매체를 사용하여 집중화된 전송과 개별적 수신의 한 형태로 특정 정보를 불특정 다수에게 전달하는 매스 커뮤니케이션의 한 형태이며, 라디오, TV 등이 이에 해당한다. 뉴미디어, 멀티미디어는 새로운 유형의 정보매체로서 정보・통신기술의 발달로 지금까지 독립적으로 기능해 온 여러 가지 미디어가 디지털화하여 복합적 기능을 가지게 된 것이다. 주로 인터넷 및 SNS를 활용한 다중방송, 위성으로부터의 직접방송, 대화형 방송매체 등 다채로운 발전이 예상된다.

이러한 매체들은 그 자체로 장점과 단점을 가지고 있다. 그리고 청소년기관의 맥락에서 사용하기에 유리한 점과 불리한 점이 있다. 이러한 점을 종합적으로 살펴보면 다음 표와 같다.

〈표 8-2〉 홍보매체의 성격과 청소년 프로그램과의 관계

유형	자체의 성격		청소년 프로그램과의 관계	
	장점	단점	유리한 점	불리한 점
인쇄매체	• 휴대가 쉽고 이용이 항상 가능하다. • 메시지의 심층성, 선택성, 재독성이 강하다. • 구입비 및 사용비가 저렴하다.	• 방송에 비해 배포과정이 복잡하여 신속성이 뒤진다. • 문자해독능력 및 일정 정도의 지적 능력을 필요로 한다.	• 청소년들의 문해율이 매우 높다.	• 인쇄매체에 대한 청소년들의 관심이 낮아지고 있다.
방송매체	• 비문해 청소년도 사용 가능하다. • 많은 사람에게 많은 정보를 동시에 전달한다. • 현장을 사실감 있게 전달한다.	• 수용자가 어떻게 생각하는지 알기가 어렵다. 일방적이다. • 한번 결정된 프로그램은 고치기 어렵다.	• EBS를 비롯한 위성방송, 케이블 TV 등 교육채널의 수와 이용자 수가 늘고 있다.	• 제작비가 많이 든다. • 뉴미디어의 발달로 청소년의 방송매체 이용이 줄어든다.
뉴미디어	• 시간, 장소의 제약이 적다. • 손쉽고 빠르게 원하는 정보를 얻을 수 있다. • 획득가능한 정보가 무한하다. • 쌍방향 의사소통이 가능하다.	• 정보의 빈익빈 부익부 현상이 나타날 수 있다.	• 인터넷 등의 발달로 누구나 쉽게 사용할 수 있는 뉴미디어가 개발되고 있다.	• 사회취약층에 속한 청소년들이 접근하기 어렵다.

2) 청소년 프로그램 홍보의 유형

(1) 공적 관계

공적관계의 사전적 의미는 사람, 장소, 사물, 주장이 대중의 관심이나 주의를 끌게 만드는 일이다. 다시 말해 공적관계는 라디오, TV, 기타매체에 의한 무료출연의 기회를 얻거나 기관 자체의 활동이나 행사를 통하여 기관(또는 기관의 프로그램)에 대한 호의적인 관심을 얻고자 하는 홍보의 한 유형을 의미한다. 공적관계를 위한 수단의 종류로는 인쇄자료, 시청각 자료와 소프트웨어, 기관을 특징화하는 매체(로고, 카탈로그, 브로셔, 편지지, 건물 등), 뉴스, 행사, 강연, 전화정보 제공 서비스, 개인적 접촉 등이 있다.

공적관계는 경비를 들이지 않는 방법도 있지만 홍보에 관한 아이디어나 프로그램을 제공하고 실행하는 에이전시나 컨설턴트 회사에 수수료를 지불하고 의뢰하는 경우도 있다. 청소년기관 차원에서 실시할 수 있는 홍보의 유형을 좀 더 구체적으로 제시하면 다음과 같다.

- 청소년 및 학부모 대상 설명회, 학교방문 홍보 행사
- 언론매체: TV, 라디오, 신문, 잡지, 온라인 뉴스매체 등
- 인쇄매체: 다이렉트 메일(DM), 회원소식지, 기관지, 브로슈어, 스티커, 포스터, 반상회보, 지역정보지 등
- 인터넷: 홈페이지, 전자우편(이메일)
- 현수막
- 프로모션 배지, 티셔츠, 모자, 어깨띠, 깃발, 홍보용 배너 등

(2) 광고

광고는 대체로 유료의 형식을 취하며, 대중매체(신문, 잡지, 라디오, 텔레비전, 영화, 포스터, 네온사인, 광고지, 공중광고 등)에 발표함으로써 어떤 상품이나 서비스를 사람들에게 칭찬하거나 소개하는 과정을 말한다. 광고를 통해 청소년기관은 기관, 특정 프로그램에 관한 장기적인 이미지와 명성을 확립할 수 있고, 특정 프로그램이나 행사에 관한 정보를 제공할 수 있다. 광고주는 비용을 들여 광고를 제작한 후 메시지를 전달할 매체를 선택한다. 이때 공간이나 광고 시간을 사용하는 비용을 지불하고, 계약에 따라 광고가 나간다.

광고 프로그램을 개발하기 위해 관리자는 항상 표적으로 삼는 청소년 집단의 상황과 동기를 파악해야 한다. 아울러 다음 그림과 같이 5가지 중요한 사항들에 대해 의사결정을 내려야 한다. 이 요인들은 앞의 머리글자를 따서 5Ms라고 할 수 있다(Kotler, 2000: 812).

- 광고목적은 무엇인가?(사명: Mission)
- 그 비용은 얼마인가?(금액: Money)

• 어떤 메시지를 전달할 것인가?(메시지: Message)
• 어떤 매체를 이용할 것인가?(매체: Media)
• 그 결과를 어떻게 평가할 것인가?(측정: Measurement)

청소년기관의 광고와 관련된 내용을 그림으로 표현하면 다음과 같다.

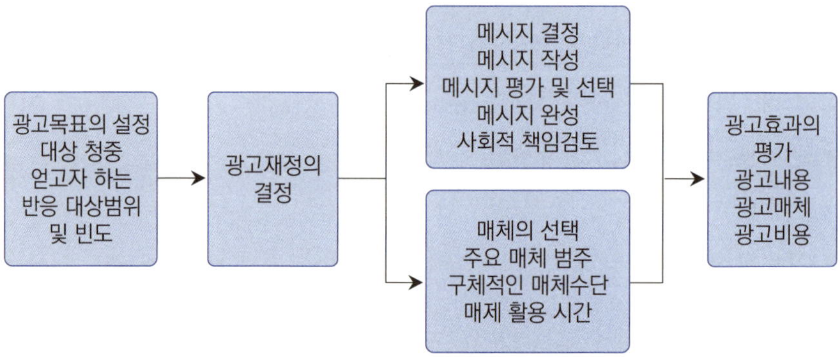

[그림 8-3] 효과적인 광고를 개발하기 위한 주요 결정사항

(3) 다이렉트 메시지

다이렉트 메시지(direct message)는 잠재적인 청소년 및 기부자에게 직접 전달되는 온 · 오프상의 우편물로서 이를 통해 기관은 수용자에게 정보를 제공할 수 있고 직접적인 반응을 타진할 수 있다. 다이렉트 메시지의 종류로는 개괄적인 기관 소개자료나 청소년들의 요구와 반응을 알아보기 위한 반송용 우편이나 이메일, 웹진 등이 있다. 다이렉트 메시지의 효과를 높이기 위해서는 다음과 과정을 거치는 것이 바람직하다.

① 가장 적합한 홍보 대상자 설정
② 대상집단을 위한 적정 메시지의 구상
③ 긍정적인 반응을 보일 청소년 독자에게 주어질 이익 진술
④ 적정 시간에 메시지 전달
⑤ 독자의 반응 파악

⑥ 지속적인 우편 접촉 또는 다른 접촉방안 기획

⑦ 결과 평가

참고문헌

오혁진(2021). 평생교육경영론. 서울: 학지사.

이유재(2019). 서비스 마케팅. 서울: 학현사.

최덕철(2015). 뉴 서비스 마케팅. 창원: 경남대학교출판부.

한국능률협회 편(1994). 기업경영과 마케팅. 서울: 한국능률협회.

홍부길(1994). 비영리조직 마케팅과 사회 마케팅. 서울: 이화여자대학교 출판부.

Booms, B. & M. J. Bitner(1981). *Marketing strategies and organization structures for service firms.* J. Donnelly & W. R. George(Ed.). Marketing of Services. AMA, Chicago.

Drucker, P.(1995). *Managing the Nonprofit Organization.* 현영하 역. 『비영리단체의 경영』. 서울: 한국경제신문사.

Kapfer, L.(1995). GAMMA Model. 비영리 사회교육 마케팅 연수 교재.

Kotler, P. & A. R. Andreasen(1991). *Strategic Marketing for Nonprofit Organization.* New Jersey: Prentice Hall.

__________(1972). *A generic concept of marketing.* Journal of Marketing, 36.

Riggs, J. K.(1989). Determining an effective marketing mix. R. G. Simerly(Eds.). *Handbook of Marketing for Continuing Education.* San Francisco: Jossey-Bass Publishers.

Sapiro, B. P.(1990). *Marketing for nonprofit organization.* D. L. Gies(Eds.). The Nonprofit Organization-Essential Reading. California: Brooks & Cole Publishing Company.

Tarr, D. L.(1989). Learning more about your market: sources and uses of data. R. G. Simerly(Eds). *Handbook of Marketing for Continuing Education.* San Francisco: Jossey-Bass Publishers.

9장 청소년 프로그램 실행 및 운영

프로그램의 실행과정은 계획되고, 설계된 프로그램을 지도자가 프로그램 참여자들을 대상으로 청소년활동을 체계적으로 실시하여 의도한 목표를 달성해 나가는 과정을 말한다. 이 점에서 프로그램 실행은 프로그램개발의 가장 결정적인 핵심과정이다. 왜냐하면 아무리 프로그램이 잘 계획되고, 설계되었다고 하더라도 제대로 실행되지 못하게 되면 그 소정의 목표를 달성할 수 없게 되고 프로그램개발이라든가 실행 그 자체가 무의미하게 되기 때문이다. 따라서 실행단계는 프로그램개발과정에서 프로그램을 매개로 하여 지도자와 청소년 참가자가 만나는 접점이자, 프로그램의 매력성, 효과성, 효율성을 결정짓는 데 있어서 가장 중요한 과정이다. 그러므로, 어떠한 과정을 거쳐서 프로그램을 실행하는 것이 가장 바람직할 것인가에 대한 의문이 자동적으로 제기되기 마련이다. 이러한 맥락에서 본 장에서는 프로그램 실행의 기본적인 의의를 개념, 그 본질적 의미와 관련 요인을 중심으로 살펴보고, 프로그램 실행상의 과제를 준비, 실행, 그리고 정리의 3단계로 구분하여 체계적으로 살펴보고자 한다.

1. 청소년 프로그램 실행의 기본 의미

1) 청소년 프로그램 실행의 개념

'청소년 프로그램 실행'이란 문자 그대로 청소년을 대상으로 전개되는 프로그램을 전개하는 활동을 의미한다.

본 장에서는 청소년 프로그램 실행을, 청소년 프로그램이 어떻게 실행되고 운영되어야 할 것인가에 관심의 초점을 두고 있는 분야로 청소년의 프로그램 활동을 촉진·조장·조성·지원하는 것과 관련된 일련의 필연적 활동 또는 행위라고 규정하고자 한다. 즉, 청소년 프로그램 실행이란, '청소년 프로그램 활동을 지원·촉진·안내하고, 나아가서 그와 관련된 환경을 조성해 주는 전략'으로 개념화한다는 것이다. 청소년 프로그램 실행에 대한 이러한 정의는 매우 일반적인 개념만을 다루고 있어서 보다 구체적인 의미를 파악하기는 힘들다. 다만, 청소년의 프로그램 활동을 조장하고, 촉진하는 청소년지도의 장에 있어서 그것이 구체적으로 실현됨으로써 그 의미가 보다 명확해 질 수 있을 것이다. 뿐만 아니라 청소년 프로그램 실행방법은 오늘날 다양한 차원에서 연구·개발되고 있음에도 불구하고 아직까지 하나의 학문적 체계를 갖추고 있지 못하다. 인간의 정신구조가 복잡한 만큼이나 청소년 프로그램 실행이 하나의 개념으로 정리되기란 앞으로도 그리 쉬운 일이 아닐 것이다.

2) 청소년 프로그램 실행의 본질적 의미

청소년 프로그램 실행은 청소년의 성장·발달을 이상적인 상태로 조성하고, 촉진하기 위한 하나의 과정이다. 따라서 청소년 프로그램 실행이 청소년의 프로그램 활동을 지원하고, 촉진하고, 프로그램 환경을 조성하는 것을 통하여 청소년을 성장·발달시키는 데 그 주된 의의가 있다고 한다면, 그와 관련된 활동을 수행하는 자는 그것의 본질적 의미를 보다 정확하게 파악하고 있어야 한다. 그렇게 함으로써 청소년 프로그램 실행이 바람직한 방향으로 나아갈 수 있을 뿐만 아니라 기존의 학교교육이 의도적으로나 무의도적으로 간과하였거나 소홀히 하였던 특정한 영역의 청소년의 역량을 청소년 프로그램의 장에서는 체계적으로 강화할 수 있기 때문이다. 다음에서는 청소년 프로그램 실행의 기본적인 의미에 비추어 그것이 지니고 있는 본질적인 의미를 몇 가지로 나누어 고찰해 보고자 한다.

첫째, 프로그램 실행에 있어서 지도자는 모름지기 프로그램의 장을 하나의 '공동체'로 형성할 수 있도록 하여야 하고, 그를 통해 프로그램의 참여를 촉진할 수 있을 때에야 비로소 그 효과를 극대화할 수 있다(Heimlich & Norland, 1994). '공동체(community)'란 특정 집단 내에서 그 집단 구성원 상호간의 깊이 있는 개인적 친밀감, 사회적 응집성, 그리고 도덕적 책무의식으로 특징짓는 항구적 관계의 형성을 의미한다. 공동체를 이러한 입장에서 파악하게 되면, 지도자와 청소년들이 모여서 형성하는 공동체는 깊이 있고 친숙한 상호작용, 상호간의 이해와 비전의 공유, 서로에 대한 책무수행이 무엇보다도 중요하다. 그럼에도 불구하고, 오늘날의 청소년 지도현장에 있어서는 그것이 학교교육의 장이든 사회교육의 장이든 간에 가르치고 지도하는 자와 프로그램 참가자간의 양극화, 참가자 상호간의 소원화 현상이 날로 심화되고 있음이 매우 심각한 문제가 아닐 수 없다. 이와 같은 문제점을 극복하기 위해 청소년 프로그램 실행의 장에 있어서는 무엇보다도 종래의 학교교육이 범해왔던 문제점, 이를테면 가르치는 자와 배우는 자간의 전형적이고 의식화된 주종관계의 역할 분담이라든가, 강의 일변도의 주입식 방법, 합리성과 객관성 중시 풍토 하에 개인을 전체로서의 집단에 매몰시켜 버리는 비인간화된 교육, 효율주의적이고 생산중심적인 사고에 기초한 결과위주의 프로그램 지도, 그리고 프로그램 지도자 스스로의 자기 개선을 위한 노력의 부족 등과 같은 문제점을 극복할 수 있어야 할 것이다. 특히 청소년 프로그램은 종래의 학교교육이 말하는 자(교사)와 듣기를 직업으로 삼는 자들(학생)의 사회적 역할에 따라 인위적으로 분리해 놓음으로써 한쪽에서는 배우는 기능을 거세하고 다른 한쪽에서는 가르치는 기능을 거세하는 모순을 지양하고(한숭희, 2000; 235-236 참조), 프로그램 활동이 하나의 순환관계로, 혹은 상호적으로 형성될 수 있는 장을 마련해야 할 필요가 있다. 그렇게 함으로써만이 진정한 의미에서의 배움공동체가 마련될 수 있기 때문이다.

둘째, 청소년 활동의 장에 있어서 교수(teaching), 수업(instruction) 등과 유사한 의미를 지니고 있는 활동으로서의 청소년 프로그램 실행은 청소년들의 참여활동을 지도하고(guiding), 도와주고(helping), 촉진하고(facilitating), 그리고 활동동기를 유발시킴으로써(motivating) 궁극적으로는 청소년의 성장과 발달을 촉진시키는 데 그 의의가 있다.

청소년 프로그램 실행에 있어서 그 지도자가 나름대로 활동방법을 선택하는 일은 선택한 활동방법이 프로그램 참가자들의 성장과 발달을 효율적으로 촉진시켜 줄 것이라는 가정 하에서 이루어진다. 그러므로 넓은 의미에서 볼 때, 프로그램 지도는 학습행위를 유발시키려는 체계라고 정의할 수 있다(박성익, 1998 참조). 이러한 정의로부터 도출해 볼 수 있는 프로그램 지도의 두 가지 기능으로서, 하나는 청소년으로 하여금 지적 정보처리를 능동적으로, 그리고 적극적으로 수행하도록 촉진제 역할을 하며 인지적 과정을 안내해 주는 것이고, 다른 하나는 청소년들로 하여금 활동과제나 실제상황에서 수행해야 할 과업을 수행하는 데 적극적으로 몰두하도록 하는 것이다. 물론, 프로그램 활동과제와 상호작용하는 가운데 프로그램 수행의 적절성에 대한 결과 정보, 즉 피드백도 제공해 주어야 한다는 것은 말할 나위도 없다.

셋째, 청소년 프로그램 실행은 학교교육의 경우에서와 같이 지적인 학습, 이를테면 특정 지식의 습득만을 위한 학습활동을 촉진시키고자 하는 것이 아니다. 프로그램 지도라고 해서, 기본적인 지식의 획득과 관련된 활동만을 그 대상으로 하는 것이 아니라 그 활동이 어떠한 것이든 생활기능상의 제 영역과 관련된 행동양식을 습득하는 데 적극적으로 기여하여야 한다는 것이다.

청소년 프로그램의 영역에 있어서 생활기능과 관련된 행동양식은 다음과 같은 차원으로 분류해 볼 수 있다. 즉, ① 생물적인 기능유지와 관련된 것(수면, 휴식, 건강, 식사, 의복, 주거 등에 관계되는 행동양식), ② 재화 및 서비스의 생산과 분배와 관련된 것(직업, 가사·가정관리에 관한 행동양식), ③ 성원의 재생산 및 사회화와 관련된 것(결혼, 출산, 자녀의 양육, 교육 등에 관한 행동양식), ④ 질서유지와 관련된 것(정치적 활동, 사회적 활동관계와 관련된 행동양식), 그리고 ⑤ 생활의 의미부여, 동기와 관련된 것(교양, 취미, 오락관계의 행동양식) 등과 같이 구분할 수 있다. 특히 청소년 프로그램에 있어서는 스포츠와 관계된 활동이나, 오락·취미 등과 관련된 요구도 많으며, 실제적으로도 이 분야에 가장 많은 청소년들이 참여하는 것으로 나타나고 있다. 그런데, 오늘날의 시대는 포스트 코로나 4차 산업혁명의 시대이다. 4차 산업혁명이 앞당긴 인공지능(AI), 사물인터넷(IoT), 로봇기술, 드론, 자율주행차, 가상현실(VR) 등과 같은 첨단 기술은 세상을 불확실하고, 복잡하고, 모호하며, 변화가 많은 세상으로 바꾸어 나가고 있다. 이렇게 급격히 변화하는 시대에는 새로운 인재상을 필요로 하고 있다. 4차 산업혁명 담론의 진원지인 세계경제포럼(WEF)은 〈일자리의 미래 보고서 2020(The Future of Jobs Report 2020)〉을 통해 '향후 직업세계에서 중요하다고 하는 스킬의 1/3이 바뀔 것'이라고 강조한 바 있다. 또한 4차 산업 혁명 시대 인재의 핵심역량으로 복합적 문제 해결 능력, 창의력, 협업 능력, 디지털 리터러시(digital literacy) 등이 제시되고 있다. 이러한 점을 통해서 보았을 때 청소년 프로그램은 무엇보다도 청소년의 소통역량, 협업역량, 디지털 역량을 강화하는 차원에서 운영될 필요가 있다.

그러므로 청소년 프로그램 실행에 있어서는 청소년 프로그램의 의미를 지적인 영역과 관련된 행동양식의 변화만을 의미하는 것이 아니라 정의적, 운동기능적 영역에 대한 활동도 그 지도대상이 된다는 것을 유념해야 하며, 특히 학교교육이 전자와 관련된 부문을 강조하고 있는 데 비하여 청소년 프로그램 실행에 있어서는 후자 즉, 정의적이고 운동기능적인 영역의 프로그램 지도에 보다 많은 관심을 집중시킬 필요가 있다고 본다.

넷째, 청소년의 프로그램 활동은 그 참여동기의 다양성, 대상의 광범성, 참여자의 능력 및 경험수준의 이질성 등으로 인하여 그 지도에 있어서 단일 방법만으로는 그 목적을 달성할 수 없고, 다양한 방법들이 함께 어우러질 때 보다 많은 효과를 거둘 수 있다. 특히 청소년들은 의미 있는 활동에 대하여 보다 많은 관심을 기울이는 경향을 나타내기 때문에 이와 관련된 조건들을 적극적으로 반영한 프로그램 지도 활동이 전개될 필요가 있다. 청소년 대상의 프로그램 활동이 청소년들의 잠재력을 극대화할 수 있는 조건을 몇 가지 제시하면 다음과 같다(스타니슬라스 드앤, 2022).

① 어떠한 프로그램이든지 간에 프로그램에 참가한 청소년들을 과소평가하

지 말라는 것이다, 청소년들은 다양한 환경에서 자라면서 자기 자신만의 핵심능력과 지식을 가지고 있다. 그러므로 청소년들의 뇌 속에는 이미 너무나도 많은 뇌 모듈들이 존재해, 이 기초적인 능력이 프로그램의 활동 참여에 활용되기 마련이다. 따라서 프로그램 참가자의 초기 직관력을 잘 활용하고, 청소년들이 배우는 프로그램들이 아무리 추상적인 것이라고 하더라도 청소년들이 지닌 사전 지식과 연결되어 있다고 믿어야 한다, 그리고 그런 연결이 청소년 프로그램 참가자들에게 의미를 주게 된다는 것 또한 이해할 수 있어야 한다.

② 청소년들이 지닌 뇌의 민감기를 잘 활용하여야 한다는 것이다. 청소년들은 어린이와 마찬가지로 활기찬 활동을 통하여 모든 것을 잘 수용하게 마련이다. 그러므로 최대한 청소년기에는 다양한 활동에 노출될 필요가 있으며, 이는 청소년기에도 여전히 뇌의 가소성이 높다고 인식할 필요가 있다는 것을 의미한다.

③ 청소년에게 다양하고도 풍요로운 환경을 제공하는 것이 중요하다는 것이다. 배움에 관한한 청소년들의 뇌는 어린이들과 마찬가지로 가장 강력한 슈퍼컴퓨터들이다. 따라서 청소년들에게 다양한 게임, 각종 이야기, 퍼즐, 참여활동 등 적절한 정보를 제공할 수 있어야 한다.

④ 늘 적극적이고 호기심 많고 몰두하고 자율적인 청소년으로 성장할 수 있도록 도와야 한다는 것이다. 수동적인 어린이들이나 청소년들은 그리 잘 배우지 못하게 마련이다. 그러므로 적극적인 존재가 되도록 격려하는 것이 중요한다. 또한 뭔가에 몰두하게 해, 그 마음이 호기심에 반짝거리게 하고 늘 새로운 가설들을 만들어 내게 하는 것이 중요하다. 그러나, 스스로 모든 것을 찾아내고 발견할 것이라고 기대해서는 안 되며, 체계적인 프로그램 과정을 통해서 이끌어 주어야 한다.

⑤ 청소년 프로그램에 참여하는 시간들을 즐겁게 만들어야 한다. 청소년들에게 있어서 보상 회로들은 뇌 가소성의 핵심조절자들이다. 모든 노력에 대해 보상해 주고 모든 프로그램을 즐겁게 만들어 주어, 보상 회로들이

활기차게 움직이게 하는 것이 중요하다. 물질적인 보상에 반응하지 않는 청소년은 없다. 그러나, 그들의 사회적인 뇌는 미소와 격려에도 똑같이 반응하기 마련이다. 인정해 주고 자신의 발전을 알아준다는 느낌은 그 자체가 보상이다. 반면에 프로그램 참여와 관련하여 과도한 불안감과 스트레스는 제거해 주는 것이 중요하다.

⑥ 청소년들이 프로그램을 통해 이루어 가는 모든 노력들을 격려하는 것이 중요하다. 즐거운 프로그램이라고 해서 '노력하지 않아도 된다'는 것은 아니다. 청소년들이 모든 것을 쉽게 얻을 수 있다고 믿게 될 경우, 그렇지 못할 때 자신을 지진아처럼 생각하게 된다. 모든 학생들은 열심히 노력해야 하며 그럴 때 비로소 모두 발전하게 된다는 것을 설명해 주도록 해야 한다. 고정형 사고방식이 아닌 성장형 사고방식을 갖게 하는 것이 중요하다는 것이다(루이스 하우즈, 2023).

⑦ 청소년들이 깊이 생각할 수 있도록 도와주어야 한다. 어른들의 뇌와 마찬가지로 청소년들의 뇌도 정보를 깊이 처리할수록 더 잘 기억하게 된다. 피상적인 학습에 절대 만족하지 말도록 하고, 늘 보다 깊은 이해를 지향하도록 하는 것이 중요하다.

다섯째, 삶의 본질적 의미를 발견하는 기제로서 청소년의 프로그램 활동은 지도하는 일(혹은 가르치는 일)과 배우는 일을 분리해서 생각할 수 있는 것이 아니라 하나의 공존적인(coextensive) 것이며, 하나의 과정으로서 이해되어야 한다. 가르친다는 것(혹은 지도하는 것)은 결코 그 자체가 목적이 될 수는 없는 것이다. 비록 청소년이 배우는 일에 실패할 때, 그것을 전적으로 지도자(혹은 교사)의 능력 부족으로 단정하기는 어렵지만, 청소년 프로그램 활동의 성패가 지도자의 능력 상태를 가늠하는 척도가 될 수 있다. 말하자면, 얼마나 잘 지도하고 가르쳤는가의 판단은 청소년이 무엇을 얼마만큼 배우느냐의 맥락에서만 정의될 수 있는 것이다. 결국, 지도와 활동을 통한 배움, 그것은 수단과 목적으로서 상보적이고 복합적인 상호작용 관계에 놓여 있다. 말하자면, 지도하는 일과 배우는 일은 분리해서 생각할 수 없는 동시 발생적이라는 것이다.

이와 함께, 사회적 기회로서 지도자와 청소년간의 상호작용으로 이루어지는 지도활동은 근본적으로 하나의 과정으로 전개되어야 한다. 그것은 결코, 어떠한 결과 또는 산출만을 지향한 것이 될 수 없다. 프로그램을 통해 꼭 무엇을 얼마만큼 배워야 하고, 지도활동이 일정한 정도의 양을 지도하고 가르쳐야 한다는 것은 아니다. 청소년과 지도자 그리고 청소년간의 지도하고, 가르치고 배우는 과정 속에서 서로 공감하고 상호작용 하는 과정을 통해 본질적으로 의미를 발견하려는 노력에 의의가 있는 것이다.

끝으로, 청소년 프로그램을 통해 청소년을 지도하고 가르친다는 것은 하나의 과학(science)이자 기예(art)이다. 노울즈는 앤드라고지를 '학습활동을 돕는 하나의 과학과 기예'라고 정의한 바 있다(Knowles, 1980). 프로그램 활동을 적절하게 안내하고, 지도하고, 가르치는 일을 과학으로 보는 입장은 단순히 획일화되고, 비교적 일관성 있고, 그리고 동질적 결과를 산출시키기 위한 지도절차의 기계적인 운용을 선호하는 것만을 의미하지 않는다. 그것은 프로그램 활동에 있어서 청소년에 대한 선행 지식, 지도하고 가르치는 내용에 대한 체계적인 지식의 소유, 그리고 가르치는 방법에 대한 면밀한 검토와 적용을 통하여 프로그램 활동이 전개되어야 한다는 것을 의미한다. 말하자면, 청소년의 참여와 그를 통한 변화를 촉진시키는 일을 사전에 아무 계획이나 준비도 없이 주먹구구식으로 이런 방법 혹은 저런 방법으로 행하는 것이 아니라 하나의 체계적인 과정을 거쳐서 진행되어야 한다는 것을 의미한다. 그런데, 프로그램 과정이 행함으로써 배우는, 즉 경험의 재구성 과정이라면, 프로그램 활동은 자연히 종합적인 생활활동이어야 하므로 어떤 프로그램 지도를 할 때에건 어느 한 가지 기술의 형태만으로 만족해서는 안 된다. 여기에서 기예로서의 지도활동이 갖는 의미가 있다. 에리히 프롬(Fromm)은 일찍이 사랑도 하나의 기예(arts)라고 언급한 바 있다. 여기서 기예란, 기능적인 의미와 창작 예술적인 의미를 포함한 개념이다. 이 점에서 청소년의 학습활동을 안내하고, 촉진하고, 지도하고, 가르치는 일은 선천적인 것이라기보다는 후천적인 노력에 의하여 얻어지고 만들어지는 것이다.

3) 청소년 프로그램 실행과 관련된 요인

청소년 프로그램 실행은 기본적으로 일정한 청소년들을 대상으로 청소년 프로그램 지도자(전문가)가 특정한 프로그램을 특정 조직 내에서 실시하는 것으로 인식되고 있다. 이는 청소년 프로그램 실행이 청소년, 프로그램 지도자(전문가), 프로그램, 그리고 조직 등과 같은 요인들의 결합에 의하여 이루어지는 활동이라는 것을 의미한다.

그런데, 프로그램 실행과 관련되는 요인들을 직·간접적으로 언급한 학자들의 제반 견해를 살펴보면 부분적으로는 다소간에 차이가 있는 것으로 나타나고 있다. 예를 들면, 노울즈(Knowles)는 교육에서의 교육자의 역할과 임무가 개인의 요구와 목표, 기관의 요구와 목표, 사회의 요구와 목표에 부응하는 데 있다고 강조하고, 프로그램의 목표를 설정하고자 하는 경우에는 개인, 조직, 그리고 지역사회의 요구를 반영하면서 기관의 요구와 실현가능성, 그리고 청소년의 흥미와 같은 요인을 반영해야 한다고 주장하고 있다. 말하자면, 노울즈는 프로그램 실행에 영향을 미치는 변인으로서 개별 참가자, 조직풍토, 사회적 환경, 기관, 지도자의 능력 등과 같은 요인을 지적하고 있다고 볼 수 있다.

하임리히와 노랜드(Heimlich & Norland)는 프로그램 실행에 영향을 미치는 요인으로서 1차적으로는 내용, 환경, 지도자, 참여집단, 그리고 개별 참여자의 5가지 요인을 지적하고, 2차적으로는 이들 요소에 문화와 조직을 더하여 언급하고 있다. 이들이 제시한 요인들 간의 관계를 나타내면 다음의 [그림 9-1]과 같다.

일반적으로 프로그램 활동은 개인적 요인 및 환경요인에 영향을 받는다. 이와는 반대로 프로그램 활동에 의해 개인적 요인 및 환경요인 또한 변화가 가능하다. 여기서 개인적 요인은 성별, 연령 등과 같은 개인의 속성에 의한 것도 있고, 그 외에 직업 및 학력 등과 같은 요인도 프로그램과 관련이 있는 것으로 나타나고 있다. 그리고 청소년 프로그램은 기본적으로 청소년의 자발성과 자주성에 기초하여 행해지는 활동이기 때문에 개인의 신념 및 요구에 의하여 프로그램이 결정된다. 이외에도 개인의 생활양식이나 생활주기, 나아가서 개인의 준거집단이라든가 그가 속한 집단의 특성 등도 프로그램 내용의 선정 및 프로그램 활동에 영향을 미치는 것으로 나타나고 있다.

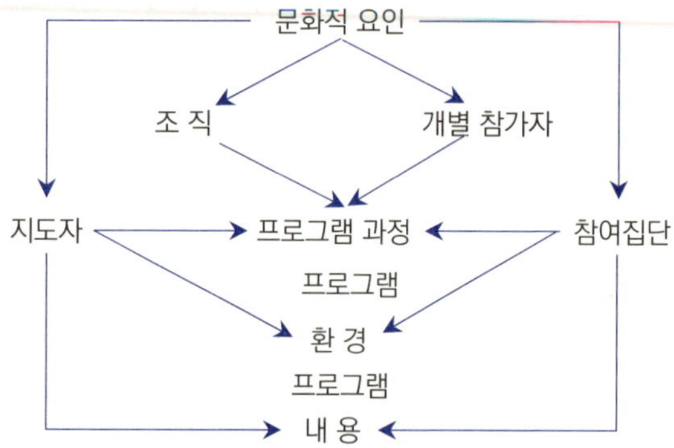

[그림 9-1] Heimlich와 Norland의 프로그램 지도 관련 요인 모형

환경요인은 청소년이나 지도자가 속한 집단의 특성이라든가 조직풍토 및 전체 사회 문화적 요인으로 나누어 볼 수 있다. 사회적 요인으로서는 프로그램이 행해지고 있는 지역 및 사회의 산업 · 경제 · 기술 · 교육 · 프로그램 환경의 정비 상황 등을 들 수 있다(권두승, 1997).

이와 같은 것을 종합하여 이 장에서는 프로그램 실행에 영향을 미치는 요인들을 다음의 [그림 9-2]와 같이 제시하고자 한다. 다만, 여기에서는 이들 요인 가운데 청소년, 지도자, 그리고 청소년 활동조직의 특성 등과 같은 3가지 요인에 대해서만 구체적으로 언급하고자 한다.

청소년 프로그램 실행에 영향을 미치는 주요 요인들은 기본적으로 다음과 같은 가정을 바탕으로 하고 있다.

첫째, 프로그램 지도에 영향을 미치는 모든 요인들은 어떠한 프로그램 지도 과정에 있어서도 현재적이며, 적극적인 영향을 미친다.

둘째, 모든 요인들은 상호 관련되어 있다.

셋째, 이들 기본적인 요인들은 이와 관련된 외부의 사회체제와 관련된 문화적 맥락에 따라 기능한다.

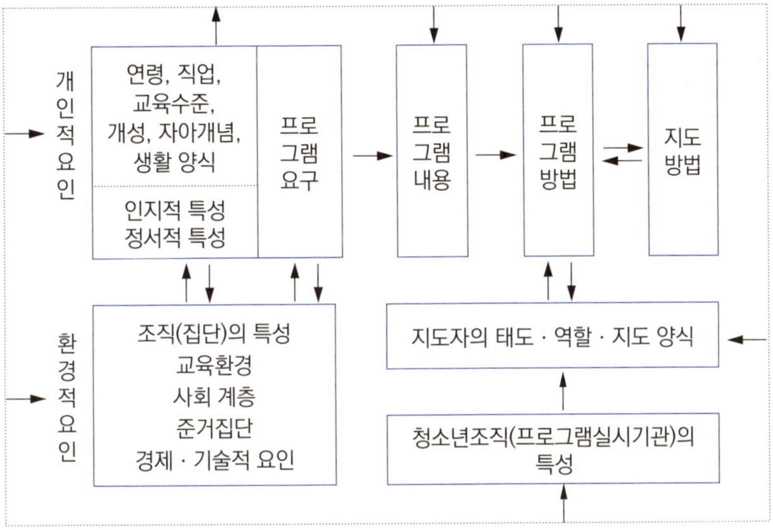

[그림 9-2] 프로그램 실행에 영향을 미치는 요인간의 관계

다음 장에서는 이와 같은 청소년 프로그램의 기본개념 및 원리, 그리고 이들에 영향을 미치는 요인들을 토대로 청소년의 학습활동을 체계적으로 지도하기 위한 과정들을 준비단계, 실행단계, 그리고 정리단계의 3단계로 나누어 구체적으로 살펴보고자 한다.

2. 준비단계에서의 청소년 프로그램 실행 전략

프로그램 실행이 계획한 바대로 체계적이고도 원만하게 진행되느냐의 여부는 이 준비단계에서의 점검 및 확인이 제대로 되어 있느냐에 달려 있다고 해도 과언이 아니다. 그만큼 이 준비단계는 프로그램 지도 활동에 있어서 중요한 하나의 과정이다. 여기에서 말하는 점검이란 주로 프로그램 지도 활동의 운영조직과 내용에 대한 사전 정비 및 연락을 취하는 것을 일컫는 말이다. 그러므로 여기서 중요한 것은 사전 연락과 제반 상태를 철저히 해 두는 일이다. 확인이란 각 준비상황에 대하여 재차 점검을 하고 확정짓는 것을 말한다.

이 준비단계에서는 〈표 9-1〉에서 보는 바와 같은 일정한 준비 일정표를 작성해서 체계적인 준비를 해 나가는 것이 효과적이다. 프로그램 지도를 위한 준비단계에서 중시되어야 할 사항은 당일 프로그램 지도 활동을 전개해 나갈 지도안의 편성과 그에 대한 확인작업이 이루어져야 한다는 것과 체계적인 점검 및 확인을 위하여 사전 체크리스트(checklist)를 작성하고 그에 의거하여 구체적인 항목을 점검·확인하도록 하는 것이다. 프로그램 지도안의 편성과 이를 바탕으로 한 구체적인 지도전략에 대하여서는 다음 절에서 언급하기로 한다.

한편, 프로그램 지도를 효과적으로 실시하기 위해서는 모든 준비항목의 점검·확인을 체계적으로 도모할 수 있도록 체크리스트를 마련하고 그를 통하여 구체적인 준비활동을 하는 것이 바람직하다(권두승, 1997).

〈표 9-1〉 프로그램지도 실시를 위한 준비 사항

구분	점검 · 정비	행정 · 확인	비 고
중점 처리 사항	1. 인적 체제의 정비 • 운영자의 확인 • 지도자 · 강사의뢰 및 연락 2. 역할분담 • 지도자의 역할 • 운영자의 역할 3. 조건의 정비 • 장소 확보 · 점검 • 프로그램자료의 내용 • 재정확보 상태	1. 홍보실시를 통한 참여자 모집 2. 참가의 준비 • 참가자 명부 및 명찰 • 프로그램형태 · 방법 • 프로그램자료 작성 3. 조건의 확정 · 확인 • 전개안 편성 • 프로그램환경 확보 및 확인 • 사전 체크리스트 확인	사전점검 확인철저

이 체크리스트의 구체적인 내용 구성으로 다음의 〈표 9-2〉와 같은 것을 제시할 수 있다(권두승, 1997). 이 체크리스트를 점검하는 것은 프로그램을 실시하기 전에 최종 확인을 위한 것이다. 이를 통한 점검 결과, 착오가 있을 시에는 신속하게 보완할 수 있어야 한다. 또한 만일의 경우 기상조건의 변화, 청소년과 지도자의 사정 등과 같은 상황의 변화에 긴밀하게 대처할 수 있도록 대비책도 마련해야 한다.

〈표 9-2〉 준비단계에서의 체크리스트 구성내용

점검사항	비고
1. 장소는 잘 준비되어 있는가 • 장소는 지정된 날에 사용할 수 있는가 • 강의실의 크기, 밝기, 환기, 온도는 적절한가 • 책상 및 의자의 수는 적당한가 • 명찰 및 장소의 표시는 되어 있는가	
2. 필요한 교구 준비는 잘 되어 있는가 • 칠판준비(청결상태, 분필준비 등)는 좋은가 • 괘도 등은 준비되어 있는가 • 필요한 기자재 등은 준비되어 있는가 - 영화,VTR, OHP 등의 사용시 필요한 자료는 - 필름 및 테이프는 조정되어 있는가 - 마이크의 여부 및 점검은 되어 있는가 - 설명 및 소개, 그리고 종료 후의 모임 계획은 생각하고 있는가	
3. 필요한 자료를 준비하였는가 • 참석자 수만큼의 자료는 준비되었는가 • 참석자들을 위한 종이, 필기구 등은 준비되었는가	
4. 장소의 배치는 적절한가 • 책상 · 의자 · 칠판 · 스크린 · 마이크 등의 위치는 • 지도자 · 자문가 · 기록자, 그리고 배석자의 위치는	
5. 기록준비는 되어 있는가 • 기록의 계획은, 녹음기 · VTR을 사용하는가 • 기록용지 · 필기구 등은 준비되어 있는가	
6. 참석자들에 대한 통지는 잘 되었는가 • 목적 · 일시 · 장소 등에 대하여 정확하게 알렸는가 • 준비물 및 미리 조사해 올 항목에 대하여 잘 알렸는가 • 강사 · 지도자 · 자원봉사자 등에 대한 연락은	
7. 참석한 사람들에 대한 안내 • 프로그램활동에 참여한 자들을 친절하게 맞이하고 안내할 수 있는 준비는 되어 있는가	

3. 실시단계에서의 청소년 프로그램 실행 전략

실시단계는 실제로 프로그램 활동을 전개하는 단계로서 프로그램 활동에서 가장 핵심적인 과정이다. 말하자면, 이 단계는 계획되고, 설계된 청소년 프로그램을 프로그램 지도안에 의거하여 실제적으로 행동에 옮기는 단계이다. 이 시기는 프로그램지도 활동의 생명이 달려 있는 때이고, 목표실현의 장이기도 하다. 이 단계를 실패함이 없이 명쾌하게 전개하기 위한 과제로서는 ① 역할분담 내용의 확인, ② 프로그램 지도안의 진행, ③ 상황변화에의 대응의 3가지를 들 수 있다.

주로 운영조직과 관련되는 역할분담 내용의 확인은 지도자 및 운영 스텝의 확인, 준비물의 사전 체크 등과 같은 프로그램지도 실시 당일에 확인해야 할 가장 중요한 일이다. 또한 개별 프로그램을 지도하기 위하여 구안되고 편성된 프로그램지도안의 진행은 해당 프로그램지도 전문가에 의하여 실시되는 것으로서 구체적이고도 계획적인 활동을 요구한다. 프로그램지도 활동의 실시는 도입－전개－심화－정리의 단계로 체계적으로 진행되도록 하고 이 단계마다 의도하는 바가 달성될 수 있도록 제반 조치를 마련하는 것이 필요하다. 이에 대한 여러 가지 지도방법의 전략과 유형은 다음 절에서 보다 구체적으로 언급하고자 한다. 상황변화에의 적응이란 프로그램의 편성시에 예상하지 못했던 기상조건의 변화, 지도자의 사정변화, 청소년의 상황변화 등과 같은 일에 직면하였을 때 효과적으로 대처할 수 있는 방향으로 프로그램을 실시해야 한다는 것을 의미한다. 다음의 〈표 9－3〉은 체계적인 실시를 위하여 필요한 일정표를 나타낸 것이다.

〈표 9-3〉 실시단계에서의 주요 과업

구분	역할분담 확인	프로그램의 실시	상황변화에의 대응
중점 처리 사항	1. 지도의 확인 • 지도자 등 확인 • 청소년의 실태파악 2. 운영자의 확인 • 체크리스트 점검 • 자원봉사자 확인 3. 청소년조직 • 그룹편성 • 대표자 선정	1. 도입-전개-심화-정리단계별 시간배분 2. 실시 단계마다의 반응파악 (지도자, 청소년의 반응) 3. 내용, 방법, 평가의 점검	• 기상조건 변화 • 지도자의 사정 • 청소년의 사정 변화 • 프로그램장소의 변화 등에 대한 효과적인 대처 활동

1) 도입단계에서의 지도전략

이 도입단계는 흔히 동기유발의 단계, 개시의 단계, 또는 오리엔테이션의 단계 등을 포함하는 것으로 청소년의 자발적 활동에 의하여 다음의 중심적인 프로그램 활동이 이행될 수 있도록 활동의욕을 환기시키고 충분한 계획과 준비를 시키는 단계이다. 즉, 청소년들이 프로그램 목표를 인식하는 것으로부터 출발하여 프로그램이 끝날 때까지의 일체의 행동을 적극적으로 하려는 의욕을 불러일으켜 프로그램 지도를 효과적으로 이끌어 나가기 위한 단계가 바로 도입단계이다. 이 점에서 이 시기는 프로그램 지도에 있어서 중요한 역할을 담당한다고 볼 수 있다.

도입단계에서 프로그램 지도자가 수행해야 할 주요 전략으로서는 ① 프로그램 활동을 지도하는 자에 대한 적극적인 태도의 형성, ② 과제 및 프로그램 상황에 대한 적극적인 태도의 형성, ③ 프로그램에 대한 청소년의 적극적인 자아개념 개발, ④ 프로그램 참여를 통해 얻게 되는 성공에 대한 기대제공, ⑤ 프로그램 활동이 프로그램 참여자의 요구에 부응한다는 것에 대한 확신, ⑥ 프로그램 과정을 청소년의 심리적 요구와 결합, ⑦프로그램 참가자의 안전·소속·존경·자아실현 욕구의 적절한 충족예감 등과 같은 것들을 지적할 수 있다.

프로그램을 실시함에 있어서 도입 부문은 프로그램에 대한 전반적인 이해를 도모하도록 하고 참가의욕을 형성하는 시기이다. 따라서 이 시기에 참여자로 하여금 이 프로그램을 통하여 무엇을 성취할 수 있고 없으며, 무엇을 어떻게 해야 하고 하지 말아야 하는지를, 그리고 그러한 것을 왜 해야 하는지를 명확하게 제시할 수 있어야 한다. 보다 구체적으로 말하면, 프로그램의 목표가 무엇인가를 명확히 환기시키고, 그것을 달성하기 위해서는 어떻게 해야 할 것인가를 인식시킴과 동시에 그것이 참여자에게 있어서 어떠한 의미를 지니는가를 확인하도록 하는 것이 필요하다. 그러나 무엇보다도 효과적인 프로그램 풍토를 조성하기 위한 노력을 게을리 하지 말아야 한다.

이를 고려하여 볼 때 도입부문의 중요성이 부각된다. 이 단계의 프로그램지도에 있어서 유념해야 할 내용을 언급하면 다음과 같다.

첫째, 프로그램 내용이라든가 프로그램 활동 전반에 대한 체계적인 소개를 위한 만반의 준비를 마련해 두어야 한다. 청소년들이 참석하게 되면 곧바로 프로그램을 전개할 수 있어야 한다. 즉 이미 완성된 분위기 가운데서 청소년들을 대할 수 있어야 한다는 것이다.

둘째, 프로그램 담당자가 자기의 소개는 물론 프로그램 지도 활동을 담당하고 있는 교직원들까지도 소개를 할 수 있도록 함으로써 전체적인 프로그램 분위기를 형성하도록 할 필요가 있다.

셋째, 참가자들이 자기소개를 할 수 있는 기회를 만드는 것이 좋다. 참가자들이 서로 알게 되는 것, 그리하여 될 수 있는 대로 빨리 서로 어울리도록 하는 것이 중요하다. 자기소개는 프로그램의 참가자들이 학급에서 어울리는 첫 번째의 기회가 된다. 청소년들이 될 수 있는 대로 빠르게 어울린다는 것은 그 과정 전체를 통하여 그들이 프로그램에 대한 관심을 지속시키는 데 도움이 된다. 설령 알지 못하는 사람이 단 한 사람뿐이라든가, 이미 전부터 다 아는 사이라고 하더라도 자기소개를 함으로써 새로운 정보를 다른 사람과 서로 전해 듣는다는 것은 매우 유익한 일이다. 이는 타인과의 지속적인 정보교류를 통한 네트워크 지능개발에도 도움이 된다(권두승, 2023).

그 한 가지 방법으로 청소년들 상호간에 프로그램 활동 초기에 3x5 카드를 나누어주고 2분 동안 아래와 같이 카드를 작성하라고 하고, 그 다음 청소년들끼리 가능하다면 많은 사람들을 만나서 카드에 있는 정보를 나누도록 하는 것도 좋은 방법이라고 본다.

〈카드 작성의 예〉

고향		좋아하는 영화, 혹은 책
	이름(혹은 별명)	
전공분야		수업에 대한 기대

넷째, 프로그램 활동 시작 전에 프로그램 내용과 직접 관계가 없는 운영상의 사무처리를 마치는 것이 중요하다. 모든 주요 공지사항은 미리 설명하여 주는 것이 좋으며, 필요한 서류는 미리 기입하도록 한다.

다섯째, 프로그램의 전체과정을 간단하게 소개함으로써 프로그램 전반에 대한 참가자의 이해를 증진시키도록 함과 동시에 학습의욕을 고취시키는 것이 중요하다. 그러나 지나치게 현학적인 말이라든가 어려운 과제 등에 대해서는 가급적이면 피하는 것이 좋다.

여섯째, 형식만을 중시하는 활동을 가급적이면 피하고, 참가자들의 불안이나 걱정을 제거하는 방법으로 프로그램을 전개하는 것이 좋다. 물론 프로그램의 전개상에 있어서 적당한 정도의 긴장감을 유지하도록 하는 것은 필요하지만, 학습능력과 관련하여 부정적인 의식을 심어주는 것은 적극적인 동기의 형성에 적절하지 못하기 때문이다.

또한 긴장감을 푸는 일은 신뢰나 우호로 가득 찬 프로그램분위기를 만드는데 도움이 된다. 그리하여 프로그램의 참가자들이 느끼는 안정감은 어떤 수업에서도 없어서는 안 될 요소이기 때문에, 서로 친숙한 프로그램 환경을 조성하는 것은 극히 중요하다고 볼 수 있다.

일곱째, 청소년들에게 프로그램의 목표를 명확하게 제시하고, 전반적인 일정이라든가 방향을 체계적으로 제시해 줄 필요가 있다. 실제 프로그램을 시작함에 있어서 "왜 우리가 이것에 관해 논의를 해야 합니까?" 혹은 "지금 우리가 무엇에 관해 이야기하는 것이지요?"하며 청소년들이 시간을 낭비하는 것을 원하는 자는 없을 것이다. 그러므로 프로그램을 시작할 때, 프로그램 전반에 대해 간단히 개요를 제시하여 주고 청소년들이 이해하기 쉽게 유인물을 준비를 해 두는 것이 바람직하다.

도입단계에서 청소년들의 관심과 흥미를 유도하기 위해 요구되는 전략으로서는 다음의 〈표 9-4〉와 같은 것을 제시할 수 있다(Wlodkowski, 1995).

〈표 9-4〉 도입단계에서의 지도전략 및 과제

요인	목표	지도전략 및 과제
태도	• 지도자에 대한 적극적인 태도의 형성 • 과제 및 프로그램 상황에 대한 적극적인 태도 형성	1. 참가자와 특정한 가치를 공유하라. 2. 프로그램과정을 돕기 위한 협조적인 의향을 밝혀라. 3. 참가자의 언어 · 관점 · 태도 등을 어느 정도 반영하라. 4. 과제제시와 요구사항을 표명함에 있어서는 합리적인 이유를 제시하라. 5. 도입부문을 설정하여라. 6. 과제와 관련된 부정적인 상황을 제거 · 극소화시켜라. 7. 성공적인 참여를 확신시켜라.
	• 프로그램에 대한 청소년의 적극적인 자아개념 개발	8. 첫 번째 경험을 가능하면 적극적인 것으로 만들어라. 9. 참여활동에 대하여 부정적인 태도 · 신념을 지닌 자들을 가능하면 적극적으로 직면하게 하여라. 10. 참가자를 그 주제에 대하여 열성적인 자와 연결시켜라. 11. 참가자를 격려하라. 12. 전체과정에 대한 참가자의 개인적인 통제력을 촉진시켜라. 13. 프로그램목표를 분명하게 제시하라. 14. 평가준거를 명백하게 제시하라.
	• 성공에 대한 기대 제공	15. 성공적인 프로그램을 하는 데 소요되는 시간을 제시하라. 16. 결과에 대한 시범적인 모델을 제시하라.
요구	• 지도과정이 참가자의 요구에 부응한다는 것에 대한 확신 • 지도과정을 참가자의 심리적 요구와 결합	17. 지도과정에 있어서 참가자의 요구수준을 찾아낼 수 있는 사정기법을 사용하라. 18. 지도과정에 있어서 참가자의 규범적인 요구를 찾아낼 수 있는 사정기법을 사용하라. 19. 참가자의 심리적 요구에 적합한 내용 · 예제를 제시하라. 20. 지도할 지식 · 기술에 적합한 특정과제 및 문제를 기억하도록 상상적인 기법을 동원하라. 21. 실패 · 두려움을 유발할 수 있는 프로그램환경을 제거하라.
	• 참가자의 단계별 요구충족	22. 안전 · 소속감 · 존경 · 자아실현 등을 기할 수 있는 적절한 프로그램기회를 제공하라.

2) 전개 및 심화단계에서의 지도전략

전개 및 심화단계는 도입단계에서 참여동기가 유발되어 목표가 명확히 인식되고 여기에 따라 프로그램지도안에 의해 지도활동을 진행해 나가는 프로그램 지도의 중심적 부분이다. 이 단계는 작업단계, 통합단계, 실천단계, 역할수행의 단계 등으로 불리기도 하는데 지도과제의 해결 및 그 수행단계에 해당하는 것이므로 지도활동의 과정에서 가장 많은 활동이 이루어지는 시기이다. 따라서 과제해결에 필요한 작업의 종류, 장소, 사용할 자료나 용구, 협조를 구할 동료 지도자나 자원봉사자, 강사 등에 따라 지도활동의 내용이 달라질 수 있다. 그뿐만 아니라 지도과제의 성질이나 과제에 따라 강의, 관찰, 토의, 실험, 조사, 견학 등 많은 활동이 개별적 또는 복합적으로 전개되어 나가는 단계이다. 이 모든 활동을 실시하는 데 있어서 기본적으로 계획에 의거하여 진행해 나가도록 하되 도입단계에서의 목표나 계획에 의하여 엄격히 구속을 받는 것은 아니다. 왜냐하면 일단 수립된 계획도 프로그램의 진행과정에 따라 계획을 수정해야 할 필요가 생기기 때문이다. 말하자면 계획된 프로그램을 조정해야 할 필요가 있으면 충분히 검토한 다음 그에 따라 수정된 전개활동을 실시해 나가야 할 것이다.

청소년 프로그램실행 활동에 있어서 최대한의 성과를 거두려면 지도자는 항상 지도방법의 기준이 될 만한 여러 원리를 염두에 두고 참가자의 프로그램활동을 조성 · 지도해야 할 필요가 있다. 청소년 프로그램 실행에 요구되는 기본적인 전략으로서는 다음 〈표 9-5〉와 같은 것을 지적할 수 있다(Wlodkowski, 1995). 이와 같은 것을 염두에 두면서 전개 및 심화의 단계에 있어서 지도자가 유념해야 할 기본 전략과 지도자의 역할 및 자세 등에 대하여 다음에서 보다 구체적으로 언급하고자 한다.

〈표 9-5〉 전개 및 심화단계에서의 지도전략 및 과제

요인	목표	지도전략 및 과제
전개 부문 (자극)	• 참가자의 주의유지 • 참가자의 관심형성 • 참가자의 적극적인 참여확대	1. 모든 참가자들에 대한 적절한 반응을 보여라. 2. 참여과정에 대한 책무성을 주지시켜라. 3. 지도과정을 참가자의 관심 · 흥미와 연결 지어라. 4. 참여활동으로부터 얻게 되는 이익을 명백하게 제시하라. 5. 참여과정에 있어서 적극적인 반응 및 참여를 유도하도록 하라. 6. 연속적인 경험을 위한 기회 · 조건을 만들어라.

요인	목표	지도전략 및 과제
심화 부문 (영향)	• 지도과정에서 참가자의 정서격려 및 통합 • 집단 내에서 최적의 정서적 풍토 유지	7. 참여과정에 있어서 선택적으로 인간적인 관점을 강조하고 다루어라. 8. 참가자로 하여금 물리적 · 정서적 수준에서 직접적인 인지적 경험을 하도록 도와라. 9. 선별적으로 프로그램내용 및 지도절차를 참가자의 관심과 일치하도록 하여라. 10. 참여집단 내에서 응집력을 개발 · 극대화할 수 있도록 협동적인 목표구조를 사용하라.

우선적으로, 효과적으로 프로그램 지도를 실시하기 위해서는 달성하고자 하는 프로그램 목표에 따라 전달하고자 하는 과제를 명확하게 하고, 청소년의 프로그램 요구 및 학습스타일에 따라 체계적으로 지도함과 동시에 청소년들과 프로그램 지도자 사이에 적절한 신뢰감이 형성되어야 한다. 다음에서는 이들에 대하여 구체적으로 살펴보고자 한다.

(1) 과제의 명확성, 구체성 유지를 위한 지도전략

실제적으로 프로그램 지도 활동을 전개함에 있어서 프로그램과제를 명확하게 하고 구체적으로 전달하는 데 필요한 과업을 제시하면 다음과 같다(Flash & Waller, 1995).

① 청소년들에게 프로그램의 방향을 제시해 준다.

청소년들이 아무 의미 없다고 생각되는 일에 시간을 낭비하는 것을 원하는 지도자는 없을 것이다. 그러므로 프로그램을 시작할 때, 간단히 프로그램의 개요를 이야기하거나 청소년들이 이해하기 쉽게 유인물을 배포하는 것이 좋다. 화제를 바꾸거나 요점간의 관계를 설명할 때 유인물을 인용하면서 청소년들의 주의를 집중시키도록 하는 것이 좋다. 프로그램의 실행 중에 한 질문의 목록을 청소년들에게 나누어 줄 수도 있다. 유인물에는 새로운 용어, 복잡한 방정식, 공식, 그리고 프로그램 전개시에 보여줄 OHP나 빔 프로젝터(Beam Projector) 자료의 상세한 내용을 담을 수 있다.

② 청소년들이 아무 것도 모르고 있다거나 혹은 많은 것을 알고 있다고 가정하지 않도록 한다.

청소년들이 주제에 대해서 전혀 모르고 있다고 가정하는 것은 비록 프로그램 계획을 용이하게 하는데 도움이 될 수 있을 수는 있지만, 청소년들의 동기를 저하시키거나 청소년들로부터 얻을 수 있는 정보를 희생시킬 수도 있다. 반대로 청소년들이 프로그램의 주제에 대해서 많이 알고 있다고 가정하면 그렇지 않은 청소년들을 좌절하게 만들 수도 있다. 프로그램을 시작할 때 간단한 질문지를 통해서 청소년들이 특정 프로그램 내용에 관한 배경, 선입관, 용어에 대해 어느 정도 이해를 하고 있는지를 파악해야 한다. 같은 질문지가 수업이 끝날 때 사용되면 청소년들이 프로그램을 통해 얼마나 배웠는지를 알게 된다.

③ 청소년들이 주제에 대한 방향을 설정하도록 도와준다.

프로그램을 시작할 때, 몇몇 청소년들에게 지난 프로그램에 대해서 간단히 의견을 표명하도록 이번 프로그램에서 하고 싶은 질문들에 대해서 알아보고 청소년들이 주제나 용어에 대해서 아는 모든 것을 브레인 스토밍하여 목록을 만들도록 한다. 질문하고 목록을 만드는 것은 청소년 개개인에게 참고가 될 것이다.

④ 논지에서 벗어난 질문과 논평을 따로 적을 곳을 두어야 한다.

청소년들이 주제에서 벗어나는 질문을 하거나 설명을 할 때 그것을 보조칠판이나 큰 종이에 적어 두면 그것으로 프로그램이 정상적인 궤도에서 벗어나지 않도록 도울 수도 있고 그와 동시에 청소년들의 공헌을 가치 있게 여긴다는 것을 보여줄 수 있다. 프로그램이 종료된 이후에 별도로 시간을 내서 이러한 질문에 대한 답을 해 주는 것이 좋다. 예를 들면, '오늘 프로그램 중에는 이것을 다룰 시간이 없지만 프로그램이 끝난 후에 남아서 이 문제에 관심 있는 사람과 이야기하겠습니다' 혹은 '내 의견을 사무실 게시판에 붙여 놓을 테니 여러분도 그렇게 했으면 좋겠습니다' 등과 같은 것들을 지적할 수 있다.

⑤ 다음에 일어날 일에 대해서 언어로써 단서를 제공한다.

먼저, 주제를 소개하고 이것을 전체적인 맥락과 연결시키도록 한다. 예를 들면, '오늘 제가 시범보이는 것을 여러분들이 실제로 얼마나 이해하는지 확인해 줄 수 있는 3가지 전략에 대해서 논의하려고 합니다. 이 전략들은 여러분들의 프로그램 참여결과를 평가하는 것에 관해서 논의할 것 중의 일부입니다.' 등과 같은 것들이 있다.

둘째, 아이디어의 순서를 정하도록 한다. 예를 들면, '여러분들이 프로그램에 참여할 때 제기할 수 있는 질문형태는 무엇입니까?', '프로그램 성공여부를 평가하는 것에 관해 이야기할 때 우리가 무엇을 발견하기 원합니까?', '우리는 어떤 것을 배웠습니까?' 등과 같은 것들을 언급하는 것은 좋은 예가 될 것이다. 그리고, 필요하다면 프로그램의 내용을 요약해 주거나 중요한 것은 프로그램 실시 중에 강조하는 것이 좋다.

셋째, 앞 뒤 프로그램 내용간의 관계에 대한 언급을 확실히 하도록 해야 한다. 예를 들면, 교재의 어느 부분에서 이 주제가 논의되는가? 교재의 관점에 대해서 좀 더 자세히 설명하거나 다른 관점을 제시하거나 이에 도전해 보았나? 등과 같은 것들이 있다.

넷째, 이해할 내용과 습득할 기술을 구별해라. 예를 들면, 문헌의 비교에 있어서 비평분석의 기술과 작가의 비평분석 내용 사이에는 차이가 있다. 모델이 될 만한 기술이나 내용에 관한 사고방식에 청소년들의 주의를 집중시키도록 한다(스타니슬라스 드앤, 2022).

다섯째, 프로그램의 구성, 역할, 예시의 제시시기에 관해서 분명히 밝혀서 청소년들이 프로그램에 참여하면서 자신의 생각을 조직할 수 있도록 해야 한다.

⑥ 청소년들에게 설명하기보다는 가능한 한 시범을 보이게 하거나 직접 시범을 보이도록 한다.

예를 들면, 청소년들에게 논리적 논쟁을 어떻게 전개하는가를 말로써 가르치려 하지 말고 직접 논리적 논쟁의 시범을 보여서 청소년들이 그것을 분석하는 것을 돕도록 한다. 문제해결 방법을 설명하지 말고 칠판에다 직접 문제를 풀고 각 단계를 표시해 주는 것이 좋다.

⑦ 기억에 남을 만한 예들을 제시한다.

청소년들은 단어보다는 이미지를 기억하는 경향이 있다. 그러므로 은유나 일화를 사용하는 데 개방적으로 하고 예를 사용할 때는 이미지를 선명하게 한다. 아이디어와 이미지를 연결하는 예들을 찾는 데 시간을 투자할 필요가 있다. 이와 관련된 예로서는 다음과 같은 것들을 제시할 수 있다.

- 청소년들의 경험을 이끌어 낸다. 예를 들면, 감가상각을 설명하기 위해서 새 책과 헌 책을 사용할 수 있다.
- 하나의 현상을 다양한 방법으로 설명한다. 예를 들면, 공기역학의 진동을 설명하기 위해서 달리는 차의 창문으로 내민 스카프, 에어콘 가까이에 놓인 종이 한 장, 그리고 강한 바람에 흔들리는 다리 등을 인용한다.
- 개념을 극화한다. 예를 들면, 특정 신체기관을 설명할 때 호두나 사과와 같이 익숙한 사물의 크기나 조직을 비교하여 설명하는 것이 좋다.
- 감정이입에 빠지게 한다. 예를 들면 "여러분이 햄릿이라고 상상해보십시오. 독약을 마시는 것이 어떤 느낌일 것이라고 생각이 되는지요? 그것은 또 말하는 데 어떤 영향을 준다고 생각합니까?"

⑧ 프로그램 실시 중에 청소년들의 이해도를 체크한다.

프로그램 실시 중에 지도자는 청소년들이 프로그램 내용에 대한 이해 정도를 파악하고 있는 것이 중요하다. 이와 관련된 질문을 하고자 할 때에는 청소년들이 알 것이라고 생각한다는 것을 전달하는 식으로 질문하는 것이 좋다. '질문 있어요?'라고 하는 대신 '어떤 질문이 있나요?'나 '무엇에 대해 좀 더 설명할까요?'라고 묻는 것이 좋다.

또한 간단하게 복습할 기회를 제공할 필요가 있다. 청소년들에게 종이를 나누어주거나 가져오도록 해서 몇 분 동안 질문에 답을 하게하고, 제시된 자료를 요약하고 서로 연관된 개념의 지도를 그리도록 한다. 익명으로 하면 이러한 활동은 지도자에게 프로그램의 방향을 결정하는 데 귀중한 자료가 될 것이다.

⑨ 청소년들의 질문에 정확하게 답해야 한다.

만일 질문이 어려워서 정확한 답을 잘 모르면 생각할 시간이 필요하다거나 자료를 찾아봐야 한다고 말하고, 다음 시간에 그것에 대해서 답을 해 주도록 한다. 혹은 다른 청소년이 답을 할 수 있다면 그렇게 하거나 청소년들에게 어디서 그리고 어떻게 하면 그들 스스로 답을 찾을 수 있는지를 말해 준다.

⑩ 프로그램 실시 중에 청소년들에게 이해에 도움이 되는 과제를 제공한다.

두 명의 청소년을 한 조로 해서 논의를 하도록 하는 것도 프로그램의 효과를 높이는 데 도움이 된다. 이를 위해 2~3분 동안 청소년들을 둘씩 한 조로 하여 질문한 것에 대해 논의를 하거나 질문을 하게 하거나 노트를 요약하고 서로 비교하도록 한다. 청소년들은 때때로 자신이 어리석게 보일까봐 질문을 하지 않는다. 그러나 두 사람이 같은 질문을 하게 되면 자신의 질문의 타당성에 대해 자신을 가질 것이다. 이 방법은 청소년들이 프로그램 자료를 제대로 이해했는가를 명확히 해주고, 이해를 더 확장해 주기도 하며, 지도자가 청소년들의 이해도를 평가하는 데에도 도움을 준다는 점에서 서로에게 이익이 된다.

⑪ 프로그램 중에 과제를 제시해 줄 때에는 가급적이면 정확하고도 분명하게 말할 수 있도록 특별히 주의를 기울여야 한다.

만일 여러 단계를 거쳐서 과제를 해결해야 한다면 정답의 예뿐만 아니라 판서와 구두로 방법을 지시한다. 프로그램 종료 이후에 청소년들이 하기를 원하는 과제에 대해서 지도자는 청소년들이 파트너와 함께 과제를 완성하는 데 필요한 절차를 제대로 이해했는지 알아봐야 한다.

(2) 청소년들과의 래포 형성을 위한 전략

래포(rapport: 상호신뢰감)는 종종 인기도로 오해되기도 하지만 효과적인 프로그램 지도에 있어서 매우 중요한 역할을 한다. 긍정적인 래포를 형성했다고 하여도 지도자가 항상 유쾌하고 사교적인 것을 의미하는 것은 아니다. 그 대신에 래포가 높다는 것은 대개 지도자가 청소년의 프로그램에 관심이 있고 청소년들을 각각의 개성을 가진 존재로 인식하고 있다는 것을 청소년이 지각하는 것을 반영한다. 지도자가 청소년들을 수업에 열심히 참여하려는 개인으로 인식한다는 느낌은 청소년들로 하여금 두려움 없이 배우고자 하는 동기가 생기도록 할 것이다. 그렇게 인식한 청소년은 또한 다른 청소년들을 이와 비슷하게 존경심을 가지고 대할 것이고 참여의식을 높일 것이다. 이것은 나와 타인의 마음을 읽는 대인관계력 증진에도 필요한 것이다(김주환, 2023).

청소년과의 래포형성을 위한 구체적인 전략을 제시하면 다음과 같다.

① 프로그램 첫째 날에 개방적인 분위기를 조성하여야 한다.

청소년들을 알고 싶고 청소년들이 서로 알기를 원하면 가능한 한 첫째 날부터 그런 기회를 가지도록 하는 것이 좋다. 지도자는 나름대로 좋아하는 방식이 있을 것이다. 예를 들면, 청소년과 청소년간의 상호개방성을 촉진시킬 수 있는 방법을 전개해 본다던가, 지도자와 청소년간의 개방성을 촉진시키기 위한 자기소개를 간단하게 할 수 있도록 하는 것도 있다.

② 지도자가 앉거나 서 있는 위치에 대해서 생각해 보아야 한다.

지도자의 위치는 청소년들에게 지도자가 얼마나 그들과 같이 어울리길 원하는지를 알리는 메시지가 될 수 있다. 교탁 뒤에서 프로그램 진행시간 내내 서 있는다면 지도자와 청소년 사이에 벽을 만들 수도 있다. 교실을 돌아다니고 청소년들 사이에 때때로 앉거나 가까이 서있는 것은 그들과 상호작용하는 것에 관심이 있다는 메시지를 보내는 것이다. 대단위 프로그램에서는 무선 마이크가 교탁 뒤에 서있는 것을 막아줄 것이다.

③ 가급적이면 청소년들의 이름을 부르도록 한다.

청소년의 이름을 부르는 것은 청소년들로 하여금 그들이 학습공동체의 일원으로 인정받았다는 느낌을 주는 데 효과적이다. 대단위 프로그램에서 청소년들의 이름을 익힐 수 있는 전략 몇 가지를 소개하면 다음과 같다.

- 좌석표를 만들어 사용한다.
- 이름을 마음속에 새기면서 과제물과 쪽지 시험지를 개개인에게 돌려준다.
- 이름표를 달게 하던지 두꺼운 종이에 이름을 써서 접은 후 자기 앞에 놓도록 한다. 초등학교 식이라고 생각할지 모르지만, 청소년들도 이유를 들으면 잘 따르게 될 것이다.
- 사진을 이용한다. 몇 명씩 집단으로 사진을 찍고 거기에 이름을 표시한다. 아니면 처음 숙제로 청소년들에게 사진에 이름과 지도자가 요구하는 사항들을 적은 쪽지를 첨부하여 제출하도록 요구할 수 있을 것이다.
- 이름을 말하도록 한다. 대형 강의실에서 청소년들에게 질문을 하거나 의견을 말하기 전에 자기 이름을 말하도록 한다. 대답할 때는 그들의 이름을 불러주고(정배 씨, 그것은 참 좋은 질문입니다), 가능하면 나중에도 언급하도록 한다(이것은 아까 정배 씨가 질문했던 것과 관계가 있는 겁니다). 청소년들의 이름을 모두 알고 사용하지는 못해도 단지 몇 사람의 이름만이라도 사용하면 모두에게 보다 친근한 분위기를 만들 수 있다.

④ 청소년들로 하여금 그들의 노력이 존중되고 있음을 느끼게 하여야 한다.

청소년들이 좋은 질문을 하고 관심을 표현하고 사례를 제시하는 것 등에 대해서 그들을 인정하도록 한다. 지도자가 청소년들의 반응을 주의깊게 듣고 있다는 것을 보여주기 위한 방법으로서는 다음과 같은 것들이 있다. 이를테면, 청소년들이 학습활동에 기여한 것에 대해 후속 언급을 하거나 그들의 의견을 재해석해서 말해준다든지(민희 씨는 ~을 의미한다고 생각되는데) 후속 질문을 하거나 나중에 그들의 논평을 다시 언급한다(이것은 아까 미라 씨가 제기한 것과 관계가 있습니다). 전 시간에 제기된 질문들을 언급하면서 청소년들의 질문에 적극적으로 반응한다는 것을 보여주면 더 많은 질문을 하도록 동기유발을 시킬 수 있다.

⑤ 정답과 오답을 분명히 하도록 한다(부분적으로 맞고 부분적으로 틀린 것에 대해서도).

청소년이 맞거나 틀린 답을 말할 때 맞는 답에 초점을 맞추되, 틀린 것은 분명히 지적해 주도록 한다. 이와 관련된 예를 제시하면 다음과 같다.

정답: '맞는다'라는 반응을 직접하고 청소년이 바람직한 대답을 했다는 것에 대해 한 점의 의심도 하지 않도록 한다.
부분적으로 맞는 답 : '맞아요. 그런데 이것에 대해서 좀 더 이야기해 봅시다'라거나 '효진 씨가 ~라고 한 것은 맞는 말이에요. 그런데 ~에 관해서는 좀 더 이야기해 봅시다'라고 응답함으로써 대답의 일부가 맞았다는 것은 인정하면서 틀린 부분에 대해서는 좀 더 다루겠다는 의지를 표현한다.
오답: '아니 나는 희수 씨가 A와 B를 혼동하는 것 같은데' 혹은 'A의 정의로 되돌아가서 생각해 봅시다'라고 응답함으로써 개인이 아닌 질문 자체에 초점을 맞추도록 한다.

⑥ 틀리거나 불완전한 대답에 대해 격려를 하도록 한다.

청소년이 아니라 청소년의 대답을 교정함으로써 객관성을 유지한다. 만일 청소년이 지도자의 반응("그 문제에 대해 방금 이야기했는데요. 못 들었나요?")으로 망신을 당하면, 그 청소년은 감히 다른 질문을 하지 않으려 할 것이고, 다른 이들도 마찬가지일 것이다. 틀린 대답은 종종 어떤 가정과 그릇된 개념들을 조사하는 데 가치 있는 기회를 제공해 주기도 한다. 만일 지도자가 틀린 대답을 학습을 위한 잠재적인 기회로 간주한다는 것을 청소년들이 알게 하면, 청소년들도 그것의 가치를 알게 될 것이다.

⑦ 청소년이 질문을 옳게 해석하고 있는가를 확인한다.

청소년들이 질문을 할 때, 지도자가 묻는 바를 바르게 이해하고 있는지를 확인하도록 한다. 청소년의 질문을 재차 진술하는 것은 나머지 청소년들도 그것을 들을 기회를 주는 것이다.

⑧ 지도자 자신의 역할을 어떻게 생각하고 있는지 숙고할 수 있는 기회를 가진다.

지도자 자신을 전문가로 자처하는가? 아니면 인도자? 심판관? 안내자? 왜 그렇게 생각하는가? 역할에 대한 지도자의 선택이 청소년들과의 관계에 어떤 영향을 미쳤는가?

⑨ 프로그램 실시 첫 시간에 청소년들에 관한 정보를 수집한다.

"왜 이 프로그램에 참여하였는가?", "이 프로그램에서 무엇을 배우기를 기대, 또는 원하는가?", "취미는?" 이러한 질문이나 정보는 학습활동을 전개하는 동안에 다양하게 사용될 수 있다. 프로그램에 대한 지도자의 목적과 기대들을 청소년들의 프로그램에 대한 기대와 관련지을 수 있다. 청소년들의 관심과 생활경험은 프로그램에서 사용할 실례를 이끌어 내는 데 도움을 줄 수 있다. 이런 조사결과를 정리하여 알려주게 되면, 공동체 의식을 창출하는 데 도움이 된다. 청소년에 관한 정보는 또한 토의전략을 개별화하는 데 사용될 수도 있다.

⑩ 지도자에 관한 정보를 청소년들과 공유하도록 한다.

지도자 자신의 외부적 관심과 경험의 증거를 교실에 끌어들이게 되면 지도자의 역할에 대한 폭과 실감을 더하게 된다. 지도자의 관심과 연구, 직업 경험의 여러 측면들은 또한 수업을 위한 실례를 도출하는 데 사용될 수도 있다

3) 종결단계에서의 프로그램 지도전략

이 단계는 전 단계에서 지도하고 실시한 프로그램의 내용을 총괄하고, 조직하고, 결론짓는 총결산의 단계이다. 이 시기는 프로그램 활동의 최고 정점(culmination)이며, 결과의 단계이다. 이 단계에서는 지금까지의 활동을 정리·발표하고, 비판하고 또 반성해야 한다. 종결단계의 주요한 목적은 프로그램참가자들이 개인적으로 또는 공동으로 연구하고 활동한 결과를 심리적으로는 자기만족의 정서를 갖게 하고, 사회적으로는 이러한 개인적인 경험을 서로 교환

하고 통합하는 기회를 갖는 것으로 프로그램활동 전체에 관련된 것을 이해하는 데 있다. 따라서 이 단계에서는 지금까지의 프로그램 참가에 대한 확신감을 갖게 하고 그 결과를 강화할 수 있는 제반 활동을 강구하여야 한다. 이를 위해서는 필요하다면, 구술방법이나 기술방법 등을 통하여 개인이나 그룹별로 발표하고, 그에 대한 논의를 전개할 수 있는 기회를 보장할 수 있어야 한다.

특히 이 종결단계에서는 청소년들에게 프로그램의 내용이나 방법 등에 대하여 간단한 질문에 답하도록 하는 것이 중요하다. 이를 위해서는 "오늘 실시한 것 중에서 가장 중요하다고 생각되는 것은 무엇인가?" 그리고 "프로그램이 끝난 지금 어떤 질문을 가장 하고 싶은가?" 등과 같은 것에 대하여 말하거나 쓰도록 하는 것도 좋은 방법 중의 하나라고 볼 수 있다. 이것에 대한 정보는 얼마나 청소년들이 자료를 이해했는지 다른 주제로 옮겨갈 것인지 아닌지를 평가하는 데 매우 중요하게 작용할 것이기 때문이다.

그리고 최종 프로그램 지도 시간에는 기억에 남는 행동으로 프로그램을 끝내는 것이 좋다. 청소년들이 가방을 챙기고 의자에서 일어나는 소리로 인해 지도자의 목소리가 잠기게 되어 프로그램이 어떻게 끝났는지도 모르게 하지 않도록 하는 것이 중요하다. 인상적으로 프로그램을 끝내면 청소년들이 교실 밖으로 나가면서 프로그램에 대해 생각할 것이다. 청소년들이 혼자 문제를 해결할 때도 무엇인가 할 일을 제공해 주는 것이 중요하다. 요점을 요약하거나 각 단계의 목적을 언급하거나 전체적으로 각 단계를 전체 수업의 목적에 맞도록 조정하거나 개방형의 질문을 하거나 참여자들 사이에서 질문된 것들을 대답하도록 한다.

한편, 프로그램을 통하여 경험되고 학습한 내용은 청소년들에게 보다 의미있는 것일 때 더 효과적이다. 이는 곧 프로그램 내용이 실제 지향적이고 현실지향적인 것으로 이루어져야 하고, 그 결과에 대하여 참가자들이 외적으로나 내적으로도 만족할 수 있어야 한다는 것을 의미한다. 이를 위해서는 무엇보다도 프로그램지도의 전 과정을 통하여 개개인의 행동변화를 촉진하고, 지속시킬 수 있도록 끊임없는 피드백이 제공되도록 하여야 한다는 것이다. 프로그램에 참가하여 무엇인가를 배우고자 하는 자는 어떤 형태로든 프로그램 활동에 대한 피드백을 필요로 한다.

대부분의 연구자들은 프로그램 실시에 있어 프로그램 참가자가 프로그램 활동에 있어서 지지와 권장, 그리고 피드백을 받을 때 행동의 변화가 가장 효과적으로 일어난다는 것을 강조하고 있다. 프로그램 참가자에게 계속적인 피드백과 강화를 제공하는 것은 누구의 역할인가? 대부분의 프로그램은 행동단계에서 프로그램활동의 촉진자, 안내자, 조성자, 교육자, 지도자, 교사와 같은 인적 자원을 통하여 이루어진다. 이들 모두는 프로그램참가자들에게 피드백을 제공하기 위한 모든 기회를 사용해야 할 필요가 있다.

종결단계에서 필요한 지도전략 몇 가지를 제시하면 다음과 같다.

① 필요하다면, 건설적인 비판을 한다.

건설적인 비판은 피드백과 유사하나, 몇 가지 제한점이 있다. 그것은 프로그램에 있어서 실수나 부족한 점을 강조하는 것이다. 그러나, 일반적 비판과는 달리 불인정이나 혐오, 거부와 같은 표현을 담고 있지는 않다. 피드백과 마찬가지로 건설적인 비판은 다음과 같은 특질을 가지고 있다. 즉, 프로그램활동의 기준에 근거를 둔 정보의 성격을 가지며, 행동을 구체화하고, 수정적이고, 즉각적이며, 그리고 가능하면, 프로그램증진을 위한 충분하고 효과적인 기회를 제공한다.

건설적인 비판은 다음과 같은 특징이 있다.

- 건설적인 비판은 청소년으로 하여금 격리된 맥락이 아닌 전체의 맥락에서 프로그램 활동을 보게 한다.
- 그것은 청소년에게 부족하다고 여겨지는 부분을 지적해 준다.
- 그것은 청소년의 노력을 인정한다.
- 그것은 정서적인 지지를 제공한다.

지도자가 피드백이나 건설적인 비판을 제공할 때, 청소년 지도자들은 언제 더 많은 노력이 필요한지, 혹은 다른 프로그램전략이 프로그램에 더 유용한지를 알게 되는 이점이 있다.

② 효과적으로 칭찬을 하고 프로그램결과에 대해 체계적으로 보상하여야 한다.

칭찬은 긍정적인 피드백의 수준을 넘어서 청소년의 성취에 대하여, 놀라움, 반가움, 흥분, 고마움과 같은 감정을 포함하는 지도자의 강한 반응이다. 전략으로서 칭찬에 대하여 많은 논쟁이 있어왔다. 몇몇 학자들은 칭찬을 청소년의 관심을 유혹하는 뇌물 같은 것으로 여겨서 반대하였던 반면, 또 다른 학자들은 청소년과 지도자간의 위계적 관계로 인하여 칭찬을 중요하게 여겼다. 지도자는 판단자로서, 전문가로서 칭찬 받을 만한 청소년에게 칭찬을 한다. 효과적인 칭찬과 보상은 다음과 같은 특성을 가진다.

- 효과적인 칭찬과 보상은 신뢰, 자발성, 다양성, 그리고 믿음과 함께 제공된다.
- 명확한 프로그램 활동 기준의 성취에 근거를 둔다.
- 프로그램성취의 효과, 양, 그리고 집약정도에 적용된다.
- 개별적인 노력과 지식 그리고 청소년의 능력의 결합이 성공적인 프로그램 성취를 보장받을 수 있다는 것을 알게 된다.
- 과제수행에 있어서 긍정적인 상황을 제공한다.
- 각 개인의 선호도에 맞추어진다.

③ 청소년의 책무와, 중요한 행동 혹은 그것의 특성을 확실히 하고, 인정하여야 한다.

이 전략의 기본 아이디어는 청소년이 성취한 과제에 중요한 결과가 있으면, 그 결과를 청소년의 배경을 가지고 생각해보자는 것이다. 이 전략이 함축하고 있는 바는 피드백, 평가, 칭찬이나 기타 다른 보상을 제공하는 기본수단들이 청소년의 자산을 적절하게 밝히는 데 충분하지 못했다는 것이다. 이 전략을 수행하기 위한 구체적 방책은 다음과 같다.

- 어떤 결정적인 과정이 청소년의 성공성취에 영향을 미쳤는지를 알아보기 위해 그들의 의견을 들어본다.
- 프로그램성취와 관련된 위험감수와 위험에 대한 도전을 인정하도록 한다. 청소년이 의도적으로 위험성 있는(어려운) 과제를 선택하게 되면, 프로그램의 과정은 청소년에게 보다 더 특별한 것이 된다.

④ 청소년이 별로 하고 싫어하지 않지만, 당사자에게 중요한 프로그램활동인 경우에는 동기를 유발하고 유지할 수 있도록 유인책을 적극적으로 활용하여야 한다.

유인책이란 예견되어지는 보상이라고 정의할 수 있다. 유인책은 어떤 구체적인 성취의 목표로서 기능한다. 유인책에는 인정, 돈, 관계, 특권과 같이 다양한 형태가 있을 수 있다. 청소년들의 삶은 수많은 유인책으로 가득 차 있다. 우리는 종종 프로그램이 가치는 충분히 있으나, 지루하고, 어렵고, 심지어 고통스러운 활동을 하여야 할 때 이를 사용하기도 한다.

⑤ 청소년으로 하여금 프로그램의 결과와 그것이 가져오는 영향을 알 수 있게 하여야 한다.

대부분의 많은 프로그램활동은 프로그램결과에 대한 구체적인 기준이 없는 상태이다. 사람들은 대부분 그들의 프로그램의 결과를 구체화하지 않는다. 이런 상황에서 지도자는 청소년들이 명확하게 드러나지 않은 결과들을 볼 수 있도록 거울이나 커다란 유리역할을 할 수 있을 것이다.

⑥ 하나의 프로그램 단원이 종료되면, 긍정적인 자세로 프로그램종결을 하도록 해야 한다.

긍정적으로 프로그램과제를 종결하기 위한 방법은 다음과 같다.

- 축하: 세계의 여러 민족을 통하여 볼 때, 축제나 휴일은 계절, 종교적인 특정기간, 추수 등의 마침을 인정하는 즐거운 의미를 담고 있다. 프로그램에 있어서도 이러한 것을 피할 이유는 하나도 없다. 프로그램에서 축하는 즐거운 대화, 파티, 지난 프로그램 시간들을 돌아보기 등이 될 수 있을 것이다.
- 인정: 프로그램 기간 동안 기억해 둘만한 청소년의 공헌이나 성취를 다시금 인식하는 것이 주된 목적이다. 상황에 따라서 인정은 청소년에 의해서, 지도자에 의해서 혹은 양자 모두에 의해서 주어질 수 있다.
- 공유: 공유는 프로그램경험에서 특별히 관심을 갖고, 염두에 둘만한 것들

을 보여주기 위해서 행해질 수 있다. 함께 저녁식사를 준비한다든지, 개인 수집품이나, 자신의 장기를 준비해서 보여준다든지 하는 것이 공유의 한 예이다.

이상과 같은 것들을 토대로 종결단계에서 지도자가 유념해야 할 전략 및 과제를 제시하면 다음의 〈표 9-6〉과 같다.

〈표 9-6〉 종결단계에서의 지도전략 및 과제

구분	목표	지도전략 및 과제
종결 부문 (자질 형성)	• 참가자의 확신감, 자아결정력, 그리고 내적 동기를 높일 수 있는 방법에 대한 인식제고	1. 프로그램결과에 대한 숙지 · 진전 · 책임감 등에 관하여 지속적인 피드백을 제공하라. 2. 필요하다면, 건설적인 비판을 행하여라. 3. 참여활동에 대하여 효과적으로 칭찬하고 상을 주도록 하여라. 4. 프로그램과제의 성공적인 달성에 대하여 참가자의 중요성과 책무성을 인식 · 확인하도록 하라.
종결 부문 (강화)	• 참여활동에 대한 외적 보상 제공 • 참가자가 프로그램행동에 대해 적극적인 변화를 인식하도록 도와줌 • 참여 및 프로그램활동에 대한 지속적인 동기 유지	5. 초기에 부정적인 참여활동에 있어서 참여를 격려할 수 있도록 유인책을 제시하라. 6. 참여결과를 일상생활을 통하여 발휘할 수 있도록 외적 강화방법을 고려하라. 7. 참가자로 하여금 참가결과에 대하여 명백히 인식하도록 하라. 9. 참여활동에 대한 의미 있고 적극적인 매듭을 위하여 강화 요인을 제공하고 격려하라.

4. 정리단계에서의 청소년 프로그램 실행 전략

이 단계는 이미 실시한 프로그램 활동의 과정 및 결과에 대하여 기록 · 정리하고, 평가 · 보고하는 것을 주로 하는 시기이다. 우리들은 흔히 프로그램 활동을 실시하면 그것으로 프로그램이 종료된 것으로 생각하기가 쉽다. 이것은 계획과 실시만으로 프로그램을 완결시켜 버린다는 것을 의미한다. 그러나 이와 같은 생각은 프로그램의 실시가 가져온 성과라든가 그것이 지니는 의미에 대한 판단을 결여한 것이 되기 때문에 문제가 있다고 볼 수 있다. 따라서 실시한 내용을 정확하게 기록·정리하고, 그를 통하여 체계적인 평가를 위한 자료로 활용할 수 있도록 관련 조치를 취할 필요가 있다.

이제까지 청소년기관이나 단체에서 실시하고 있는 정리방법을 살펴보면 대체적으로 다음과 같은 2가지로 대별할 수 있다.

그 하나는 실적 보고서 등에 필요한 형식으로서 사업명, 대상 인원, 실시횟수 및 시간수, 강사·자문가·자원봉사자, 내용항목, 경비 등을 주로 '양적 처리형'으로 정리하는 것이 있다. 이는 주로 실적 정리를 위하여 많이 사용하는 방법으로 실제로 이 방법에 의한 정리가 대부분의 기관에서 이루어지고 있다. 다른 하나는 강사의 지도내용, 참여자의 감상문, 질문지 조사결과표(단순한 수적 처리인 경우가 대부분임) 등 '내용 나열형' 정리형이 있다. 이는 당해 기관의 연도별 정리 및 평가, 다음 연도의 사업계획 실시를 하기 위한 기초자료로서 활용하기 위하여 정리하는 경우가 많다. 이와 같은 방법들을 통한 정리는 참가자의 목표달성에 어느 정도 공헌하였는가를 중심으로 정리하는 경우도 있고, 주최자 측의 사업실시의 타당성 여부를 판단하기 위한 자료로 활용하기 위하여 정리하는 경우도 있다.

〈표 9-7〉 정리단계에서의 과업

구분	기록	정리	평가
중점 처리 사항	1. 기록, 보고 • 내용 정리 • 참가자의 실태파악 2. 기록의 방법 • 슬라이드, VTR, 사진, 문서 등	1. 장소, 강의실, 기구, 게시물 점검·정리 2. 경비의 처리	1. 프로그램 성과 파악 2. 평가실시 및 분석 3. 결과보고

1) 프로그램 활동에 대한 검토 및 반성

프로그램을 전개하고 난 다음 이미 실시한 과정 전반에 대하여 충분한 검토를 하고, 이와 관련된 반성을 해 봄으로써 다음 단계의 프로그램 지도 활동을 개선하도록 하는 것이 필요하다. 이와 관련하여 하임리히와 노랜드(Heimlich & Norland)는 다음과 같은 전략을 제시하고 있다.

① 다음 단계의 프로그램 활동 계획을 즉시 검토하도록 한다.

프로그램 실행 직후는 어떤 것들이 제대로 잘 되었는지, 어떤 것이 계획대로 되지 않았고 왜 그랬는지, 그리고 그 대안은 무엇인지 등에 대해서 생각해 볼 수 있는 가장 좋은 기회이다.

② 프로그램 전개과정상의 문제점을 분석하고, 이를 검토하도록 한다.

프로그램 전개 과정상의 문제점을 파악하기 위해서는 여러 가지 방법이 동원될 수 있다. 이를 간단하게 살펴보면 다음과 같다.

- 프로그램 전개과정을 녹음한다. 녹음된 자료를 통해 참가자들의 입장에서 새 자료를 접했을 때 다음과 관련하여 어떻게 생각할지를 고려해라. 목소리가 충분히 큰가? 너무 큰가? 너무 빨리 말하는가? 너무 느린가? 다양한 음색으로 말하는가?
- 비디오를 통해서 자신을 관찰한다. 자신을 관찰하는 것은 목소리의 크기, 음색, 그리고 속도뿐만 아니라 자신의 몸짓, 눈 맞추기, 판서, 그리고 상호작용 패턴을 평가하도록 해준다.
- 참가자한테 도움을 청한다. 예를 들면, 만일 지도자 조용하게 말하고자 할 때 말이 잘 안 들리면 프로그램 참가자들이 사인을 보내서 조금 크게 말하도록 한다. 아니면 그들이 가까이 오도록 자리를 바꾸는 것도 좋은 방법이다.

③ 적당한 장소에 건의함을 설치해 두고, 이를 적극적으로 활용한다.

프로그램 실시장소, 사무실, 혹은 상담실 문 앞에 건의함을 놓아서 참가자들이 질문이나 비평, 문제들을 건의함에 넣도록 할 필요가 있다. 그 중 몇몇에 대해서는 프로그램 전개과정에 소개를 한다. 만일 건의한대로 바꾸려면(예: 프로그램 일정의 변경), 프로그램 실시장소에서 이에 대해 찬반 투표를 할 수도 있다.

④ 동아리활동을 조직 · 운영하도록 참가자들을 격려한다.

동아리 활동의 대표자를 불러서 공부하는 데 어려운 주제에 대해서 논의하는 것도 참가자들의 학습동기를 유발시키고, 적극적인 참여활동을 하도록 하는 데 보탬이 된다. 동아리 활동은 참가자들이 서로 도울 수 있는 기회를 제공하고 어떤 프로그램은 인적으로보다는 그룹으로서 도움을 청하기가 훨씬 쉽다는 것을 발견할 수도 있다.

⑤ 프로그램 개시 전에 종전의 프로그램 전개과정에 대한 정보를 수집하고 어떻게 하면 그것이 향상될 것인지를 참가자들한테 물어보는 것도 중요하다.

또한 프로그램 전개과정과 관련하여 끊임없이 반성적 사고를 할 수 있도록 하는 것이 필요하다. 프로그램 지도 활동과 관련하여 지도자가 취할 수 있는 반성적 질문으로서는 다음과 같은 것들이 있다.

〈반성을 위한 질문들〉

- 나는 지금의 참가자들에 대하여 무엇을 아는가? 이 정보는 나의 지도방식에 어떤 영향을 미치고 있는가?
- 나는 참가자들에 대하여 어떤 편견을 가지고 있는가? 나는 어떤 성격 유형을 가장 좋아하는가? 가장 싫어하는 성격 유형은?
- 프로그램에 대한 참가자들의 태도와 집단을 다루는 그들의 능력과 관련하여 나는 어떤 점이 사실이라고 가정하고 있는가? 이러한 가정은 나의 가르침에 어떤 영향을 미치는가?
- 나는 어떤 방법으로 참가자들의 노력을 후원하고 격려하는가?

- 지도자로서의 나의 역할은 어떤 특징이 있는가? (예: 권위자, 자료제공자, 인도자, 사고확장자, 평가자 등) 이러한 특성이 참가자들과의 상호작용에 어떤 영향을 미치는가? 나와 참가자들 사이의 이상적인 관계는 무엇이라고 생각하는가? 나는 이러한 기대를 참가자들에게 어떻게 알리는가?

2) 프로그램 실행의 결과 평가

프로그램의 전개와 관련하여 평가는 그 목적을 어디에다 두느냐에 따라 그 개념이 다르게 규정된다. 이를테면, 평가는 프로그램의 가치나 장점을 판단하거나 결정하고, 프로그램의 효과와 영향을 파악하고 판단하고, 프로그램의 목적달성 정도를 확인하며, 프로그램과 관련된 의사결정의 보조기능을 하는 것 등으로 규정될 수 있다.

또한 평가시에 평가자가 어떤 평가기능을 중시하고 그에 입각하여 평가를 기획하고 전개할 것인가에 따라서 평가에 대한 정의가 달라질 수 있다. 즉, 프로그램 지도안 작성과 프로그램 전개 전반에 걸쳐서 평가가 어떤 기능을 해주기를 기대하느냐에 따라서 평가의 의의가 달라질 수 있다. 일반적으로 평가는 진단적 기능, 형성적 기능, 총합적 기능, 의사결정 보조기능, 심리·사회적 기능, 행정적 기능 등으로 분류할 수 있다.

말하자면, 평가는 다양하고 복합적인 의미를 지닌 역동적인 활동이라고 할 수 있다. 그러므로 어느 한 평가의 정의양식에 집착하여 특정 평가목적만을 강조하거나 어떤 평가기능만을 중시하여 어느 한 차원만을 강조한다면 평가의 본질적인 의미를 제대로 파악할 수 없다. 따라서 프로그램의 결과에 대한 평가에 있어 평가자는 어디에 중점을 두고 평가를 할 것이며, 주로 어떤 면을 평가할 것인가 등에 대한 구체적인 전략을 지니고 있어야 할 필요가 있다.

특히, 공식적인 평가는 청소년의 프로그램에 대한 동기화에 강력한 영향을 줄 수 있다. 왜냐하면, 평가는 청소년들의 능력에 대하여 지도자와 참가자가 의사소통하는 지도상의 절차이기 때문이다. 지도자의 코멘트, 점수, 평점, 그리고 리포트 등은 청소년의 현재와 미래에 상당한 영향을 미칠 수 있다.

한편, 청소년들의 내적 동기화를 위한 평가를 위해서 평가는 신뢰성 및 효율성이 있어야 한다. 효율성은 자신들에게 요구되는 것을 인지하거나 혹은 프로그램의 과정이나 결과에서 청소년들이 중요하다고 여기고 탐구하는 주제의 성취와 직결된 것이라고 할 수 있다. 그러므로 과정과 결과 양자 모두 청소년에게 있어서 매우 중요한 정보인 셈이다. 그러므로 '어떻게 하는 것이 잘하는 것일까?', '어떻게 하면 잘 해결될 수 있을까?'의 질문들은 청소년 프로그램 실행에 있어서 두 가지 중요한 질문의 예라고 할 수 있다.

참고문헌

고든 드라이든 · 재닛 보스, 김재영 역(1999). 학습혁명. 서울: 해냄.

권두승(2023). 영원한 베타. 서울: 교육과학사.

권두승 외(2017) 평생교육 프로그램 개발. 서울: 한국방송통신대학교출판문화원.

권두승. "프로그램의 실행". 한국청소년개발원(편). 프로그램의 개발과 운영. 서울: 인간과 복지.

권진하 외(2023). 뉴 노멀, 초연결, 플랫폼시대의 평생교육 프로그램 개발. 서울: 동문사.

김주환(2023). 내면소통: 삶의 변화를 가져오는 마음 근력훈련. 서울: 인플루앤셜.

김진화 외(2012). 평생교육 프로그램 운영과 자료개발. 서울: 서현사.

박성익(2015). 교수 - 학습방법이론과 실제. 서울: 교육과학사.

배호순(1997). "프로그램 평가의 이해", 한국청소년개발원(편). 프로그램의 개발과 운영. 서울: 인간과 복지.

신용주(2017). 평생교육 프로그램 개발론. 서울: 학지사.

한국청소년개발원 편(1997). 프로그램의 개발과 운영. 서울: 인간과 복지.

한승희(2000). 학습생태학적 입장에서 바라본 평생교육, 사회교육학연구, 5(1), 235-236.

홍미정 외(2023). 평생교육 프로그램 개발론. 서울: 양서원.

Angelo, T. & K. P. Cross(1993). *Classroom assessment techniques.* San Francisco: Jossey-Bass.

Davis, B. G. (1993). *Tools for teaching.* San Francisco: Jossey-Bass.

Dehaene, Stanislas. 첨성수 역(2023). 우리의 뇌는 어떻게 배우는가. 서울: ROK 출판사.

Dressel, P. L. & D. Marcus(1982). *On teaching and learning in college.* Washington: Jossey-Bass Publishers.

Edwards, R. (1993). "Mistakes and other teaching methods", *Journal on Excellence in College Teaching,* 4, 24-34.

Flash, C. Tzenis and A. Waller(1995). *Using student evaluations to increase classroom effectiveness.* Minneapolis: University of Minnesota.

Flash, C. Tzenis, and A. Waller(1995). *Using student evaluations to increase classroom effectiveness.* Minneapolis: University of Minnesota.

Heimlich, J. E. & E. Norland(1994). *Developing teaching style in adult education.*

San Francisco: Jossey-Bass.
Howes, Lewis. 정지현 역.(2023). 그레이드 마인드 셋. 서울: 포레스트북스.
Knowles, M.(1990). *Modern practice of adult education.* New York: Association Press.
Seaman, D. F. & R. A. Fellenz(1998). *Effective strategies for teaching adults.* N..Y: Macmillan Publishing Company.
Waldron, M. W. and G. A. Moore(1991). *Helping adults learn.* Toronto: TEP.
Wlodkowski, R. J. (1999). *Enhancing adult motivation to learn*(2nd ed.). San Francisco: Jossey- Bass.

10장 청소년 프로그램 평가

청소년활동도 프로그램을 실행한 후에는 반드시 평가 과정을 거쳐 프로그램의 성과와 가치를 판단하는 것이 청소년지도자의 중요한 책무이다. 청소년활동을 과학적이고 체계적으로 평가하는 것이 어렵고 복잡하다는 이유로 그동안 프로그램 평가는 간과되는 경향이 있었다. 청소년지도자가 청소년활동 프로그램을 객관적이고 과학적으로 평가할 수 있는 전문적인 자질과 능력을 겸비할 때 청소년지도 전문가로서 인정을 받을 수 있다고 본다.

본 장에서는 청소년지도자가 수행한 프로그램을 평가하기 위해 기초적으로 알고 있어야 할 평가의 개념, 평가의 기본 원리, 평가의 유형 및 접근 방법, 그리고 평가자의 역할 및 능력과 프로그램 평가의 절차 등에 대해 살펴보고자 한다.

1. 청소년활동 프로그램 평가의 개념

평가(evaluation)란 문자가 암시하는 것과 같이 가치(value)를 부여하며 비평(criticizing)을 가하는 것이라 할 수 있다. 또한 이 개념은 일상적으로 점검(checking)이나 검토(monitoring)하는 것으로 보다 간단한 의미로 규정할 수도 있다. 보다 복잡하고 전문적으로 파고들면, 평가 대상의 각 부분의 과거나 현재 상황이나 변화와 진행 과정 및 변화 결과 등을 심층적으로 분석하는 종합적인 평가의 의미를 함축하고 있다.

Random House의 대사전(1987)은 평가를 (1) 대상의 가치나 금액을 결정하는 일, (2) 대상의 중요성, 가치 또는 질을 판단하거나 결정하는 일이라고 정의하고 있다. 그리고 평가와의 유사어로 사정하기(assess), 검사 및 분석하기(assay), 추정하기(estimate), 숙고하기(weigh), 측정 및 조사하기(gauge), 가치를 부여하기(value) 등을 들고 있다. 그런가 하면, Oxford 영어사전(1969)에 의하면, 평가는 수량적으로 표시할 수 있는 가치를 산정하는 일, 수량적 사실이나 관계를 수치로 표현하는 방법을 강구하는 일, 금액을 결정하고 계상하는 일, 이미 알려진 모종의 관점에서 표현하는 일이라고 정의하고 있다. 이러한 사전적 정의를 종합해 보면, 평가는 대상의 가치를 판단하고 결정하는 매우 광범위한 일이라고 볼 수 있다.

일상생활에서는 평가의 개념이 사전적으로 언급된 의미로 많이 활용되고 있지만, 이러한 사전식 정의만으로는 평가의 본질적인 의미를 제대로 표현할 수 없는 경우가 많다. 특히, 요즘처럼 평가가 국가정책에서부터 개인 능력에 이르기까지 인간의 다양한 삶 속에서 중요한 활동으로 인정받아 다양한 측면에서 활용되고 있기 때문에 평가의 의미는 활용되는 관점에 따라 다를 수밖에 없다. 이를테면 평가는 개개 대상에 대하여 가치나 변화치를 부여하는 경우도 있고, 두 개 이상의 대상이나 행위에 대하여 상대적 우열을 가리는 경우도 있다. 신기록을 가진 육상선수가 엄연히 있지만 그 선수와 다른 선수들의 빠른 정도를 직접 대결시켜 육상 대회를 여는 것처럼 길고 짧은 것을 자로 재어 판단하기도 한다. 그런가 하면, 개별 육상선수의 가치나 장점을 파악하는 것도 평가이며, 개별 선수가 특정한 훈련을 통해 얼마나 능력이 향상되었는가를 알아보는 것도 평가이다.

평가는 가능한 한 수치로 즉, 수량적으로 나타내도록 하는 것이 일반적이지만 인간의 삶 가운데 수량이나 수치로 표현할 수 없는 경우도 많기 때문에 최근에는 의미나 가치를 간주관적으로 찾아내고 표현하는 질적인 평가가 강조되고 있다.

이와 같이 평가는 여러 의미를 내포한 비교적 복합적인 개념이다. 그러므로 어떤 필요성과 목적에 의해 평가개념이 적용되는 가에 따라 본질적인 의미가 다르지만, 교육활동이나 프로그램과 관련해서는 대개 4가지 방식으로 평가가 정의되고 있다(배호순, 1994: 246-249). 첫째 프로그램의 가치나 장점을 판단하거나 결정하는 일, 둘째 프로그램의 효과 및 영향을 파악하고 판단하는 일, 셋째 프로그램의 목적달성 정도를 확인하는 일, 넷째 프로그램에 대한 의사결정을 보조하는 일 등이다.

1) 프로그램의 가치나 장점을 판단하거나 결정하는 일

이는 비교적 기본적이고 핵심적인 평가의 의미를 나타내는 것으로서 평가대상의 장점이나 가치를 체계적으로 판단하는 일을 평가라고 보는 관점이다. 실행된 특정 청소년활동 프로그램을 확대 보급할 것인지, 그에 대하여 추가로 투자할 것인지, 그를 특정 목적 및 상황에 적용할 것인지 등을 결정하기 위한 경우에 평가하는 접근 방법이다.

2) 프로그램의 효과 및 영향을 파악하고 판단하는 일

이 정의는 프로그램 실시로 인한 효과나 영향을 사정 및 판단하는 일에 초점을 두는데, 이 경우에는 프로그램을 일종의 독립변인(처치변인)으로 간주한다는 점이 주된 특징이라고 할 수 있다. 프로그램 실시로 인하여 발생한 변화를 측정 및 사정해야만 프로그램의 타당성을 인정할 수 있으며 이를 토대로 프로그램과 관련된 의사결정을 내릴 수 있게 된다. 국가적 수준에서 연구·개발되어 시범적으로 실천되고 있는 다양한 청소년지도 프로그램을 전국적으로 확산시키기 전에 그 효과 및 영향을 파악하기 위해 실시하는 평가과정이나, 특정 청소년들을 대상으로 일정기간 진행한 진로탐색 프로그램이 정말로 효과적이었는가를 사전, 사후에 평가하여 비교하는 과정 등이 이에 해당한다고 볼 수 있다.

3) 프로그램의 목적 달성 정도를 확인 하는 일

프로그램이라는 개념 자체가 모종의 바람직한 목적을 추구하기 위한 활동을 체계화한 것이라는 관점에서 볼 때, 프로그램이 의도하고 있는 바를 어느 정도 달성했는가를 확인 및 점검하는 평가 관점이다. 이는 전통적인 평가 모형으로 Tyler의 주장에 근원을 두고 있다. 그에 의하면 교육평가는 교육목표 달성 정도를 알아내는 일이다. 모든 청소년활동은 추구하는 목표가 있으므로 활동이 끝나면 목표가 얼마나 성취되었는가를 필연적으로 판단해야 하는데 이 과정이 바로 평가이다. 오늘날 수많은 청소년활동 프로그램이 개발되어, 실천되고 있지만 딱히 청소년들이나 그들의 부모들로부터 매력적인 활동으로 인정받는 프로그램이 많지 않은 것은 바로 프로그램의 목적 달성 정도를 확인하는 과정이 상대적으로 소홀하게 다루어졌기 때문이라고 본다.

4) 프로그램에 대한 의사결정을 보조하는 일

프로그램에 관한 중대한 의사결정을 내려야 하는 상황에서 평가 결과를 합리적인 의사결정을 보조하기 위한 목적으로 활용할 필요가 있는 바, 기존 프로그램을 계속해서 실시할 것인지, 확대 또는 축소하여 재실시할 것인지, 수정하여 실시할 것인지, 아니면 폐지할 것인지 등을 결정하기 위한 목적으로 평가를 하는 경우가 이에 해당된다. 이 경우 프로그램에 대한 상황 평가나 투입 평가, 과정 평가, 결과 평가 등을 통해 의사결정에 도움이 되는 자료를 제공하게 된다. 무엇보다도 청소년들을 위한 프로그램을 평가할 때 지나치게 결과 평가만을 가지고 프로그램의 지속 여부를 결정한다면 오류를 범할 가능성이 매우 높기 마련이다. 프로그램을 개발하고 실천하는 과정에서 필요한 요소들이 제대로 투입되었는지, 프로그램 운영 과정은 합리적으로 이루어졌는지, 그리고 프로그램 운영 결과는 투입과 과정에 비해 의미가 있었는지 등을 종합적으로 평가한 후 프로그램의 존폐 여부를 결정해야 할 것이다.

2. 청소년활동 프로그램 평가의 기능과 원리

1) 청소년활동 평가의 기능

청소년활동 과정에서 행해지는 평가는 다양한 기능들을 가지고 있다.

첫째, 평가는 대상에 대한 이해, 진단, 치료의 기능을 가진다. 학습자 개개인의 성취정도를 정확히 이해한다는 것은 마치 의사가 환자를 진단하는 것과 같다. 의사는 환자의 병의 원인을 정확히 진단해야만 바르게 치료를 할 수 있다. 청소년활동 평가는 참여자의 성취 정도를 정확히 이해하는 것이 목적이다.

둘째, 청소년활동의 구성요소들을 개선시켜 주는 기능이 있다. 일반적으로 평가란 청소년 개인의 학습행위나 결과만의 평가가 아니며, 평가로 얻어진 자료는 청소년지도자, 청소년지도법, 청소년활동 프로그램 등을 평가하는데 유효한 증거가 될 수 있다. 즉, 청소년활동 과정을 평가하여 얻은 결과는 청소년교육이나 지도의 질적 개선을 위한 생생한 증거가 된다. 평가결과가 청소년지도자 자신이 반성하고 비판하여 새로운 자아의 성취나 개선이 이루어지도록 할 때 그 효능적 가치는 더 크다 할 것이다.

셋째, 평가는 청소년들의 활동 및 학습 행위를 촉진시키기 위해 필요한 학습동기를 유발해 주는 심리학적 기능을 가진다. 다시 말하면 활동을 통해 습득한 학습결과에 대한 정기적 또는 수시로 실시하는 평가는 청소년들의 활동 참여동기를 유발시키며 평가결과의 확인으로 학습 의욕을 촉진시키게 된다.

넷째, 평가결과를 청소년의 행동변화 및 학습효과의 판정에만 한정시키지 않고 생활지도나 상담의 자료로 활용할 수도 있다. 생활지도 역시 학습지도와 마찬가지로 교육의 중요한 기능이기 때문이다. 청소년의 적성, 흥미, 성격, 지능, 건강, 가치관, 태도, 개인적 문제 등과 같은 일련의 특성에 대한 정확한 진단과 평가 자료는 청소년을 있는 그대로 정확히 이해할 수 있는 좋은 근거가 된다.

다섯째, 주기적으로든 불규칙적이든 평가가 실시됨으로써 청소년지도의 질적 수준이 유지될 수 있도록 하는 기능을 가지게 된다.

이상과 같이 청소년활동에 대한 체계적인 평가는 단순한 진단이나 성취 결과에 대한 점검을 뛰어넘어 청소년활동 자체가 생명력을 가지고 청소년들에게 의미 있는 경험을 제공하도록 하는 기능을 가지게 된다. 그럼에도 불구하고 오늘날 청소년센터나 수련기관 등에서의 청소년활동에 대한 평가가 체계적으로 이루어지고 있지 않음은 첫째로 평가에 대한 본질적인 이해 부족이 그 원인이며, 둘째로 평가를 제대로 수행할 수 있는 전문가의 부족이 또 하나의 원인이다. 다양하고도 광범위하게 제공되는 청소년활동이 청소년들에게 의미 있는 경험의 제공으로 이어지기 위해서는 청소년활동 평가의 기능에 대한 총체적인 이해와 함께 이를 수행할 수 있는 전문 인력의 확보가 필요하다고 본다.

2) 청소년활동 평가의 원리

청소년활동 프로그램 평가의 기본적 목적은 활동의 목적과 목표가 제대로 수행되었는지 여부를 판단·결정하는데 있으며, 프로그램을 평가하기 위해서는 몇 가지 기본적인 원리들을 생각해 볼 필요가 있다.

첫째, 평가는 청소년활동의 과정 속에서 여러 가지 다양한 사상, 조건 또는 상태들에 대한 바람직성을 필연적으로 평가하게 된다. 일반적으로 평가는 사상, 조건, 상태에 관련된 정보를 수집하고, 조직하고, 분석하고, 해석하는 경험적 및 해석적 접근에 의해 이루어진다. 그러나 이러한 바람직성에 대한 평가는 필수적으로 가치체계와 연결되어 있기 때문에 평가자의 가치화 또는 가치적 판단행동이 중요한 요인으로 작용하게 마련이다.

둘째, 평가는 실험실의 제한된 상태, 또는 이론적으로 가설화된 상태에서 이루어지는 평가가 아니고, 활동이 전개되고 있는 실제 상황 속에서 이루어지는 행위다. 동시에 단순히 가설에 대한 검증을 위해 의도적으로 꾸며진 실험실이 아니다. 지금 막 실천되고 있는 활동 상황 속에서 문제를 발견하고, 진단하고, 치유책을 강구하고, 또 문제를 예방하는 종합적인 행위인 것이다. 그러므로 프로그램 평가는 결코 결과를 측정하거나 어떤 사실만을 발견하는 데에서 멈추어서는 안 된다.

셋째, 평가는 항상 의사결정 또는 정책수립을 촉진하기 위한 필수불가결의 활동이다. 프로그램 평가가 그 목적과 목표를 달성해 가는 과정에 관심이 있는 한, 그것은 곧 차후의 의사결정과 정책수립을 위한 귀중한 출발점이 된다. 이를 위해서 평가는 프로그램이 추구하는 목표가 언제, 어떻게, 어느 방향으로 성취되어가고 있는지를 분명히 밝혀내야 할 것이다.

넷째, 프로그램 평가는 계속해서 종합적으로 전개되는 가운데 본래의 평가 목적을 성취할 수 있다. 프로그램 평가는 순환적, 재생적, 계속적인 활동이며, 모든 순간마다 다소의 차이는 있지만 평가는 언제나 필요한 계속적인 과정이다. 더불어 평가는 종합성을 띤 행위다. 프로그램의 목적과 목표에 관련된 모든 각양각색의 활동들을 통합시키는 종합적인 행위다.

3. 청소년활동 프로그램 평가의 기준 및 모형

1) 프로그램 평가의 기준

평가의 과정은 언제나 잘못 행해질 수 있다. 잘못된 정보, 잘못된 해석, 편견 등으로 인해 오류를 범할 수 있으며, 아울러 비윤리적으로 동기화되어 평가가 실행될 수도 있다. 그리하여 평가가 단지 시간과 자원을 낭비할 수도 있다. 그러므로 평가는 분명히 필요할 때, 적절한 정보와 윤리적 서비스를 통해 이루어져야 하며, 명확한 목표의식과 함께 실행 기준을 꼼꼼히 검토한 후 진행되어야 한다. 다시 말해 프로그램 평가가 정확하고, 실제적이며, 유용하고 윤리적인 것이 되기 위해서는 평가 기준의 적절성이 사전에 조사되고, 진단되어야 한다.

일반적으로 프로그램 평가를 실행하기 위한 기준으로는 크게 유용성, 실행가능성, 적합성, 정확성을 기준으로 약 30가지가 개발되어 있다(JCSEV, 1994: 5~34; 김미숙, 1999: 31~35에서 재인용).

(1) 유용성

유용성은 평가가 정보적이고, 시기적절하고, 영향을 줄 수 있어야 할 것임을 의미한다. 이 기준은 평가자가 평가와 관련한 이해당사자들이 누구인지를 알고, 이해당사자들의 정보욕구를 인식하며, 이 요구에 반응하는 평가를 기획하고, 관련된 정보를 분명하게 보고하는 것이다. 다시 말해 평가가 관련된 이해관계자의 실제적인 정보욕구를 만족시켜 줄 수 있는가와 관련되어 있다.

유용성의 관점에서 세분화 시킨 평가기준은 다음과 같다.

세부기준	내용
이해관계자 파악	평가에 참여되었거나 영향 받게 된 관계자들 파악
평가자 신임	평가 수행자는 신뢰할 수 있는 능력이 있어야 함
정보범주와 선택	평가대상자에 초점을 맞춘 정보를 중심으로 수집
평가의 해석	결과를 해석하는 데 적용된 전망, 절차, 이유가 명확하게 진술되어야 함. 이는 가치 판단의 기초가 됨
보고의 명확성	평가보고는 평가대상, 평가상황, 평가목적, 평가 절차 및 결과를 중심을 기술되어야 함
보고서 배포	평가결과는 관계된 사람들에게 알려져야 함
보고 시기	평가관계자들이 보고된 정보를 잘 사용할 수 있도록 보고서 공개가 시기적절해야 함
평가의 영향	평가는 관계자들이 지속적으로 개선해 나갈 수 있도록 기획되고, 실행되어야 함

(2) 실행 가능성

평가 실행 기준으로서 실행 가능성은 평가가 현실적이고, 신중하고, 외교적이며, 경제적일 것을 보장하는 것이다. 실행가능성 관점에서 세분화 시킨 평가기준은 다음과 같다.

세부기준	내용
실행적 절차	평가절차는 현실적이어서 방해를 최소화시키고, 요구된 정보를 얻을 수 있어야 함
정치적 생명력 (정치적 이해관계)	평가는 다양한 관계 집단의 입장들을 충분히 고려한 가운데 기획되고 실행되어야 함. 그래야 협력을 얻을 수 있으며, 평가 결과의 오용을 막을 수 있음
비용효과성	평가는 자원과 비용 투입을 정당화할 수 있을 정도의 가치를 지닌 정보를 생산해야 함

(3) 정당성

평가 실행여부를 결정하는 기준으로서 정당성은 평가결과에 의해 영향 받게 될 사람뿐만 아니라 평가에 포함된 사람들의 복지에 관한 합법적, 윤리적 책임 수행을 의미한다. 평가로 인해 관련된 당사자들의 인권이 침해된다거나 법적인 침해가 발생해서는 안 되기 때문이다.

정당성 관점에서 고려해야 할 세부 기준으로는 다음과 같다.

세부기준	내용
형식적 책임	평가와 관련된 형식적 측면(평가내용, 방법, 평가 주체자, 평가시기 등)에 대한 책임은 서면으로 진술되어 동의되어야 하며, 여기에 기술된 모든 조건들을 평가책임자는 반드시 지켜야 함
이해의 갈등	평가 과정에서 드러나는 피할 수 없는 이해의 갈등은 공개적으로 정직하게 다루어져야 함. 따라서 평가과정이나 결과는 타협될 수 없음
완전하고 솔직한 표현	구두나 서면 평가보고는 평가의 모든 것들, 심지어 한계점까지 포함하여 공개적이고, 직접적으로, 그리고 정직하게 제시되어야 함
대중의 알 권리	평가를 수행하는 집단에서는 대중의 알 권리를 존중하고, 보장해야 함. 관련된 원칙이나 규칙의 제한 내에서 대중의 안전이나 사적권리도 지켜져야 함
인권	평가는 인간으로서의 권리나 행복이 존중되고 보호되도록 설계되고 실행되어야 함
인간적 상호작용	평가자는 평가와 관련된 사람들과 상호작용하면서 인간의 가치와 존엄성을 존중해야 함
균형 잡힌 보고	평가는 조사될 대상의 장점과 약점의 표현을 완전하고 공정하게 해야 함
재정적 책임	평가자의 자원배당과 지출은 적당한 책무성 절차를 반영해야 하며, 신중하고 윤리적인 책임을 지녀야 함

(4) 정확성

평가의 실행 기준으로서 정확성은 가치나 장점을 결정하려는 연구대상의 특성에 대해 기술적으로 충분한 정보를 찾아내고, 전달할 수 있도록 수행되어야 함을 의미한다. 평가를 통해 얻어지는 정보가 통계적으로 정확해야 하며, 또한 타당하고 신뢰로운 방법에 의해 수집되어야 함을 뜻한다.

정확성의 관점에서 고려해야 할 세부기준은 다음과 같다.

세부기준	내용
대상 파악	무엇을 평가할 것인지를 명확히 하기 위해 평가대상(프로그램, 프로젝트, 교재)에 대해 충분히 조사되어야 함
상황 분석	평가대상이 존재하는 상황이 대상을 파악하는 데 영향을 줄 수 있으므로 아주 세밀하게 조사되어야 함
서술된 목적과 절차	평가의 목적과 절차는 이해하기 쉽도록 가급적 상세하게 기술
정확한 정보 출처	정보의 적절성이 보장될 수 있도록 모든 정보의 출처 정확히 기술
타당한 측정	정보수집 도구나 절차의 타당성이 확보되어야 함
신뢰로운 측정	믿을 만한 도구 및 방법에 의해 정보가 획득되어야 함
체계적 자료 통제	평가결과에 활용된 모든 자료는 잘 보관되어야 하며, 동시에 평가결과가 잘못되지 않도록 재조사되어야 함
양적 정보의 분석	양적정보는 적절한 해석을 가져오기 위해 사용가능하고 체계적으로 분석되어야 함
질적 정보의 분석	질적 정보는 적절한 해석을 위해 사용가능해야 하며 체계적으로 분석되어야 함
정당화된 결론	평가에서 도출된 결론은 관련자들이 사정할 수 있도록 확고히 정당화 되어야 함
객관적 보고	평가에 관여한 집단의 개인적 감정이나 편파성에 의해 평가결과나 보고가 왜곡되지 않도록 평가절차를 제시해야 함

2) 프로그램 평가의 모형

프로그램 평가의 모형은 평가의 목적을 어디에 초점을 두느냐에 따라 다르게 분류될 수 있다. 대체적으로 청소년활동 프로그램 평가에 적용할 수 있는 모형으로는 목표중심 평가모형과 의사결정중심 평가모형, 판단중심 평가모형, 전문성중심 평가모형, 참여-반응 중심 평가 모형 등으로 논의될 수 있다.

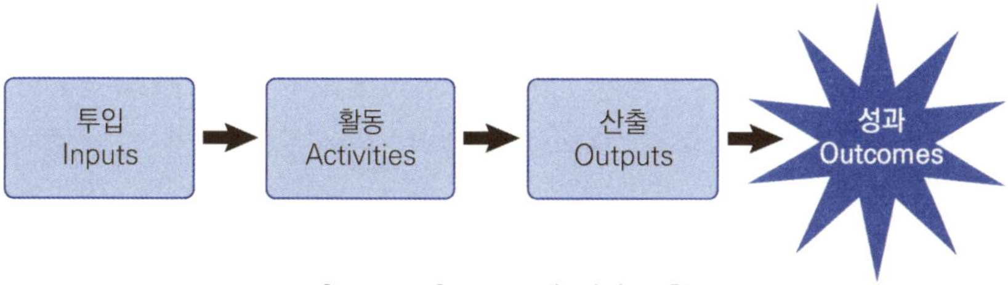

[그림 10-1] 프로그램 평가 모형

(1) 목표중심 평가

목표중심 평가(objective oriented evaluation)는 인간 행동 변화에 대한 행동주의 철학에 기초하고 있는 것으로 프로그램 평가 중에서 가장 오래되고 가장 널리 사용되는 평가모형이라 할 수 있다. 이것은 평가의 기능이 프로그램의 목표나 목적을 어느 정도 성취했느냐를 판단하는 것에 초점을 맞추고 있다. 즉, 프로그램을 실시하기 이전에 미리 세워 두었던 프로그램 목표에 청소년들이 얼마나 도달하였는가를 판단하는 접근이다.

구체적으로 목표중심 평가는 [그림 10-2]에서는 보는 바와 같이 프로그램 계획 단계에서 미리 예상되는 결과, 즉 프로그램 목표를 설정한 후 실행과정을 통해 발생된 결과를 측정하고, 그 결과를 평가의 기준(criterion)이 되는 목표와 비교하여 그 가치를 판단하는 과정으로 도식화할 수 있다.

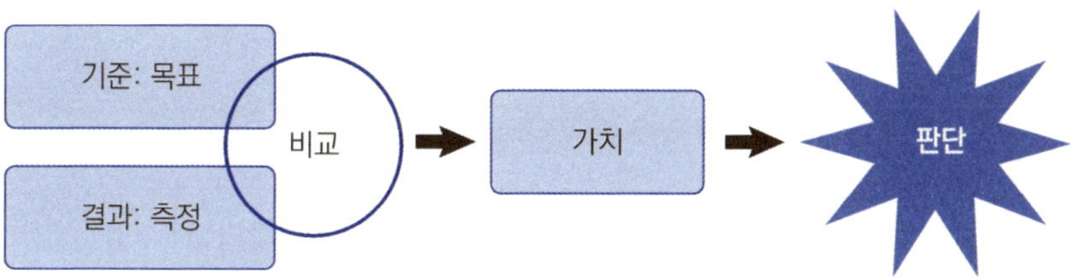

[그림 10-2] 목표중심 평가의 개념도

(2) 의사결정중심 평가

의사결정중심 평가는 평가를 의사결정자에게 필요한 정보를 제공하여 의사결정을 돕는 과정으로 이해하는 것이다. 다시 말하자면, 프로그램 운영자의 입장에서 평가하는 것으로 그 프로그램을 계속 시행할 것인가 중단할 것인가에 대해 결정하기 위한 평가라 할 수 있다. 구체적으로 이 모형은 프로그램의 요구분석, 계획, 시행, 평가 등 모든 국면을 평가하여 의사결정자에게 유용한 정보를 제공한다하여 정보처리모형 혹은 과정모형이라 부르기도 한다.

의사결정중심 평가 모형은 프로그램 계획 단계에서 추구할 목표를 설정하고 구성하는 결정과 관련된 상황평가, 설정된 목표와 요구를 성취하는데 필요한 수단을 구체화하기 위한 구조적 결정과 관련된 투입평가, 설계한대로 실천하기 위한 결정과 관련된 과정평가, 프로그램을 존속시킬지의 여부와 관련된 산출평가를 고루 포함하고 있다. 그러므로 청소년활동에서도 프로그램을 계획, 시행, 평가를 포함하는 모든 의사결정의 국면을 평가하는데 초점을 두는 것으로 프로그램 참여자에게 유용한 정보를 제공해 준다는 장점이 있다. 하지만 평가 자료가 사장될 우려가 있고 실제의 교육상황 개선에 활용될 소지가 적다는 단점도 있다.

평가자는 단지 프로그램에 관해 정해진 정보와 자료만을 수집할 뿐이며, 자료에 의한 프로그램의 가치판단 및 프로그램 결정권은 의사결정자에게 주어지게 된다. 따라서 현장의 개선이나 혁신을 위한 평가에 초점을 두기보다는 현상유지를 위한 평가, 의사결정자의 결정을 합리화해 주는 평가가 되기 쉽다는 문제가 있다.

(3) 판단중심 평가

평가를 프로그램이 지닌 장점이나 가치를 판단하거나 결정하는 일로 정의하고 프로그램의 목표 달성이나 관련 인사의 의사결정과는 무관하게 프로그램이 지닌 장점과 가치를 파악하는 평가 모형이다. 그렇기 때문에 프로그램의 단기 효과뿐 아니라 장기 효과도, 의도한 효과뿐 아니라 의도하지 않은 효과도, 수단적 가치뿐 아니라 목적적 가치도 함께 중시하면서 프로그램의 진가를 평가요구자의 입장에서 판단하는 모형이다.

이를 위해서는 판단의 근거가 되는 평가기준 설정이 매우 중요한데, 이는 각 프로그램이 고유하게 지니고 있는 속성과 기능을 고려하되, 유사한 프로그램으로부터 얻은 자료를 근거로 설정한다. 이 경우 프로그램 판단 기준은 상대적인 기준과 절대적인 기준으로 나누어 질 수 있을 것이다. 설정된 평가기준에 따라 프로그램을 평가하기 위해서는 프로그램에 관한 다양한 국면에서의 기술적, 판단적 자료를 충분히 확보하는 일이 매우 중요하다. 판단에 적용될 자료의 충실성, 정확성, 타당성이 중요하기 때문에 실제로 자료를 확보하기 어렵다. 그러나 보다 중요한 것은 평가자의 능력과 경험이다. 평가자의 능력과 경험은 평가결과의 신뢰성에 직접적인 영향을 주는 요인이다.

(4) 전문성중심 평가

평가 대상 프로그램과 관련된 분야의 전문가들이 전문성을 이용하여 프로그램의 진가를 평가하는 모형인데, 전통적으로 인정평가모형(accreditation model)과 전문가 심의모형(professional review)이 이에 해당한다. 인정평가모형은 주로 프로그램과 관련된 분야의 전문가들이 하나의 팀을 이루어 사전에 체계적인 평가기준 및 평가원칙을 개발하고, 그에 입각하여 일정기간 동안 자체 연구를 한 후 프로그램이 운영되고 있는 현장을 방문하여 프로그램의 수행과정을 관찰하고 평가하는 데 중점을 두는 모형이다. 주로 학교나 기관의 프로그램을 인증하고자 할 때 적용하는 모형으로서 우리나라에서는 대학종합평가나 학교종합평가, 그리고 최근에 청소년분야의 관심거리인 청소년 프로그램인증제가 바로 이에 해당된다.

그런가 하면, 다양한 형태의 전문가 심의모형은 특정 분야에 권위 있는 전문들의 심의, 검토, 평정지도를 활용하여 프로그램의 가치 및 장점을 파악하고,

그를 여러 목적에 활용하는 평가 모형이다. 학교에서 학생들의 졸업을 최종 심의하는 졸업사정제나, 교수들의 승진을 심의하는 인사위원회, 연구계획서를 심사한 후 우수한 계획서를 선정하는 등의 경우 자주 적용되는 모형이다. 청소년 분야에서도 프로그램 공모제가 다양하게 실시되고 있는데 이 경우 최우수 프로그램이나 우수 프로그램을 선정하기 위해 거치는 평가 과정이 바로 전문가 심의모형에 해당한다.

(5) 참여- 반응중심 평가

프로그램에 참여하거나 그로 인해 영향을 받은 관련 인사들의 다양한 반응에 입각하여 프로그램의 역동적인 측면을 중시하여 그 장점과 가치를 파악하려는 모형이다. 프로그램과 관련된 복합적인 인간성 문제를 이해하고 가치의 다원성을 인정 및 수용하며 프로그램이 실시되는 현장을 중시하는 평가 모형이다. 전통적인 평가 모형이 평가대상을 기계적이고, 무감각하게 기술하고 분류하는 일, 평가 방안을 정교하게 설계하는 일, 반론을 방어할 수 있는 객관적 도구를 기술적으로 개발하는 일, 평가의 절차 방법에 관한 보고서(technical report)를 작성하는 일 등에 지나치게 매달려 교육이나 프로그램 실천 현장에서 실제로 발생하는 사상을 놓치고 있다는 지적에서 배태된 모형이다(배호순, 1994: 162~163).

전통적인 평가 모형이 갖는 이러한 결함을 극복하기 위하여 하나의 대안으로 고안된 모형이 바로 참여-반응중심의 평가모형이다. 참여-반응중심 평가는 실제적인 교육이나 활동과 관련된 다양한 관심, 문제, 결과 등을 총체적으로 밝히는 일에 초점을 두며, 평가자는 여러 집단의 다양한 판단과 기준을 조화시켜 프로그램에 직간접적으로 관련되어 있는 개인이나 집단의 다양한 요구와 가치를 직관적 형태로 기술한다. 그렇게 함으로써 평가 관련자들이 자연스럽게 평가 과정에 참여하고 반응할 수 있기 때문에 참여-반응중심 평가(participant-responsive oriented evaluation)라고 칭하는 것이다.

4. 청소년활동 프로그램 평가자의 능력과 역할

평가의 주체는 청소년지도자, 외부 전문가, 참여자(청소년), 기타 프로그램에 관계되는 사람들이다. 이들 모두를 평가자라 명명하고자 한다. 특히 청소년지도자는 그 전문적 능력 중 평가를 합리적이고 객관적으로 진행할 수 있는 자질을 갖추고 있어야만 한다.

평가자의 자질은 평가의 성패를 좌우하는 가장 중요한 요인이다. 왜냐하면, 평가자는 본질적으로 매우 다양하면서도 전문적인 지도를 수행해야 하기 때문이다. 평가 계획을 수립하는 일에서부터 평가결과를 보고서로 정리하는 것에 이르기까지 모든 과정이 전문가적인 소양과 자질을 요구하고 있다. 무엇보다도 평가는 그 결과를 이해 당사자들이 인정하고 수용할 때 의미가 있는데, 이 경우 평가자에 대한 관련 집단 구성원들의 신뢰가 중요하며, 이 신뢰는 바로 평가자의 전문적인 자질과 능력에 의해 결정된다.

1) 평가자의 능력

평가자가 평가수행 과정에서 수행해야 하는 업무로는 평가 모형의 선정, 평가 계획 수립(평가 기준 설정 포함), 관련 자료 수집을 위한 도구 제작이나 선정, 자료 및 정보 수집, 자료의 처리 및 분석, 수집된 자료에 근거한 판단, 보고서 작성, 평가 결과 보고, 평가 관계자와의 협의 등이다. 이러한 다양한 업무를 수행하기 위해서 평가자는 관리 및 운영 기술, 평가 관련 전문적 기술, 개념적 기술, 관련 내용 영역의 전문적 지식 등의 능력을 갖추어야 한다(배호순, 1994: 270~271).

첫째, 관리 및 운영기술은 의사소통, 감독, 대인관계, 체제분석, 계약수립, 예산책정, 목표수립, 전문적 윤리, 정치적 임기응변 등을 포함한다.

둘째, 전문적인 기술에는 도구 개발 및 선정, 검사 실시, 통계적 분석, 조사방법, 관찰기법, 심리측정론, 실험설계법, 자료의 질 관리, 컴퓨터의 적용, 사례

연구법, 비용-효과분석, 보고서 작성 등의 기술이 포함된다.

셋째, 개념적 기술은 대안을 강구할 수 있는 능력, 계획을 구상할 수 있는 능력, 문제점을 분류하고 분석하는 능력, 관계를 파악하고 표현할 수 있는 능력 등을 말한다.

넷째, 전문적 지식에는 평가 대상 영역과 관련된 업무의 경험, 주된 관련 연구에 관한 지식, 관련 분야의 주요 구조를 이해하기, 관련 분야의 전문가와의 친교 등이 포함된다.

이와 같은 기능과 자질은 평가 목적과 대상의 성격에 따라서 그리고 그에 따른 접근 방식에 따라 그 강조점이 달라질 수 있다. 또한 평가 설계 및 그 지도의 양상에 따라 어느 기능과 자질이 더욱 강조되는가가 결정될 수 있다. 말하자면, 평가자의 업무내용과 평가자에게 요구되는 기본자질과 능력은 평가 목적과 평가지도의 양상에 따라 그 강조점이 달라질 수 있기 때문에 특정업무나 특정능력만을 강조할 수 없게 된다.

2) 평가자의 역할

평가자는 평가의 상황과 여건에 따라, 그리고 평가 목적과 그 강조점에 따라 각기 다른 역할을 수행해야만 한다. 즉, 평가자의 역할이 사전에 미리 고정되어 있지 않고 평가의 목적과 여건에 따라 유동적으로 달라지기 때문에 특정 역할만을 일방적으로 요구하기보다는 평가 상황에 따라 어떤 역할이 요구되는가를 파악할 수 있는 자질을 함양하도록 하는 것이 보다 바람직하다.

평가자의 역할은 크게 네 가지로 분류할 수 있다(배호순, 1994: 271~273). 그것들은 전문적인 역할, 대인관계적인 역할, 행정적인 역할, 그리고 사회적 및 정치적 역할 등이다.

첫째, 전문적 역할이란 평가자가 평가 수행에 필요한 전문적인 지식과 기능을 바탕으로 독자적으로 평가계획을 수립하고 평가준거를 설정하며, 자료를 수집 · 분석 · 처리하며 그로부터 평가지표를 추출하며 평가기준을 결정하는 등의 평가 방법론을 중심으로 한 전문적인 기능을 말한다.

둘째, 대인관계적인 역할은 평가자가 평가 의뢰자와 의사결정권자를 대상으로 인간관계를 유지하는 등 평가를 수행하기 위한 제반 인간관계 유지 역할을 의미한다. 이것은 평가를 수행하기 위해서 필수적으로 요청되는 평가구성 요소로서 평가 요구자 및 평가 관련자와의 의사소통, 대중과의 관계유지, 상황적 지도력, 평가 팀의 형성 및 그 운영 능력, 갈등상태의 해결 등의 능력을 포괄하고 있다.

셋째, 행정적인 역할은 평가의 수행 및 관리에 관한 기능을 의미하는데, 평가수행 상 필수적으로 요청되는 평가 수행을 계약하고, 그 계획을 수립하고, 협상하며, 예산을 책정하고 집행하는 등 평가 관련 제반 활동을 기획, 집행 및 관리하는 역할을 의미한다.

넷째, 사회 · 정치적 역할은 평가를 발주하고 기획하며 수행하기 위해서 필요한 의사결정을 내리고 평가 자체를 전개하고 수행하는 데에 초점을 둔 평가자의 역할을 의미한다. 구체적으로는 평가의 사회적 · 정치적 맥락과 조직적 상황을 고려하여 그에 적합하도록 평가를 수행하는 평가자의 역할을 말한다. 이 역할에는 관련 평가업무를 지원하고 발주하는 개인 또는 기관(집단)과의 관계 형성 및 유지, 평가 내용과 관련된 분야의 정책 방향 타진, 대상 프로그램이 개발되고 실행되는 사회적 · 정치적 맥락의 파악, 프로그램과 관련된 개인과 기관과의 관계 형성 및 유지 등에 관련된 활동이 포함된다.

5. 청소년활동 프로그램 평가의 절차

모든 평가가 그러하듯 프로그램 평가도 실시되기 전부터 계획되고, 실시되는 과정에서 지속되는 계속적인 과정이다. 물론, 보다 중요한 것은 계획은 미리 세우되 실제 평가는 진행하는 중간이나 끝 무렵 또는 끝낸 후 얼마간의 시간이 지난 다음에 실시하게 되는 것이 보통이다. 따라서 여기에서는 청소년활동 프로그램 평가의 과정을 ① 평가의 세부목표설정, ② 평가내용과 방법의 결정, ③ 평가도구의 제작, ④ 평가의 실시, ⑤ 평가결과의 처리와 분석 및 활용 등으로 제시하고 구체적으로 살펴보고자 한다(김진화 · 정지웅, 1998).

1) 평가의 세부목표 설정

보통 평가의 목표는 수립된 청소년활동의 목표를 얼마나 달성하였는지, 또는 그 목표를 달성하기 위하여 작성된 청소년활동의 계획이나 프로그램이 얼마나 효율적으로 수행되었는지 등을 측정하여 보다 나은 다음의 프로그램을 개발 · 실시하고자 하는 데 있다. 이러한 평가의 근본적 목표를 달성하기 위해서는 보다 세분화된 평가 목표가 마련되어야 한다. 이를 테면 평가될 내용과 행동, 그리고 그 대상과 방법에 대한 윤곽이 평가 목표에 포함되거나 암시되어야 하며, 평가 후의 활용에 대한 지침이 포함되어야 할 것이다.

간단한 활동 프로그램에 대한 자체평가의 경우라면 그 목표도 "활동 참여자의 프로그램에 대한 평가치와 계속 강화해야 할 점, 그리고 앞으로 개선해야 할 점을 알아내어 보다 나은 다음 프로그램 작성을 위한 시사점을 얻는다"는 정도로 간단히 설정할 수 있을 것이다. 그러나 좀 더 전문적이고 세밀한 평가를 하고자 한다면 그 목표도 많은 항목으로 나누어 제시하여야 한다. 그러한 목표에 따라 수행될 평가의 내용과 방법의 결정 및 평가의 도구는 뒤에서 계속 자세히 다루게 될 것이다. 단지 그 목표가 지식을 측정할 것인지 태도를 잴 것인지 또는 실기상의 학습사항을 알아보는 것인지, 그 가운데 어디에 역점을 두느냐에 따라 평가의 형태는 많은 차이를 보이게 된다. 대체로 청소년활동 평가에서는 태도형성에 많은 비중을 두기 때문에 그 평가의 방법도 관찰이나 설문형 반응조사를 통하는 경우가 많다. 그러나 내용의 특성에 따라서 지식이나 실기를 중요시하여 시험(고사) 또는 검사 및 진단조사를 사용하거나 이들을 모두 종합하는 종합평가가 있을 수 있다.

2) 평가내용과 방법의 결정

세부목표에는 이미 상당한 정도로 평가될 내용과 평가 방법이 암시되어 있기도 할 것이다. 평가 내용은 프로그램에서 다룬 내용으로서 행동의 변화, 지식과 기능의 습득, 태도의 변화 등을 포함하게 된다. 예를 들어, 청소년활동 목표가 새로운 사항(innovations)을 전달하는 것이라면 평가 내용은 그 새로운 사항을 항목별로 나열하고 그것이 얼마나 잘 이해 또는 전달되었는지를 알아보는 형태로 구성되어야 할 것이다.

많은 경우, 청소년활동의 목표가 태도의 변화, 자세 및 의식의 변화, 또는 가치관의 정립 등이기 때문에 평가 방법으로 태도나 의견을 묻는 태도 조사(attitudes test)나 의견조사(opinion poll)가 많이 활용되고 있다. 물론, 문항의 내용은 당연히 프로그램에서 다루어진 내용과 연관성(타당성에 속함)이 있어야 할 것이다. 그런가 하면 프로그램의 목표가 어떤 기술을 습득시키게 하는 것이라면, 이에 대한 평가는 얼마간의 실습 또는 연습이 있은 후에 실제적인 기술을 직접 감정하거나 평정하는 평가방법이 적용되어야 할 것이다.

또한, 평가의 대상이 프로그램이나 기관 또는 지역사회일 때는 그 목표에 따라 다르기는 하겠지만 위와 같은 내용과 함께 평가기준을 작성하여 이를 평가의 내용으로 삼을 수 있을 것이다. 이들 평가의 내용에 대한 문항이나 기준 설정은 다음 항의 '평가도구의 작성'에서 자세히 다루어 질 것이다.

평가내용이 결정되면 이들 내용을 어떤 방법으로 평가할 것인가를 미리 결정해야 할 것이다. 앞에서도 암시한 바와 같이 그 내용이 지식이나 정보의 전달이 주가 되면 그 방법도 고사(필답 또는 구술), 또는 통신충실검사(communication fidelity inquiry)를 적용할 수 있을 것이며, 그 내용이 태도의 변화나 정신 및 의식을 다루는 것이면 평가의 방법도 설문형 반응이나 활동 전후의 태도 및 의식조사, 의견청취, 관찰 등의 형태가 되어야 할 것이다. 그리고 실기검사의 경우는 참여자들이 스스로 어떤 진단 및 감정 문항에 응답하게 하는 방법과 평가자 또는 심사위원이 실제로 학습자가 만들어 낸 작품이나 작업과정을 지켜

보면서 이미 만들어진 척도에 따라 평정(rating)을 하는 방법을 쓰게 될 것이다.

또 평가의 내용이 주로 어떤 프로그램이나 기관 및 지역사회의 지도에 관련된 것이면 전문가들로 구성된 심사위원들이 이미 만들어진 평가기준에 따라 집단적으로 평가를 하는 방법이 적용될 수 있을 것이다. 그리고 평가의 내용에 따라서는 한 가지 방법만이 아닌 두 가지 이상의 방법이 동시에 적용될 경우도 있을 것이다. 예컨대 농촌 청소년들에게 어떤 새로운 기술을 교육시키고 이를 평가할 때 궁극적인 목표는 그 기술을 수용하였는지를 평가하면 되는 것이지만, 그러한 수용이 되기까지는 그 기술에 대한 정확한 지식과 태도가 습득·형성되어야 하기 때문에, 평가방법도 지식을 물어보는 고사(시험)와 태도를 물어보는 면접, 그리고 실제 수용여부를 확인하는 현지조사 등이 함께 이루어져야 할 것이다.

3) 평가도구의 제작

모든 평가는 평가목표를 달성하기 위한 프로그램의 내용을 적절한 방법으로써 측정, 평정할 척도(scale) 또는 도구(instrument)를 필요로 하며, 이러한 도구를 얼마나 정확하게, 정밀하게 만드느냐가 평가의 신뢰성과 타당성을 좌우하게 된다. 마치 길이를 재는 자가 있듯이 청소년활동을 실시할 때 얼마나 목표하는 바대로 잘 이루어졌느냐 하는 것을 측정할 수 있는 정확한 도구가 있어야 한다. 길이는 국제적으로 규격화된 자(미터)가 있지만, 청소년활동은 그 목표, 내용, 방법, 대상 등이 다양하기 때문에 필요할 때마다 도구를 따로 제작하여 계량화해야 하기 때문에 청소년지도자에게는 평가도구 제작과 관련된 보다 전문적인 소양과 기능이 요구되는 것이다.

좋은 평가도구란 무엇보다도 그 도구가 평가하고자 하는 내용과 일치되는 타당성을 갖추어야 하며, 응답자가 도구의 질문에 응답할 때 평가목표에 알맞은 응답을 정확히 할 수 있도록 신뢰성이 있어야 하며, 누가 평가해도 서로 어긋나지 않는 결과(점수)를 얻을 수 있는 객관성을 지녀야 하며, 그리고 누구나 쉽게 적용할 수 있는 실용성을 함께 갖추어야 한다. 다시 말해 타당성, 신뢰성, 객관성, 실용성은 평가를 위해 사용할 도구가 갖추어야 할 중요한 요건인 것이다.

4) 프로그램 평가의 실시

평가목표를 달성하기 위한 평가의 내용 및 도구가 제작되면 정해진 방법에 따라 평가를 실시하게 될 것이다. 평가의 방법은 고사 또는 시험(필답 또는 구술), 설문응답(면접 또는 질문지법), 심사분석(평가기준의 적용), 관찰, 집단협의 등을 생각할 수 있다. 일반적으로 청소년활동에 대한 평가는 자체 평가의 형태를 많이 취하기 때문에 간단한 설문에 대한 응답이나 집단협의의 방법을 적용하는 경우가 많다.

그런데 이러한 평가의 결과를 앞으로의 프로그램 개정이나 지속여부를 결정하기 위한 기초 자료로 쓰는데 그치지 않고 어떤 포상이나 진급을 위한 기초 자료로 쓴다면 평가 과정에 과장이나 허구성이 따를 수 있을 뿐만 아니라, 그러한 평가로 인하여 프로그램 자체가 왜곡되거나 변질될 수 있음을 간과해서는 안 될 것이다.

5) 평가결과의 처리와 분석

평가를 실시하여 수집된 자료는 마치 조사나 다른 연구 자료를 처리 또는 분석하는 방법과 똑같이 다음과 같은 절차에 따라 처리·분석하는 것이 보통이다.

① 데이터의 편집(editing) : 이는 수집된 평가 자료를 하나하나 검토하면서 보충할 점이나 잘못된 것을 점검하여 보완, 수정하는 과정이다.

② 부호붙이기(coding) : 평가의 내용을 일정한 범주로 나누어 번호를 붙이거나 일정한 점수를 주어 자료 전체를 부호화 또는 계량화하는 과정이다.

③ 표만들기(tabulating) : 각 범주별로 평가된 점수를 해석이 가능하도록 단순하게 또는 두 가지 이상의 변인으로 나누어 단순집계표(cross table)를 작성하는 과정이다.

④ 통계분석(computing) : 평가 자료의 표가 작성되면 각 집단의 특성을 파악하고 견주어 보기 위하여 여러 가지 통계 분석을 한다. 여기에는 빈도분포나 백분비, 집중경향(평균, 중위수, 최빈치), 변산도(표준편차, 사분편차, 범위), 상관관계, 변인 간 유의차 검증 등이 있다.

이러한 분석이 끝나면 어떤 평가 결과에 대한 해석이나 판정이 가능하게 될 것이며, 특히 어떤 집단의 어떤 부문 및 어떤 과정의 교육이나 프로그램이 효과가 컸는지, 문제가 있었는지 등이 드러나게 될 것이다.

6) 프로그램 평가의 활용: 프로그램 개정

평가 자료의 분석과 해석이 끝나면 그 결과를 어떻게 활용할 것인가가 무엇보다 중요하다. 평가 자료는 프로그램 개정이나 마케팅에 활용될 수 있는데, 다음과 같은 점을 고려할 필요가 있다.

① 프로그램의 목표가 잘못 세워진 점은 없었는가? 앞으로의 프로그램 목표는 어떻게 설정하면 좋겠는가?

② 목표를 달성하기 위한 프로그램 기획에서 너무 무리한 점은 없었는가? 너무 쉽게 또는 막연한 계획을 세우지는 않았는가?

③ 프로그램의 내용에서 개선되어야 할 것은 무엇인가? 새롭게 추가되어야 할 내용은 무엇이며 빼도 좋은 내용은 무엇인가?

④ 프로그램 실천의 방법 면에서 어떤 점을 고쳐야 하겠는가? 보다 즐겁게 그리고 모두가 열성적으로 참여하고 스스로 그 활동의 내용을 쉽게 터득하게 하는 방법은 없겠는가?

⑤ 프로그램에 대한 평가를 위해서는 어떤 방법이 좋겠는가? 앞으로 효율적인 활동 프로그램을 계속 실시하는데 대한 좋은 방안은 무엇인가?

한 마디로 말하여 평가는 평가를 위한 평가가 되어서는 안 될 것이며, 청소년 활동 프로그램을 개선하는데 기여해야 함이 무엇보다 중요시되어야 한다.

참고문헌

김미숙(1999). 사회교육 프로그램 평가론. 서울: 원미사.

김진화 · 정지웅(1998). 사회교육프로그램 개발의 이론과 실제. 서울: 교육과학사.

배호순(1994a). 프로그램 평가론. 서울: 원미사.

배호순(1994b). 프로그램 평가의 이해. 한국청소년개발원. 프로그램의 개발과 운영. 청소년 지도자 교재 총서.

Caffarella, R. S.(2002). *Planning Programs for Adult Learners.* Jossey-Bass: A Wiley Company.

11장 청소년 프로그램개발의 실제

일반적으로 청소년 프로그램의 개발이란 청소년들의 건전한 육성을 위해 청소년 프로그램을 계획하고 설계하여 활용하려는 시도를 말한다. 그러나 청소년 프로그램의 개발과정은 프로그램의 목적, 성격, 유형 등 여러 가지 조건에 따라 개발자에 의해 다르게 선택될 수 있기 때문에 획일적인 절차나 단계로 제시하는 것은 적합하지 않다.

특히, 청소년 프로그램은 청소년활동과 청소년보호 영역 간에 프로그램의 배경이나 성격 등에 상당한 차이가 있으며, 이에 따라 개발 절차와 내용도 상이하다. 그럼에도 불구하고 청소년 프로그램이라고 하면 청소년활동 프로그램을 중심으로 생각하는 경향이 많으며, 청소년보호 프로그램은 상대적으로 소홀히 다루어 온 점이 적지 않다.

최근 청소년문제의 심각성에 대한 인식과 이를 체계적으로 접근하려는 시도는 청소년 보호프로그램의 개발을 요청하고 있으며, 앞으로도 청소년문제 유형에 따른 보다 다양한 프로그램이 개발될 것으로 보인다. 이와 같은 이유에서 이 장에서는 청소년 프로그램을 청소년활동 프로그램과 청소년보호 프로그램으로 구분해서 각각의 프로그램의 특성과 개발 사례를 소개하기로 할 것이다.

1. 청소년활동 프로그램의 개발

1) 청소년활동 프로그램개발의 특성

청소년활동 프로그램은 크게 국가에 의해서 정책적 필요에서 이루어지는 프로그램과 개별 시설 및 단체의 필요에 의해서 독자적으로 개발한 프로그램으로 구분된다. 우리나라에서 정책적 필요에서 국가에서 개발하는 프로그램은 청소년기본계획의 일환으로 1992년부터 개발하고 있는 프로그램을 들 수 있다. 이러한 프로그램은 개발 초기부터 실행여건에 따른 수정·보완을 전제로 하여 계획되어서 어디서나 적용될 수 있는, 즉 실제 실행되는 지역이나 기관의 특수한 여건에 유동성 있게 적응할 수 있는 지침으로서의 보편적인 성격을 가지게 된다. 그러므로 이들 프로그램의 내용은 일반성을 띠게 되고, 그 평가는 청소년지도자들이 그 프로그램들을 얼마나 많이 활용되었는가에 따라 이루어진다.

기관 프로그램은 주로 청소년단체나 청소년시설 등의 청소년 관련 기관들이 각 기관에서 전개될 청소년활동을 위해 독자적으로 개발하는 사업적인 성격을 가진 프로그램을 의미한다. 이 프로그램들은 기관이 가지고 있는 목적과 목표를 달성하기 위한 기본수단으로 활용되기 때문에 각 기관의 기본이념을 보다 잘 반영할 수 있는 독창적인 프로그램을 중심으로 개발된다. 기관 프로그램들은 실제 실행되는 현장여건을 중심으로 계획되어 그 내용들은 보다 구체적이고 특징적인 성격을 가지게 된다. 무엇보다 프로그램의 성격이 뚜렷하며 활동의 내용을 비롯하여 방법, 시기, 장소, 효과, 평가 등이 보다 명확하게 명시되는 세부적인 프로그램이 된다. 따라서 이들 프로그램은 보다 특징성과 구체성을 띠게 되고, 그 평가는 활동의 취지가 청소년들에게 얼마나 잘 효과적으로 전달되었는가에 따라 주로 이루어진다(한국청소년개발원 편, 1997: 24).

2) 국가 중심의 활동프로그램개발 사례

(1) 프로그램의 개발 현황

정부에서는 전국의 청소년 단체 및 수련시설 등에서 청소년 수련활동 운영 시 다양하게 활용할 수 있는 수련거리 기본모형을 한국청소년정책연구원과 각 대학연구소 등 전문기관을 통하여 개발해 왔다. 개발된 수련거리 기본형은 청소년들이 균형 있는 심신수련활동을 할 수 있도록 계획된 것이며, 각 종별로 청소년들에게 필요한 보조 자료를 별도의 책자 및 비디오 등으로 제공하고 있다.

일차적으로 청소년 수련거리 기본형 프로그램은 1992년 이후 1998년 12월말까지 총 93종이 개발되었다. 또한 21세기 사회변화와 청소년육성의 목표, 청소년의 요구변화 등 제반요소를 감안하기 위해 1998년 한국청소년정책연구원이 '특성화된 청소년 수련거리 개발을 위한 기초연구'를 통해 제시한 6대 영역별 수련거리 소재를 1999년도에는 5종, 2000년도에는 7종, 2001년도에는 10종, 2002년도에는 8종, 2003년에는 6종, 2004년에는 5종, 2005년에는 5종, 2005년에는 5종 등 총 51종을 개발하였다(문화관광부, 2003: 국가청소년위원회, 2007).

〈표 11-1〉 21세기 청소년상의 영역별 수련거리(93종) 구분

21세기 청소년상	활동영역	활동소개
문화적 감성	문화감성 활동	문화권탐방활동, 예술감상활동, 명절쇠기활동, 국토탐사활동, 민속놀이활동, 노래광장활동, 놀이한마당활동, 전통문화사랑방활동(우리노래, 춤, 악기, 극, 풍속활동), 신토불이상차림활동, 역사연극활동, 역사인물기행활동, 역사읽기운동, 박물관기행활동, 선현답사활동, 전통예술창조활동, 취미생활활동, 문예사랑활동, 영상매체이해활동, 만화이해활동, 어울마당활동, 가족과 함께 하는 놀이 24가지 활동, 전설의 고향활동, 하나 되는 몸짓활동, 전통축제한마당, 영상음악, 어울춤, 철학기행(31종)
과학능력과 정보마인드	과학정보 활동	독서교실활동, 환경캠프활동, 장영실의 하루활동, 자기표현활동, 컴퓨터와의 만남활동, 지구촌시대를 여는 정보통신활동, 정보캠프활동, 창작마당활동, 과학놀이활동(9종)

21세기 청소년상	활동영역	활동소개
봉사와 협력정신	사회봉사 활동	도시농촌교환봉사활동, 모의지방의회활동, 지역사회명사만남활동, 지역사회봉사활동, 장애청소년스포츠활동, 화목한 가정꾸미기활동, 이웃돕기한마당활동, 지역사회공개토론활동, 환경살리기운동, 우리는 환경을 지키는 녹색파수꾼활동, 함께 하는 지역공동체활동, 가족유대강화활동, 한마음한가족(13종)
모험과 개척정신	모험개척 활동	바들산체험활동, 안전사고대비훈련활동, 호연훈련활동, 자연농장활동, 수상훈련활동, 신바람풍물체조활동, 몸바심활동, 대한군인활동, 백두에서 한라까지 활동, 비만예방활동, 한국의 강 탐사활동, 국토사랑배낭여행활동, 모험체험활동, 산들탐사활동, 미지의 세계활동(15종)
전문적 직업능력	자기계발 활동	부모와 함께 하는 역할놀이활동, 모의법정활동, 정신건강활동, 가치관정립활동, 바른시민생활활동, 동방예의지국활동, 진로탐색활동, 집단속의 나 활동, 물자절약운동활동, 생활법률이해활동, 암행어사출두여활동, 공양미삼백석활동, 믿음의 유산활동, 남이 되어보기 캠프활동(14종)
국제감각	국제교류 활동	국산품애용활동, 청소년국제교류활동, 국제교류준비활동, 세계문화비교체험활동, 나라사랑체험활동, 외국문화이해활동, 통일광장활동, 온누리로 향한 배달의 얼 활동(8종)
기 타	다영역 활동	수련거리운영지침, 출발 우리는 새내기, 우리들 세상 여기는 청소년마을(3종)
		총 계 (93종)

자료: 문화관광부(2003). 청소년백서. 서울: 문화관광부

〈표 11-2〉 특성화된 청소년 수련거리 개발 현황

구분	계	문화적감성	과학정보	봉사협력	모험개척	직업준비	국제교류	기타
계	51종	9종	9종	7종	7종	7종	9종	3종
1999	5종		• 인터넷 정보활용	• 인명구조	• 오지탐험	• 직업현장 체험	• 세계민속 이해	
2000	7종	• 사진	• 천체관측 • 과학공작	• 경로봉사		• 진로의사 결정 • 청년기업인	• 통일기행	
2001	10종	• 고미술 • 만화영화 제작	• 전자신문 • 자동차	• 장애인 돕기	• 도강훈련 • 자연지도 제작	• 장인정신 체험	• 세계문화 체험 • 외국인 관광안내	

구분	계	문화적감성	과학정보	봉사협력	모험개척	직업준비	국제교류	기타
2002	8종	• 민속공예 • 생활사	• 생명과학 실험	• 문화자원 복원	• 항해체험	• 사회생활 기술	• 세계시민 교육 • 한민족얼 찾기	
2003	6종	• 장르별 대중문화 따라잡기	• 생활가전 창작 200% 활용하기	• 청소년 마을체험	• 보드의 세계	• 환경음식 만들기	• 국제언어 캠프	
2004	5종	• 그래피티			• 생존캠프		• 남북청소년 어울마당	• 물과 생명 • 성교육
2005	5종	• 교육연극 활동	• 생활속의 의학	• 시민단체-NGO이해와 체험	• 자연재해 예방 및 대처훈련		• 청소년 여행자클럽	
2006	5종	• 동아시아 역사문화체험 IN KOREA	• Science All fun한 Ssaturday	• 우리지역 청소년문화 자원봉사단		• 청소년 별난시장		• 청소년카페 청소년이 접수한다

자료: 문화관광부(2003). 청소년백서. 서울: 문화관광부
국가청소년위원회(2007). 청소년백서. 서울: 국가청소년위원회

(2) PBL(Project Based Learning) 방식 청소년활동 모델 개발[1)]

4차 산업혁명 등 기하급수적 사회 변화로 미래를 예측할 수 없는 불확실성의 시대가 도래하고, 교육의 목표·방식·내용이 빠르게 변화하고 있으며, 미래사회 핵심역량 함양을 위한 창의·융합 활동 수요가 증가함에 따라 정부에서는 청소년을 창의·융합 인재로 성장할 수 있도록 지원하기 위하여 2019년부터 한국청소년활동진흥원을 통하여 청소년 주도성을 담보한 역량 중심 프로젝트 활동 모델을 개발·보급하고 있다.

① PBL 7가지 요소

청소년 핵심역량을 함양하기 위한 PBL의 7가지 요소는 ‘어려운 문제 또는

1) 한국청소년활동진흥원(2023. 7.7). KYWA형 PBL 모델 현황 자료를 토대로 작성하였다.

질문', '지속적인 탐구', '실제성', '청소년 의사와 선택권', '비평과 개선', '성찰', '공개할 결과물'이다. 즉, 프로젝트에 참가한 청소년은 '실제성' 있는 '어려운 문제 또는 질문'을 해결하기 위해 '탐구활동'을 하게 된다. 청소년은 주도적으로 '스스로 판단하고 결정'하며 해결책을 찾아 나간다. 또한 더 좋은 해결책을 찾기 위해 서로 '비평과 개선', '성찰'을 하며, 청중 앞에서 '공개할 결과물'을 발표하게 된다. 이러한 과정을 통해서 청소년은 핵심지식을 이해하고, 청소년활동 핵심역량을 함양하게 된다(한국청소년활동진흥원. https://www.kywa.or.kr/business/business20.jsp).

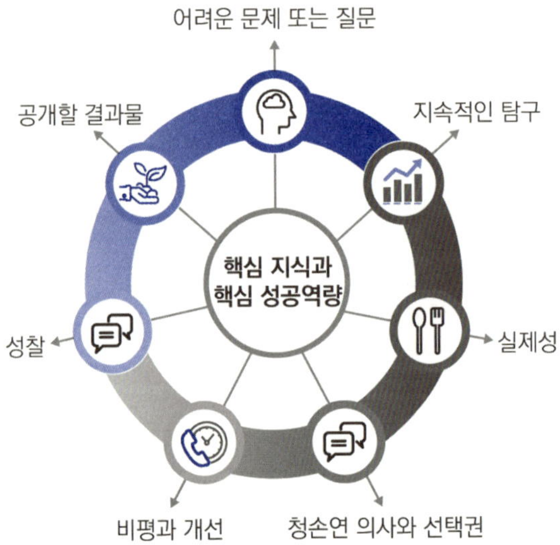

[그림 11-1] 청소년 핵심역량 함양을 위한 PBL의 7가지 요소

자료: 한국청소년활동진흥원. https://www.kywa.or.kr/business/business20.jsp

② PBL 방식 청소년활동 모델 개발 현황

PBL 방식 청소년활동 모델 개발은 KYWA형 PBL 모델과 지역형 PBL 모델 연계개발(C&D)이 있는데, KYWA(한국청소년활동진흥원)형 PBL 모델은 2019년에 3종, 2020년에 2종, 2021년에 5종, 2022년에 6종, 2023년에 3종 개발하고 있다. KYWA형 PBL 모델 개발 현황을 보다 자세히 살펴보면 다음과 같다.

〈표 11-3〉 KYWA형 PBL 모델 개발 현황

연도	프로젝트명	회기	핵심역량	성취기준	비고	방식
'19 (3종)	플라스틱 다이어트	13	창의력, 협업	도덕, 국어	신규 개발	대면
	프로 스마트폰러 되기	13	비판적 사고, 의사소통	수학, 국어	신규 개발	
	아지트 만들기	13	창의력, 의사소통	미술, 국어	신규 개발	
'20 (2종)	제로마켓	8	창의력, 협업	사회, 수학	신규 개발	대면
	제로 플라스틱	5	창의력, 협업	사회, 수학	신규 개발	비대면
'21 (5종)	플라스틱 다이어트	12	창의력, 협업	도덕, 국어	모델 개선	혼합*
	프로 스마트폰러 되기	12	비판적 사고, 의사소통	수학, 국어	모델 개선	
	제로마켓	8	창의력, 협업	사회, 수학	모델 개선	
	제로 플라스틱	5	창의력, 협업	사회, 수학	모델 개선	비대면
	플라스틱 프리	5	창의력, 협업	사회, 수학	신규 개발	대면
'22 (6종)	플라스틱 다이어트	9	창의력, 협업	도덕, 국어	모델 개선	혼합
	프로 스마트폰러 되기	12	비판적 사고, 의사소통	수학, 국어	모델 개선	
	제로마켓	8	창의력, 협업	사회, 수학	모델 개선	
	제로 플라스틱	5	창의력, 협업	사회, 수학	모델 개선	비대면
	플라스틱 프리	5	창의력, 협업	사회, 수학	모델 개선	대면
	뚝딱뚝딱 유스 리빙랩	8	창의력, 비판적 사고	정보, 기술	신규 개발	
'23 (3종)	폐플라스틱 새활용	10	창의력, 디지털 문해, 협업	도덕, 국어	신규 개발	대면
	디지털 에코 마케터 되기	10	창의력, 디지털 문해, 협업	사회, 수학	신규 개발	
	프로 스마트폰러 되기	10	비판적 사고, 디지털 문해	수학, 국어	신규 개발	

지역형 PBL 모델 연계개발(C&D)은 2021년에 3종, 2022년에 1종을 개발하였으며, 2023년에는 기업 · 지자체 · 청소년수련시설 연계 지역형 PBL 모델 연계개발을 개발 예정이다. 지역형 PBL 모델 연계개발(C&D)의 자세한 현황은 다음과 같다.

〈표 11-4〉 지역형 PBL 모델 연계개발 현황

연도	프로젝트명	회기	핵심역량	성취기준	C&D 기관
'21 (3종)	GS(gender sensitivity) 24시	8	창의력 비판적 사고	사회	• 경남청소년지원재단 외 3개 시설
	청소년 안전 메이커 되기	8	창의력 비판적 사고	기술	• 곡성군미래교육재단 외 3개 시설
	굴러들어온 일본 지명 빼기	8	협업 비판적 사고	역사	• 군포시청소년재단 외 4개 시설
'22 (1종)	프로 성평등러 되기	8	사회정서 비판적 사고	도덕 사회	• 경남청소년지원재단 외 2개 시설

③ KYWA형 PBL 모델

2019년~2023년에 개발한 KYWA형 PBL 모델의 일부 사례를 소개하면 다음과 같다.

가. 플라스틱 다이어트 프로젝트(2019~2022)[2)]

플라스틱 다이어트 프로젝트는 2019년~2022년의 3개년에 걸쳐서 개발한 청소년이 환경오염이라는 '사회적 문제'를 다루는 프로젝트로, 1주일 동안 일상생활 속에서 배출한 플라스틱 양을 측정하는 활동, 배출한 플라스틱 제품 재활용 가능 여부 확인 활동 등을 통해 플라스틱으로 인한 환경파괴 문제의 심각성을 인식하고 해결방법을 찾는 「사회문제 해결 프로젝트」이다. 청소년들의 창의력과 협업 역량을 개발하기 위한 목적을 가지고 있다. 초점을 두고 있다.

〈표 11-5〉 플라스틱 다이어트 프로젝트

핵심역량	창의력	플라스틱 소비를 줄일 수 있는 실현 가능한 방법을 생각해낸다.
	협업	내가 잘할 수 있는 일이더라도 다른 팀원에게 기회를 양보할 수 있다. 기회를 얻은 팀원이 그 일을 잘 해낼 수 있도록 흔쾌히 도울 수 있다.
성취기준	9도04-1	인간과 자연의 조화로운 삶의 중요성과 환경 보호 필요성을 이해하고, 생태계 보존을 위한 도덕적 민감성을 함양한다.
	9국01-05 9국03-04	토론에서 타당한 근거를 들어 상대방의 주장에 논박하고, 주장하는 내용에 맞게 타당한 근거를 들어 글을 쓴다.

2) 활동사례 영상은 https://pblez.tistory.com/46?category=804692 참조

'플라스틱 다이어트 프로젝트'는 청소년이 환경오염이라는 '사회적 문제'를 다루는 프로젝트로, 1주일 동안 일상생활 속에서 배출한 플라스틱 양을 측정하는 활동, 배출한 플라스틱 제품 재활용 가능 여부 확인 활동 등을 통해 플라스틱으로 인한 환경파괴 문제의 심각성을 인식하고 해결방법을 찾는 「사회문제 해결 프로젝트」입니다.

나. 프로 스마트폰러 되기 프로젝트(2019~2022)[3]

프로 스마트폰러 되기 프로젝트는 2019년~2022년의 3개년에 걸쳐서 개발하였으며, 스마트폰 사용으로 인한 다양한 갈등을 해소하기 위해 스스로 스마트폰 사용 습관을 분석하고, 기성세대가 청소년의 스마트폰 사용을 제한하려는 이유를 조사하여, 청소년이 스스로 스마트폰 사용습관을 개선하거나, 합리적인 이유를 제시하여 과도한 규제를 완화함으로써 스마트폰으로 인한 사회갈등을 해소하는 생활습관 개선 프로젝트이다. 청소년들의 비판적 사고와 의사소통 등의 역량을 개발하기 위한 목적을 가지고 있다.

〈표 11-6〉 프로 스마트폰러 되기 프로젝트

구분		내용
핵심 역량	비판적 사고	타당한 근거를 바탕으로 청소년의 스마트폰 사용 제한이 필요한 것인지 그렇지 않은 것인지 판단할 수 있고, 찬반 의견에 숨어 있는 논리적 오류와 허점을 반박하고 상대를 설득할 수 있다.
	의사소통	스마트폰 사용 제한에 대한 나와 다른 생각을 가진 사람과 대화를 통해 의견 차이를 좁힐 수 있다.
성취 기준	9수05-06	중간값, 최빈값, 평균의 개념을 이해하고, 이를 구할 수 있다.
	9국01-05	토론에서 타당한 근거를 들어 상대방의 주장에 논박하고, 주장하는 내용에 맞게 타당한 근거를 들어 글을 쓴다.
	9국03-04	
		'프로 스마트폰러 되기 프로젝트'는 스마트폰 사용으로 인한 다양한 갈등을 해소하기 위해 스스로 스마트폰 사용 습관을 분석하고, 기성세대가 청소년의 스마트폰 사용을 제한하려는 이유를 조사하여, 청소년이 스스로 스마트폰 사용습관을 개선하거나, 합리적인 이유를 제시하여 과도한 규제를 완화함으로써, 스마트폰으로 인한 사회갈등을 해소하는 「생활습관 개선 프로젝트」입니다.

3) 활동사례 영상은 https://pblez.tistory.com/31 참조

다. 아지트 만들기 프로젝트(2019)[4]

아지트 만들기 프로젝트는 2019년에 개발한 프로젝트로 "청소년수련시설에 청소년이 가고 싶은 아지트를 만들려면 어떻게 해야 할까?"라는 질문으로 시작하여, 청소년이 질문의 답을 찾기 위해 수련관에서 일어나는 일들을 관찰하고, 개선점을 발굴하여 청소년이 원하는 수련시설을 디자인하는 프로젝트 모델이다. 청소년들의 창의력과 의사소통 등의 역량을 개발하기 위한 목적을 가지고 있다.

〈표 11-7〉 아지트 만들기 프로젝트

핵심 역량	창의력	청소년수련시설을 청소년이 원하는 독창적인 공간으로 바꿀 수 있다.
	의사소통	이해관계자의 의견과 상황을 조율하고 합리적으로 문제를 해결한다.
성취 기준	9미01-05	미술 분야의 다양한 직업과 특징을 이해할 수 있다(2015 개정).
	9국01-04	토의에서 의견을 교환하여 합리적으로 문제를 해결한다(2015 개정).
	9기가02-06	효율적인 주거공간 구성 방안을 탐색하여, 가족생활에 적합한 주거공간 구성에 활용한다(2015 개정).
		아지트 만들기 프로젝트는 "청소년수련시설에 청소년이 가고 싶은 아지트를 만들려면 어떻게 해야 할까?"라는 질문으로 시작하여, 청소년이 질문의 답을 찾기 위해 수련관에서 일어나는 일들을 관찰하고, 개선점을 발굴하여 청소년이 원하는 수련시설을 디자인하는 프로젝트 모델입니다.

라. 디지털 에코 마케터 되기 프로젝트

에코 마케터 되기 프로젝트는 2023년에 개발한 프로젝트로 활동을 통해 자연스럽게 합리적인 소비 습관을 익히도록 디자인하였다. 인공지능 챗봇 등 디지털 정보 검색 서비스를 활용하여 관련 문제를 조사하는 과정에서 우리가 사용하고 버린 생활폐기물이 환경을 파괴한다는 사실을 인식한 청소년이 생활 속에서 사용하지 않는 물건(장난감, 옷, 게임기, 책, 학용품 등)의 가치를 책정하고, 온라인 중고 거래 플랫폼 등 디지털 마켓 공간을 활용해 판매하거나, 재활용하

4) 활동사례 영상은 https://pblez.tistory.com/46?category=804692 참조

여 사용하지 않는 물건을 친환경적인 방법으로 줄여나가는 사회문제 해결 프로젝트이다. 청소년들의 창의력과 디지털 문해력, 협업 등의 역량을 개발하기 위한 목적을 가지고 있다.

〈표 11-8〉 디지털 에코 마케터 되기 프로젝트

핵심 역량	창의력	사용하지 않거나 버려진 물건의 사용 가치를 높일 수 있다.
	디지털 문해력	도전질문을 해결하기 위해 인공지능 서비스, 디지털 장비 등 디지털 기술을 능숙하게 활용할 수 있다.
	협업	내가 잘할 수 있는 일이더라도 다른 팀원에게 기회를 양보할 수 있다. 기회를 얻은 팀원이 그 일을 잘 해낼 수 있도록 흔쾌히 도울 수 있다.
성취 기준	6사08-06	지속가능한 미래를 건설하기 위한 과제(친환경적 생산과 소비방식 확산)를 조사하고, 세계시민으로서 이에 적극 참여하는 방안을 모색한다.
	6사06-01	다양한 경제활동 사례를 통해 가계와 기업의 경제적 역할을 파악하고, 가계와 기업의 합리적 선택 방법을 탐색한다.
	6수03-01	실생활 장면에서 이상, 이하, 초과, 미만의 의미와 쓰임을 알고, 이를 활용하여 수의 범위를 나타낼 수 있다.
	6수04-03	비율을 이해하고, 비율을 분수, 소수, 백분율로 나타낼 수 있다.
	6수05-01	평균의 의미를 알고, 주어진 자료의 평균을 구할 수 있으며, 활용할 수 있다.
		에코 마케터 되기 프로젝트는 인공지능 챗봇 등 디지털 정보 검색 서비스를 활용하여 관련 문제를 조사하는 과정에서 우리가 사용하고 버린 생활폐기물이 환경을 파괴한다는 사실을 인식한 청소년이 생활 속에서 사용하지 않는 물건(장난감, 옷, 게임기, 책, 학용품 등)의 가치를 책정하고, 온라인 중고 거래 플랫폼 등 디지털 마켓 공간을 활용해 판매하거나, 재활용하여 사용하지 않는 물건을 친환경적인 방법으로 줄여나가는 사회문제 해결 프로젝트입니다. 청소년은 본 프로젝트 활동을 통해 자연스럽게 합리적인 소비 습관을 익히도록 디자인하였습니다.

3) 청소년단체 프로그램의 개발 사례

(1) 프로그램의 개발 현황

청소년단체는 각기 고유의 설립목적에 따라 여러 유형이 있으며, 각 단체의 특성에 따라 활동프로그램의 계획, 시행, 평가 과정에서 차이가 있다. 하지만 재정적 문제로 각 단체가 프로그램을 개발하는 데는 어려움이 많으며, 따라서 최근 정부에서는 한국청소년단체협의회를 통하여 청소년단체 전문화 프로그램의 개발을 지원해 오고 있다.

즉, 청소년들의 단체활동 선택의 폭을 넓히고 다양한 청소년활동의 기회를 확대하며 경쟁력 있고 전문성 있는 단체활동의 활성화 및 청소년단체간의 균형 있는 발전을 도모하기 위하여 청소년단체의 전문성 있는 프로그램을 여성가족부의 지원으로 한국청소년단체협의회가 주최가 되어 발굴·중점 지원하고 있다.

2022년에는 1단체 1프로그램 운영으로 기준으로 49개 회원 단체 중에서 청소년활동, 보호, 복지, 참여증진 등 22개 단체의 프로그램을 선정하여 지원하였다. 2022년도에 선정된 청소년단체 전문화·특성화 프로그램의 현황을 살펴보면 다음과 같다.

〈표 11-9〉 청소년단체 전문화 · 특성화 프로그램(2022년)

단체명	프로그램명
기독교청소년협회	친구야!!! 숲에서 놀자
국제청소년연합	2022 대학생 리더스 컨퍼런스
대한불교청년회	다문화가정 청소년을 위한 산사문화체험
대한안전연합	청소년 생활체육 프로그램: 물 · 아 · 일 · 체
비로자나청소년협회	서울로 떠나는 '도시, 락(樂)' 캠프
삼동청소년회	심(心)심(心)한 친구들 모여라!
성산청소년효재단	"더 나은 하루를"
세계도덕재무장(MRA/IC) 한국본부	2022 청소년 뉴-리더십 워크숍: 변화는 나자신부터
청소년과 사람사랑	경계선 청소년과 함께하는 나눔문화프로젝트 〈함께 나누는 우리의 맛〉
파라미타청소년연합회	전통문화 바로알기 도전! 골든벨
한국YWCA연합회	청소년이 만드는 지속가능한 세상-경제편
한국걸스카우트연맹	우리는 SDGs 지구 · 안전 레인저

단체명	프로그램명
한국과학우주청소년단	우주탐사를 위한 인공지능 달 탐사차
한국로타리청소년연합	평화 · 안보 · 생태체험 프로젝트 "청소년과 함께 떠나는 비무장지대 원정대"
한국숲사랑청소년단	탄소중립은 우리 손으로! 「플로깅 챌린지」
한국스카우트연맹	스카우트 기자스쿨
한국청소년발명영재단	제7회 세계청소년올림피아드(KIYO 4i) 청소년 온라인 미션캠프
한국청소년복지진흥회	전국청소년민속예술경연대회 제30회: 청소년의 건전한 성장을 위한 찾아가는 문화잔치
한국청소년연맹	2022 청소년 환경사랑 에코챌린지
한국항공우주소년단	우리는 FALCON 항공우주인재교육
한국환경청소년단	청소년 드론 환경지킴이!
흥사단	전국 청소년 광주 민주로드를 걷다
	총계(22개)

자료: 한국청소년단체협의회(2022). 2022년 회원단체 협력활동 프로그램 공모지원사업 결과보고서

(3) 프로그램의 개발 모형

청소년단체 전문화 프로그램은 일반적인 프로그램의 모형을 따르기보다는 기관의 과거 경험을 토대로 반성과 새로운 상황에서의 적용을 통하여 수행되는 경험학습의 과정[5]으로 개발되는 경우가 많다. 즉, 청소년단체 프로그램은 단체마다 각 단체의 특성에 따르는 다양한 활동 수행에 대한 오랜 경험과 전통을 통하여 그 결과와 반응을 공유하고, 현실적인 상황에 적합하게 경험을 분석하고 반성함으로써 기관에 고유한 전문화된 프로그램을 개발하는 절차를 가진다.

5) 경험학습 과정은 새로운 아이디어를 제공하며, 그러한 아이디어를 테스트하고 비판하고 생각하는 기회를 제공한다. 이러한 경험학습의 과정은 경험(experience), 공유(share), 과정(process), 일반화(generalize), 적용(apply)의 5가지 구성요소로 이루어진다. 경험은 활동을 수행함으로써 이루어진다. 활동의 결과와 반응 및 관찰에 대한 공유와, 경험에 대한 분석과 반성의 과정이 이루어지며, 경험을 현실세계에 관련시키고 일반적인 경향과 공통의 진실을 찾고, 중요한 메시지에 초점을 맞춤으로써 일반화가 이루어진다. 또한 적용을 통하여 새로운 상황에 이전에 학습한 것을 사용하며 미래의 경험으로 이용한다.

단체특성 → 경험 공유 → 분석 · 반성 → 현실과 연계 → 개발

[그림 11-2] 청소년 단체 프로그램개발 모형

따라서 프로그램의 개발 절차가 반드시 계획, 설계, 수행, 평가의 과정을 따르는 것은 아니며, 계획과 설계과정이 축약되거나 생략되기도 하며, 이보다는 수행과 평가과정에 집중되는 경우가 많다. 실제 기관 프로그램 작성의 경우에서도 현장에서 활동 수행에 필요한 과정만으로 구성되는 경우가 많다. 사업 목적, 사업개요(기간, 장소, 참가인원, 소요예산 등), 주요 프로그램, 세부 활동내용, 주요 일정, 추진결과, 평가 등이 그 예이다.

(4) 프로그램개발 사례[6)]

① 사업명

우리는 SDGs 지구 · 환경 레인저(단체명: 한국걸스카우트연맹)

② 사업목적

- 생태계 및 물(Water) · 숲(Forests) · 바다(Ocean) · 토양(Soil) 자원 보호를 주제로 한 환경프로그램을 제공하여 청소년들이 국제사회의 최대 공동목표인 UN의 '지속가능한 발전목표(SDGs)'에 대한 올바른 정보 습득 및 필요성 인지, 세계적 이슈에 대한 관심을 제고하고 SDGs의 주요 이슈 중 하나가 '환경문제'임을 인지하며 자신의 주변에서 쉽게 찾아볼 수 있는 환경문제에서부터 지구촌 환경문제까지 관심의 폭을 넓히고 환경활동에 지속적으로 관심을 가지고 참여함으로써 청소년의 역량을 강화함.
- 환경이슈와 관련된 일상 속 실천 및 다양한 캠페인 활동 등을 통해 가족, 이웃, 또래집단, 학교 및 지역사회에서 애드보커시(Advocacy)를 실천할 수 있도록 노력함으로써 지역사회도 함께 생태계 및 환경자원을 위한 활동에

6) 한국청소년단체협의회(2022). 2022년 회원단체 협력활동 프로그램 공모지원사업 결과보고서에서 인용

적극 참여할 수 있도록 함으로써 청소년들이 환경과 공존하며 더 나은 시대를 이끌어가는 책임감 있고 바람직한 Eco-활동가이자 미래의 글로벌 리더로서 성장할 수 있도록 지원함.

- 활동의 방식이 다양해지고 팬데믹 발생 등 사회변화가 급속히 이루어지는 상황에 전반적인 "활동안전"에 대한 적합하고 유용하며 재미있는 프로그램을 제공함으로써 청소년들이 보다 안전하고 즐겁게 활동에 참여할 수 있도록 함.

③ 사업개요

- 총 사업기간 2022년 6월~11월, 행사기간 2022. 10.5~ 2022. 11. 13
- 장소: 전국(온라인+오프라인 병행)
- 참가인원: 총 380명(청소년 349명, 지도자 31명)
- 주요 프로그램: 활동프로그램(이해·참여단계) 및 애드보커시(확장단계/개별) 활동

④ 프로그램 세부 내용

가. 사업 준비

- 사업 기획 및 사전준비: 사업 및 세부 프로그램 기획, 기획안 보완 등 실시
- 사업 홍보 및 참가자 모집: 전국 활동 참여 희망 청소년 및 활동지도자 대상으로 공문시행, MMS 및 온라인을 통한 홍보 실시
- 기획 및 준비회의 실시: 실무자회의, 그룹별 온라인 회의 및 의견 공유 실시
- 프로그램개발 및 콘텐츠 제작
- 활동 홍보 및 참여 독려, 담당 지원업무 숙지 등을 위한 활동지도자 대상 사전교육 실시

나. 사업 운영

- 활동프로그램(이해 · 참여단계) / 애드보커시 활동(확장단계/개별) 진행
- 활동프로그램(이해 · 참여단계): UN SDGs 중, 환경 관련 활동프로그램 "세계기후변화 Water · Forests · Ocean · Soil" 및 활동안전 관련 프로그램 "Safety & Joy" 운영, 온라인과 오프라인 활동 병행 운영

〈표 11-10〉 우리는 SDGs 지구 · 환경 레인저

<table>
<tr><td colspan="2">UN SDGs 환경 관련 프로그램: 세계기후변화 Water / Forests / Ocean / Soil
∗SDGs Goal 6. Clean Water and Sanitation (물과 위생의 보장 및 지속가능한 관리)
∗SDGs Goal13. Climate Action (기후변화에 대한 영향방지와 긴급조치)
∗SDGs Goal14. Life Below Water (해양, 바다, 해양자원의 지속가능한 보존 노력)
∗SDGs Goal15. Life On Land (해양, 바다, 해양자원의 지속가능한 보존 노력)</td></tr>
<tr><td>
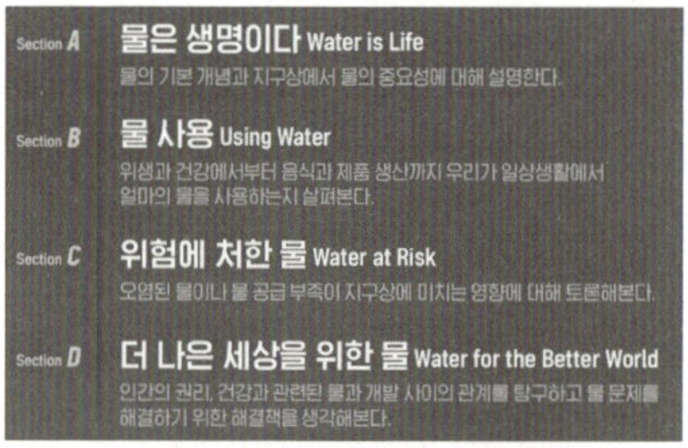

</td><td>

</td></tr>
<tr><td>
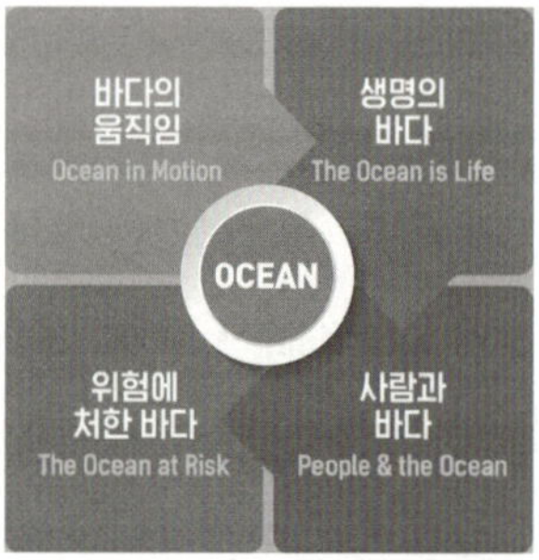

</td><td>

</td></tr>
<tr><td colspan="2">○ 활동안전 프로그램: Safety & Joy</td></tr>
<tr><td colspan="2">∗ 안전한 온라인 활동을 위한 가이드라인
∗ 감염병 예방 및 확산방지를 위한 행동지침
감염병 예방을 위한 철저한 관리 / 감염병 예방을 위한 각종 수칙 /
감염병 예방을 위한 국민행동요령 등</td></tr>
</table>

- 애드보커시 활동 진행(개별): 활동에 참가한 청소년들이 가족이나 친구 등 주위 사람들에게 자신의 활동내용을 바탕으로 관련사항을 알리고 안내함으로써 관련 주제에 대한 사회적 관심을 높이고 보다 적극적으로 참여할 수 있도록 하는 개별활동 전개

다. 사업 정리 및 보고

- 평가실시: 청소년 만족도 평가, 향후 프로그램 발전을 위한 제안사항 검토 등을 실시
- 사업 정리 및 정산, 보고서 작성 및 제출

⑤ 기대효과

- 청소년들이 국제사회의 최대 공동목표인 UN SDGs 및 생태환경에 대한 정확한 지식과 정보, 올바른 인식 습득 및 필요성 인지, 환경문제를 포함한 세계적 이슈에 대한 관심 제고로 자신의 역량을 강화하고 또래집단, 가족, 지역사회에서 애드보커시를 실천함으로써 바람직한 미래의 행동주체로 성장하도록 기여함.
- 청소년들이 환경자원 보호방법 등을 스스로 깨우치고 환경자원 보호를 위한 올바른 생활습관과 가치관을 형성하도록 돕고, 환경보전 실천의 중요성을 깨달아 지역사회를 넘어 지구촌 환경문제에까지 관심영역을 확장하고 환경활동에 지속적으로 참여할 수 있도록 함.
- 디지털기기를 태어나면서부터 자연스럽게 접함으로써 자유자재로 사용하며 최신 트렌드와 이색적인 경험을 추구하는 MZ세대들이 Digital Transformation(디지털 전환) 시대에 보다 효율적이고 적합한 방법을 활용하여 세계이슈에 관심을 가지고 실제 본인의 생활 속에서 적용할 수 있도록 함으로서 변화의 시대를 주도하기 위한 역량을 강화할 수 있는 기회의 장을 제공함.
- 활동의 방식이 다양해지고 팬데믹 발생 등 사회변화가 급속히 이루어지는

상황에 전반적인 "활동안전"에 대한 적합하고 유용하며 재미있는 프로그램을 제공함으로써 청소년들이 보다 안전하고 효율적이며 즐겁고, 적극적으로 활동에 참여할 수 있도록 함.

2. 청소년보호 프로그램의 개발

1) 청소년보호 프로그램개발의 특성

청소년보호 프로그램은 가출, 폭력, 성 일탈, 약물남용 등 문제의 성격에 따라서 접근방식에서 차이를 보이고 있으며, 운영 기관에 따라서도 차별적으로 개발되는 경향이 있어서 프로그램의 공통적인 성격을 파악하는 것은 쉽지 않다. 하지만 청소년 보호프로그램이 지향해야 할 지침이라는 점에서 그 성격을 파악해 보면 다음과 같다.

첫째, 청소년보호 프로그램의 실질적인 효과를 기대하기 위해서는 프로그램의 개발은 단순히 경험에 의존하기보다는 과학적으로 검증된 이론에 바탕을 두고 체계적으로 이루어져야 한다. 둘째, 음주, 흡연, 폭력, 성 등의 청소년문제들은 상호 유기적으로 연결되기 때문에 청소년을 총체적인 이해하고 이를 토대로 문제를 해결하는 통합적인 프로그램의 성격을 가져야 한다. 셋째, 청소년보호 프로그램의 개발은 목적에 따라서 교육, 예방, 치료, 재활 등의 단일한 성격을 띨 수 있지만, 예방과 치료, 예방과 재활, 치료와 재활, 그리고 교육·예방·치료·재활 등의 복합적인 성격을 가지고 있다. 넷째, 우리나라에서 실시하고 있는 프로그램이 단기간에 이루어지는 경우가 대부분이지만 프로그램의 실질적인 효과를 기대하기 위해서는 장기적으로 실시되어야 한다. 다섯째, 청소년보호 프로그램은 청소년만을 대상으로 하는 것이 아니라 부모, 교사, 지역사회 인사 등 다양한 사람들이 참여하여 청소년들과 상호작용함으로써 그 효과를 크게 할 수 있다.

2) 청소년 성매매 예방 및 치료 프로그램개발 사례

(1) 프로그램 현황

한국의 청소년 성매매 관련 프로그램은 일반청소년을 대상으로 하는 캠페인성 예방교육 프로그램과 성매매 경험 청소년들의 상습화를 예방하기 위한 교육·치료 프로그램으로 구분할 수가 있다. 일반청소년을 대상으로 하는 성매매 예방교육은 2005년부터는 '성매매 방지 및 피해자 보호 등에 관한 법률 시행령 제2조(성매매 예방교육의 실시)'에 의해 초·중·고등학생이 매년 1회 이상 실시하게 되었다. 또한 동 법령에 의하면, 성매매 예방교육은 강의, 시청각 교육, 인터넷 홈페이지를 이용한 교육 등 다양한 방법으로 실시할 수 있되, 대면에 의한 방법을 포함하도록 하고 있으며, 성평등 관점에 따른 건전한 성의식 및 성문화에 관한 사항, 성매매 방지 및 처벌에 관련 법령의 내용, 성매매 목적의 인신매매 예방에 관한 사항, 그 밖에 성에 대한 건전한 가치관 함양과 성매매 예방에 관한 사항의 내용을 교육에 포함하도록 하고 있다.[7)]

캠페인성 성매매 예방교육 프로그램은 성교육 전문 NGO에 의해 개발되어 실험적으로 시행되고 있고 뜻을 가진 일부 교사들에 의해 성교육 중의 일부로 개발되어 실시되고 있다. 또한 성매매 피해 청소년들을 대상으로 하는 교육·치료 프로그램은 그 대상선별의 어려움 때문에 청소년쉼터나 선도보호시설에 기거하는 청소년들을 대상으로 실시되고 있으며 '성매매'에 대한 구체적 접근의 프로그램이라기보다는 생활보호, 의료, 법률, 진로 등의 프로그램과 함께 통합되어 이루어지고 있는 것이 대부분이다. 여기에서 소개하는 프로그램 외에도 성매매 피해 청소년을 보호하고 있는 많은 시설에서는 각종 상담기법, 문화활동, 캠프, 치료공동체기법 등을 활용한 프로그램을 개발 시행하고 있다. 그러나 아직 기초적인 수준으로 성매매 상습화 예방에의 효과성 여부에 대해서는 연구 및 평가가 미흡한 실정이라고 할 수 있다.[8)]

7) 국회법률정보시스템. 성매매 방지 및 피해자 보호 등에 관한 법률 시행령. http://likms.assembly.go.kr/law/lawsLawtInqyDetl1010.do

(2) 성매매 예방을 위한 청소년교육 프로그램

일반 청소년을 대상으로 하는 대표적인 캠페인성 성매매 예방 프로그램으로는 2001년 청소년보호위원회 지원으로 서울YMCA와 청소년을 위한 내일여성센터가 공동으로 개발하여 전국 단위로 학교방문 캠페인 형식으로 시행되고 있는 모의재판과 마당극을 활용한 성매매 예방 프로그램 '나 · 너 우리 · 사고 파는 성으로부터 함께 지키기'가 있다.

① 프로그램 목표

청소년이 성매매 문제에 대해 정확히 인식하고 성매매 문제를 예방하고 적극적으로 대처할 수 있도록 교육함으로써 문제를 예방하고자 한다. 이를 위하여 첫째, 청소년 성매매에 대한 정확한 정보를 제공하여 문제의식을 높인다. 둘째, 성매매(또는 성적 제안) 상황에서 자신을 보호할 수 있도록 성적 선택능력을 향상시킨다. 셋째, 모의재판이라는 형식을 도입함으로써 청소년들이 청소년 성매매 관련 법적인 권리와 책임성에 대해 정확히 인식하도록 한다.

② 프로그램 구성

가. 정보제공: 청소년 성매매의 원인, 청소년 인권침해, 성적 착취로써 청소년 성매매의 본질, 청소년 성매매가 초래하는 개인적 · 사회적 영향 등에 대하여 정확한 정보를 제공한다.

나. 성적 자기결정을 위한 가치관 확립: 성매매 충동, 제안 등의 상황이 발생하였을 때 자신을 적극적으로 보호하는 결정을 내릴 수 있도록 하기 위하여 청소년 자신이 타인과 환경의 위험과 착취로부터 보호받을 기본적인 권리를 갖고 있는 존재임을 인식시키고, 성을 상품으로 바라보는 시각을 인간관계를 기본으로 한 관계의 성으로 전환시키고, 성매매를 거절할 수 있는 대안(방법)을 제시한다.

---

8) 보다 자세한 내용은 「청소년 성매매의 상습화 예방 및 치료프로그램 개발 연구」(한국청소년개발원, 2004) 중 이명화(아하!청소년성문화센터 센터장)의 집필 내용 「청소년 성매매 예방 및 치료 프로그램 현황」(pp. 59-72) 참조.

③ 프로그램 운영 방안

가. 또래지기단 구성: 관심있는 청소년 10~15명 선발, 교육 및 훈련

나. 본 프로그램: 각 학년 전체학생(300명~500명) 축제 또는 학기말

④ 프로그램 내용

가. 모의재판 활용 성매매 예방 프로그램

모의재판을 활용한 성매매 예방 프로그램은 영화상영과 프로그램 소개로 시작하여 모의재판, 전문가 강의 등으로 구성되어 있다.

〈표 11-11〉 모의재판 활용 성매매 예방 프로그램

시간	제 목		내용 및 방법	담당자
10분	시작하기	영화상영	• 성매매의 유혹 또는 상황을 극복하는 청소년의 모습을 상징적으로 그린 영화 상영	준비팀
5분		프로그램 소개	• 기사, 뉴스, 기타 방송자료 등을 제시하며 청소년 성매매의 전반적인 현황 소개 • 모의재판의 배경(사례) 소개	전체 진행자 (청소년)
45분	모의재판		• 형사재판: 성매수 성인에 대한 형사처벌 여부 결정 • 소년부재판: 성매수 대상 청소년에 대한 보호처분 결정 • 배심원 회의	모의재판 팀
10분	전문가 강의		• 실제 판례소개, 청소년 성매매에 대한 법적 책임 소개 • 청소년들이 도움 받을 수 있는 방법 소개	법률 및 청소년 성문제 전문가
5분	마치기		• 재판 전체 요약, 대안 정리 제시 • 참가 청소년 소개	전체 진행자 (청소년)

나. 마당극 활용 성매매 예방 프로그램

마당극을 활용한 성매매 예방 프로그램은 청소년 성매매에 대한 기사 및 자료를 공연 전후에 전시하고, 마당극 제작 과정을 소개하며, 마당극 공연과 축하공연으로 구성하여 운영한다.

〈표 11-12〉 마당극 활용 성매매 예방 프로그램

내용	장소	세부 내용 및 방법
홍보물 게시	공연장 주변	청소년 성매매에 대한 기사 및 자료를 공연전후에 볼 수 있도록 홍보물을 전시함
마당극 제작 과정 소개	공연장	마당극 성교육에 대한 이해를 돕기 위해 일정, 제작과정, 내용 등에 대해 소개
마당극 공연	공연장	약 50분간에 걸쳐 마당극 공연
축하 공연	공연장	성매매 이후의 친구들에게 힘을 내라는 메시지가 담긴 랩 공연

(3) 성매매 피해청소년 예방교육·치료 프로그램

성매매 피해 청소년대상의 프로그램은 성교육 전문기관에서 주로 시행되고 있는데 대상자 및 기관의 특성에 따라 조금씩 다르게 프로그램이 운영되고 있다.

① 성매매 예방교육 현황

대표적인 성매매 예방교육기관으로는 아하 서울시립청소년성문화센터와 탁틴 내일을 들 수 있다.

아하 서울시립청소년성문화센터는 2001년부터 YMCA가 서울시의 지원을 받아 운영하고 있는 성교육·성상담 전문기관으로서 체험형 성교육과 찾아가는 성교육 등을 실시하고 있다. 체험형 성교육은 어린이와 청소년의 발달단계와 성별의 특성을 고려하여 대상별, 주제별 맞춤형 성교육을 프로그램을 운영하고 있는데, 9~13세 대상으로 보드게임, 마인드맵, 성문화 토론 등을 하는 성장놀이터 프로그램, 14세~19세 청소년 대상으로 놀이, 춤과 몸동작활동, 모둠별 토론, 연극 프로그램을 하는 안녕! 섹슈얼리티 프로그램 등을 실시하고 있다. 찾아가는 성교육은 성교육 노하우를 가진 전문강사가 현장을 방문하여 대상별·주제별 맞춤형 성교육을 실시하는 맞춤형 찾아가는 성교육과 버스를 이용하여 서울권역 11~13세 어린이를 대상으로 임신·출산·육아체험학습, 사춘기 변화 및 정확한 성지식 습득, 성폭력 예방 교육 및 성표현물 바로알기, 지역문화축제 참여 등을 실시하는 아하! 해피버스 ting 등을 운영하고 있다(아하 서울시립청소년성문화센터. https://ahacenter.kr).

탁틴내일은 아동·청소년의 성적 권리와 건강하게 성장할 권리 증진을 목적으로 1997년에 개소하여 성폭력 피해 아동·청소년 상담 및 지원, 아동·청소년 성적 권리증진 활동 및 캠페인, 성폭력 관련 연구활동을 하고 있는 기관으로 대상별 찾아가는 성교육과 체험관 성교육을 실시하고 있다. 대상별 찾아가는 성교육은 성교육 활동가가 대면 및 비대면으로 진행하는 성교육 프로그램으로 장애·비장애 유아·초·중·고등학생 대상으로 대상별, 주제별 성교육을 진행하고 있다. 체험관 성교육은 서울 2개소(중랑, 은평), 경기 2개소(안산, 수원)의 멀티미디어 성교육 체험관을 만들어 아동청소년의 특성과 발달단계에 맞는 성인지적 성교육을 실시함으로써 성적 주체로서의 청소년의 성장과 역량 강화를 지원하며 이를 통해 거간하고, 평등한 성문화를 조성하도록 하고 있다(탁틴내일. https://www.tacteen.net).

〈표 11-13〉 성매매 예방 교육 기관 및 내용

기관명	프로그램내용	소재지
아하!청소년 성문화센터	• 안녕! 섹슈얼리티(놀이, 춤과 몸동작활동, 모둠별 토론, 연극 프로그램 참여 등 체험형 성교육 실시) • 아하! 해피버스 ting(임신 · 출산 · 육아체험학습, 사춘기 변화 및 정확한 성지식 습득, 성폭력 예방 교육 및 성표현물 바로알기, 지역문화축제 참여 등)	영등포구 영등포 영신로 200 https://ahacenter.kr/
탁틴내일	• 대상별 찾아가는 성교육(유아 · 초 · 중 · 고등학생 대상 대상별, 주제별 성교육 실시) • 체험관 성교육(멀티미디어 성교육)	종로구 신문로1가 https://tacteen.net/

② 성매매 피해 청소년 대상 통합 지원

서울시에서는 성착취 피해 아동·청소년의 피해 예방에서부터 의료·법률지원, 심리치유 및 재유입 방지, 사후관리 등을 종합적으로 지원하는 서울 성착취 피해 아동·청소년 통합지원센터를 십대여성인권센터를 통하여 운영하고 있다. 대표적인 프로그램은 다음과 같다(십대여성인권센터. http://www.teen-up.com).

가. 사이버또래상담

청소년 인터넷 성매매 피해 예방과 적극적인 조기개입을 위하여 사이버또래상담사업을 실시하고 있으며, 상담 및 모니터링, 통합지원서비스, 교육, 홍보, 네트워크, 신고활동 등을 실시하고 있다.

〈표 11-14〉 사이버또래상담

상담 및 모니터링	• 온라인 채팅 상담 및 모니터링 • 어플리케이션 상담 및 모니터링 • 카카오톡 상담 및 전화상담
통합지원서비스	• 교육지원: 전국 위기청소년교육센터 '청소년성장캠프' • 주거지원: 드롭인센터, 일시보호소, 쉼터, 그룹홈 • 의료지원: 십대여성인권센터 의료지원단 • 심리지원: 십대여성인권센터 심리지원단 • 학업지원: 검정고시 및 대안학교 • 일자리지원: 인턴십센터, 자활지원센터 등 • 법률지원: 117학교, 여성폭력피해자 등 긴급지원센터, 경찰청사이버안전국, 방송통신심의위원회, 십대여성인권센터 법률지원단 등
교육	• 상담원 양성교육 및 인턴십 • 상담원 지속교육(월 1회 내부토론 진행) • 성매매예방교육 및 활동가 교육 • 상담원 글로벌 리더십 개발교육
홍보	• 위기청소년을 위한 웹 전단, 배너 제작 및 배포 • 홈페이지 운영 • 오프라인 아웃리치: 거리 청소년 및 청소년이용업소대상 • 토론회 개최: 청소년 성매매 관련 이슈
네트워크	• 유관기관 방문 • 관련기관 MOU 체결 • 국제연대
신고활동	• 성구매자, 알선업자, 알선사이트 신고활동

나. 청소년성장캠프

서울위기청소년교육센터에서는 사이버 또래상담을 통해 연계된 성매매 피해 노출 청소년 등을 대상으로 캠프를 통해 다채로운 경험과 건강한 사람들과의 만남의 기회를 제공하고, 지속적인 상담과 맞춤형 사례관리를 진행하여 청소년들이 긍정적인 삶의 주인공으로 성장할 수 있도록 지원하고 있다. 40시간 기본 교육프로그램 '청소년성장캠프', 20시간 심화교육 프로그램 '청소년성장캠프'를 운영하며, 사전・사후지원과 연계지원을 하고 있다.

〈표 11-15〉 청소년 성장캠프

구분	내용
40시간 기본교육프로그램	심리진단, 자아존중감, 사회통합, 성주체성, 탈성매매, 치유 및 치료프로그램, 관계형성(여가활동) 프로그램 등
20시간 심화교육프로그램	기본과정에서 성취한 자기이해를 바탕으로 자아정체감을 향상시키고 자아상을 구축하면서 미래를 설계할 수 있는 프로그램 제공(인권교육, 직업/취업교육(이력서 및 자기소개서 작성법), 경제교육, 명사초청강연, 집단상담 프로그램, 걷기대회 등)
사전・사후지원	• 상담지원: 1:1 개별상담, 부모 및 가족상담 등 • 법률지원: 경찰・검찰 조사동행 등 • 의료지원: 산부인과 및 정신과 치료 동행 등 • 진로 및 진학지원: 학교부적응 상담 및 검정고시 지원, 진로상담, 취업 및 자격증 취득 지원 등 • 기타지원: 교육이수자 대상 사후지지모임, 각종 경조사 선물 지원 등
연계지원	• 상담지원: 청소년동반자, 청소년상담지원센터 등 연계 • 주거지원: 쉼터, 일시보호소, 미혼모센터 등 연계 • 자립지원: 두드림존 및 자활지원 프로그램, 쉼터 이용자 프로그램 연계 등 • 센터 내 S・N・S 팀 연계: 법률지원(법률자문, 고소장 작성 및 제출 등), 의료지원(부인과, 정신과 등 의료지원단 기관 연계 등), 심리지원(심리지원단 전문가와 1:1 심리상담 등)

다. S・N・S(Stop N Start): 성매매 피해 아동・청소년 자립・자활을 위한 통합지원프로젝트

성매수 범죄 피해 아동청소년 대상 전문상담소 모형 프로젝트 SNS(Stop N Start)는 아산나눔재단 Partnership ON에서 십대여성인권센터가 혁신리더 기관으로 선정되어 사이버또래상담사업과 서울위기청소년교육센터와의 전문적이고 체계적인 연계를 통해 피해청소년의 발굴에서부터 예방・피해지원・치유자립에 이르기까지 통합지원체계를 구축하고 있다. 주요사업으로는 인터넷 사이트나 스마트폰 어플리케이션 등 사이버 상에서 벌어지고 있는 성매수 범죄 피해 아동 · 청소년들에게 법률지원단, 의료지원단, 심리지원단을 통한 법률 · 의료 · 심리상담을 중점적으로 지원하고 있으며, 성매수 범죄 피해 아동 · 청소년들의 탈성매매와 자립자활을 위해 주거 · 학업 · 일자리 연계 등을 지원하고 있다.

[그림 11-3] 성매매 피해 아동청소년들의 탈성매매와 자립자활을 위한 통합지원프로젝트

자료: 십대여성인권센터. http://www.teen-up.com

3) 청소년 인터넷 · 스마트폰 과의존 및 정서행동장애 치료 · 재활 프로그램 사례

(1) 인터넷 · 스마트폰 과의존 치유 프로그램: 국립청소년인터넷드림마을

국립청소년인터넷드림마을은 인터넷 · 스마트폰 과의존 청소년에 대해 상시적으로 전문적 · 효과적인 치유 프로그램을 제공하기 위하여 2014년 8월에 여성가족부에서 설립한 기관으로 인터넷 · 스마트폰 과의존 정도에 따라 1주, 2주, 3주, 4주 과정으로 차별화된 맞춤형 치유프로그램을 운영하고 있으며(여성가족부, 2022: 589).

〈표 11-16〉 인터넷 · 스마트폰 과의존 치유 프로그램

구분		대상
심층프로그램	4주(25박 26일)	인터넷 · 스마트폰 과의존 위험군 청소년 중 일상생활 지도 등 보다 체계적 · 집중적인 개입이 필요한 청소년
	3주(18박 19일)	인터넷 · 스마트폰 과의존 위험군 청소년 중 보다 전문적인 개입이 필요한 청소년
일반프로그램	2주(11박 12일) 또는 1주(7박 8일)	인터넷 · 스마트폰 과의존 위험군 청소년

자료: 국립청소년인터넷드림마을. https://www.nyit.or.kr/user/sub02_1_1.asp

국립청소년인터넷드림마을은 개인상담, 집단상담, 부모교육, 가족캠프, 특수치유, 체험활동, 대안활동, 봉사활동, 체육활동 등 상담프로그램과 활동프로그램을 통하여 인터넷스마트폰 과의존을 해소하고 청소년의 건강한 성장을 지원하고 있다. 개인상담은 1회기~8회기 내외로 인터넷 과의존 행동에 대한 인식 및 변화 동기 증진 등을 목적으로 하며, 집단상담은 1회기~20회기 내외로 인터넷 과의존 사용 패턴을 지각하고 스트레스 평가를 통한 스트레스 인식과 대처 방안 학습 등을 하며, 부모교육은 청소년의 인터넷 과의존에 대한 명확한 이해도모 등을 위해 입소식 오후 입소생 부모 전체를 대상으로 교육과 시연을 한다. 부모상담 및 가족상담은 가족캠프기간 중 주말을 이용하여 1박 2일로 진행하며, 특수치유활동은 다양한 스트레스 요인의 지각, 자존감 향상 등을 위하여 3회기~5회기 내외로 스토리텔링, 사진치료, 소시오드라마, 미술치료, 오딧세이 등을 진행한다. 기타 치료프로그램으로 명상, 자치활동, 발표회 등을 진행하고 있다(국립청소년인터넷드림마을. https://www.nyit.or.kr/user/sub02_1_1.asp).

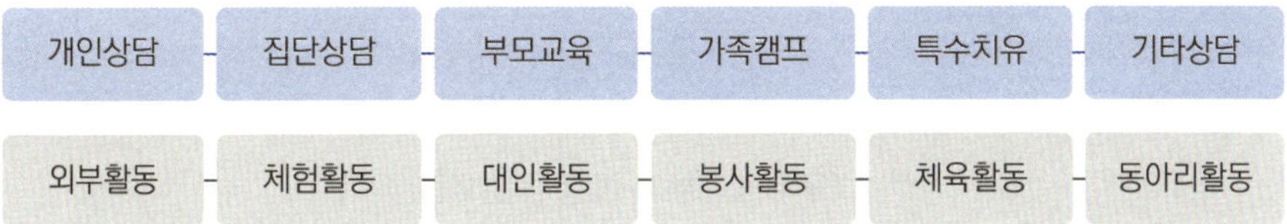

[그림 11-4] 종합적 전문적 치유프로그램

자료: 국립청소년인터넷드림마을. https://www.nyit.or.kr/user/sub02_1_1.asp

청소년활동프로그램은 청소년기에 필요한 기량과 품성을 함양하는 교육활동으로 청소년을 문제의 주체가 아니라 사회의 문화적경제적 자원인 동시에 성인과 함께 사회변화를 이끌어 가는 적극적인 존재로 인식하여 청소년의 잠재역량을 보다 바람직한 방향으로 성장시키고 발전시키는 일련의 과정으로 설정하였다. 외부활동프로그램, 체험활동프로그램, 대안활동프로그램, 봉사활동프로그램 등 다양한 활동 프로그램을 통해서 자아 역량, 시민성 역량, 신체건강 역량, 리더십 역량, 대인관계 역량, 성취동기 역량, 문제해결 역량, 갈등조절 역량 등 8대 역량을 개발하는 과정으로 이루어져 있다(국립청소년인터넷드림마을. https://www.nyit.or.kr/user/sub02_1_1.asp).

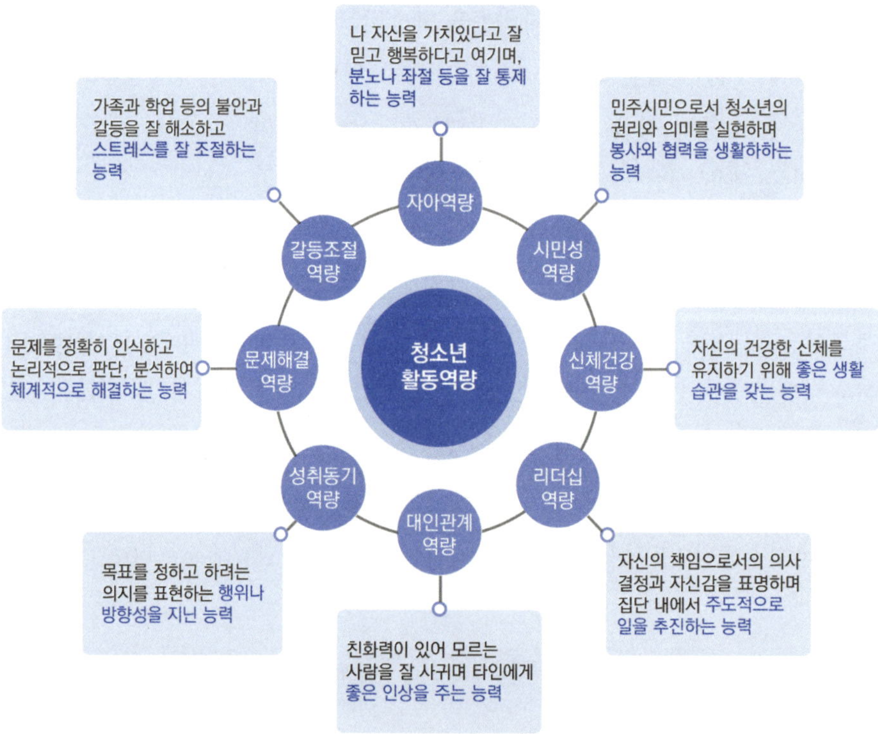

[그림 11-5] 청소년활동 핵심역량

자료: 국립청소년인터넷드림마을. https://www.nyit.or.kr/user/sub02_1_1.asp

(2) 정서 · 행동 장애 치료 · 재활 프로그램: 국립중앙청소년디딤센터

정서적 · 행동적 문제로 어려움을 겪는 청소년에게 심리상담 및 치료, 보호, 자립지도, 교육 등 종합적 · 전문적 치유 서비스를 원스톱으로 제공하기 위해 거주형 치유기관인 국립중앙청소년디딤센터를 2012년에 개원하여 2022년까지 총 7,686명의 청소년이 장 · 단기 치료 · 재활 서비스를 지원받았으며, 2022년 10월에는 알코올, 약물, 도박 등 중독문제 예방 · 치료를 위한 11박 12일 힐링캠프를 개최하여 중독문제에 대한 자기조절능력을 향상시키는 치유과정을 제공하였다(여성가족부, 2022: 591).

단기 치료 · 재활 과정은 11박 12일의 힐링캠프로 운영되고 맞춤형 상담 및 치료 연계 활동프로그램 제공을 통한 개인 문제 증상 완화, 자아 존중감 회복 및 건전한 자아 성장 도모, 긍정적 대인관계 형성 및 문제해결능력의 개발, 부정적 정서의 감소 및 긍정적 정서 함양 등을 목적으로 학생정서행동특성검사 관심군 중 불안 · 반항(분노) 등으로 인해 일상 및 학교생활에 어려움을 겪는 청소년 등을 대상으로 하며 집단상담, 문화활동, 멘탈피트니스, 위기상담 및 개입의 내용으로 연 7회 운영하고 있다(국립중앙청소년디딤센터. http://www.nyhc.or.kr).

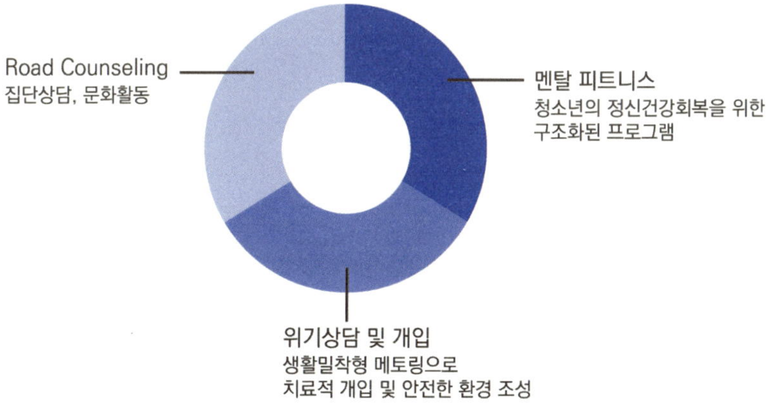

[그림 11-6] 단기 치료 · 재활과정

자료: 국립중앙청소년디딤센터. http://www.nyhc.or.kr

장기 치료·재활 과정은 ADHD, 불안, 우울 등 심리·정서적 문제, 인터넷(게임) 몰입, 은둔형 외톨이, 학교 부적응, 집단따돌림, 대인관계 어려움 등이 있는 만 9세~만 18세 청소년을 대상으로 하며 대상자 개별상황에 따라 탄력적으로 운영하고 문제영역별로 맞춤형 서비스를 제공하고 있다. 프로그램 운영과정은 오름과정(1개월), 디딤과정(4개월), 힐링캠프(11박 12일)로 구분되며, 개별화(사례)관리자, 활동지도자, 주간생활지도자, 야간생활지도자와 함께 가족형태의 돌봄기능을 제공하고 지역사회 관련 인프라와 연계해 통합적 서비스를 제공하고 있다(국립중앙청소년디딤센터. http://www.nyhc.or.kr).

개인·집단 상담치료, 치료공동체 운영, 교육지원 및 진로탐색·자립지도, 청소년활동 등을 운영하고 있다. 개인 심리 재활 치료에는 놀이치료, 모래놀이치료, 미술치료, 음악치료 등이 있고, 집단 심리 재활 치료에는 구조화 집단상담, 비구조화 집단상담, 가족개입프로그램, 정신의학적 상담 등이 있으며, 기타 지료로 동물매개치료, 요가명상치료, 동작치료, 원예치료, 뉴로·바이오피드백 등이 있다. 치료적 돌봄은 공동체 생활 속에서 청소년과 지도자, 청소년간의 상호작용을 통하여 청소년의 변화와 성장을 촉진할 수 있도록 기본 생활 교육, 기본 소양교육, 생활공동체프로그램을 운영하고 있다. 또한 문화집단활동, 자립진로활동, 동아리활동, 야외체험활동, 지역사회참여활동, 특별활동 등 활동 프로그램을 통하여 청소년기에 필요한 역량 개발과 사회진출의 자신감 증진, 정서적 안정감 등을 도모하고 있다(국립중앙청소년디딤센터. http://www.nyhc.or.kr).

4) 청소년 약물 중독 예방 및 치료·재활 프로그램 사례

(1) 프로그램 현황

국내의 청소년 약물중독 예방 및 치료 프로그램은 초·중·고등학교 일반 학생을 대상으로 하는 일반프로그램, 취약계층을 대상으로 학교로부터 위탁받아 보건기관이나 상담기관에서 실시하는 지시적 프로그램, 치료감호소나 정신병원에서 중독청소년을 치료하는 중독 치료 프로그램, 그리고 사회복귀와 사회적응력을 향상시키기 위한 사회 재활 프로그램 등이 있다(신윤정 · 최은진, 2004: 155~217에서 재구성).

일반적 프로그램은 초 · 중 · 고등학교에서 체육과 생물시간 등 일반 정규교과과정 시간을 통해 약물 관련 교육을 제공하고 있다. 교과서를 통해 약물에 대한 지식을 제공하는 것 이외에도 범교과 교육활동, 특별활동, 재량활동 등을 통해 약물 오 · 남용 관련 교육을 실시하도록 하고 있다. 이러한 활동은 각 학교 보건교사의 지도아래 실시되는데 외부의 교육 자료를 이용하여 학교의 보건교사가 직접 강의를 하거나 외부기관의 강사를 초청해서 교육내용을 전달하기고 한다.

또한 각 초 · 중 · 고등학교의 의뢰로 지역사회 보건기관, 알코올 약물 상담기관, 사회복지관에서 프로그램 지도자가 각 학교를 방문해서 연간 1~2회 약물 예방 프로그램을 실시하고 있다. 전 학년을 대상으로 하는 경우에 강당에 전 학년을 집합시키고 교육 내용을 전달하거나 방송강의를 통해 내용을 전달한다. 각 반 교실에 대해 교육을 전달하는 경우에는 개별 교사가 각 학급의 학생들을 대상으로 내용을 전달한다. 대체적으로 강당 강의나 방송 강의 보다는 학급 강의가 내용 전달에 있어 더 효과적이라고 보고 있다. 대표적인 예로 마역퇴치 운동본부는 매해 교육을 신청하는 각 학교를 방문하여 예방교육을 실시해오고 있다.

선택적 프로그램은 사회복지관, 지역사회 보건기관, 알코올 약물 상담기관이 취약계층 학생들을 대상으로 실시하는 프로그램으로 약물 사용의 고 위험에 처해 있는 학생들을 대상으로 실시하는 선택적 프로그램이다. 성남종합사회복지관은 편부모 · 결손가정 등 약물사용 가능성이 높은 청소년들을 대상으로 청소년 약물예방교실과 약물예방캠프를 실시한 바 있다. 약물예방교실은 학생들의 특성에 대한 검사(약물사용 고위험군 선별검사와 MBTI 성격유형검사), 약물에 대한 지식을 함양하는 교육활동(약물강의와 VTR시청), 학생들 스스로가 참여하는 활동(공동체 훈련, 사이코드라마, 집단활동)을 포함하고 있다. 또한 약물예방캠프는 서바이벌 게임, 풍물시간, 캠프파이어, 결단의 시간 등을 포함하고 있다.

〈표 11-17〉 청소년 약물 예방교실의 구성

초기 개입단계(첫째 날)	
2:00-2:10	개회식
2:10-2:30	오리엔테이션
2:30-3:00	약물사용 고위험군 선별검사
3:00-3:30	레크리에이션
3:30-4:30	MBTI 성격유형검사
4:30-5:30	강의: 약물남용이란?
탐색단계(둘째 날)	
2:00-3:00	성격검사결과
3:00-4:00	약물관련 VTR 시청 및 자유토론
4:00-5:00	공동체훈련
문제해결의 단계(셋째 날)	
2:00-4:00	사이코드라마
4:00-5:00	집단활동 프로그램(당신은 누구입니까?)
종결단계(넷째 날)	
2:00-3:30	약물예방을 위한 지침과 집단활동 프로그램
3:30-6:00	자연과 함께 하는 시간

자료: 월드비전 성남종합사회복지관 부설 청소년약물예방센터(2000). 월드비전 청소년약물예방센터 1주년 사업보고서. 경기: 성남종합사회복지관.

한편, 지시적 프로그램은 사회복지관, 지역사회 보건기관, 알코올 약물 상담기관이 약물 사용으로 적발되어 학교로부터 위탁받은 학생에 대해서 실시하고 있는 프로그램이다. 하안종합사회복지관이 제공하는 "오늘과 내일 학교" 프로그램은 안산보호관찰소로부터 사회봉사명령처분 또는 수강명령 등의 처분을 받은 비행 청소년과 학교 자체의 징계로 사회봉사 명령을 받은 청소년을 대상으로 사회봉사활동, 환경보호활동, 금연교육, 인성교육, 약물교육, 개임상담과 가족상담, 자아존중감 척도검사, MBTI 심리검사, 분노측정 검사 등을 포함하는 약물 오남용 예방 프로그램을 실시하고 있다.

〈표 11-18〉 오늘과 내일 학교의 주요 내용

프로그램	내 용	비 고
교육	• 사회봉사 개관 교육 • 복지관의 사업소개 • 시청각교육(금연교육, 인성교육, 약물교육 등)	리플릿, 필기도구
상담	• 개인상담 및 가족상담 • 심리검사(자아존중감, MBTI, 분노측정 검사) • 집단상담 참가(분노조절 훈련, 진로탐색훈련)	검사지, 필기도구
수업지도보조	• 장애 아동 · 청소년의 특수교육 수업진행 보조 • 방과 후 여가지도 • 기타 프로그램 참관 및 진행보조	
어르신 공경활동	• 무료급식 서비스, 무료 이미용서비스 • 재가복지 대상자 가정방문 등	
환경보호활동	• 우리 시의 하천과 환경오염도 알기 • 가정에서 배활용 비누 사용하기 • 이웃에게 나눠주기	폐식용유, 가정소다

자료: 하안종합사회복지관(2003). 사례 · 연구집. 경기: 하안종합사회복지관.

치료 감호소와 같은 정부기관과 정신병원에서 약물 중독으로 의뢰받은 학생들을 대상으로 실시하고 있는 약물 중독 사정, 치료, 감호 프로그램은 약물 중독 치료 프로그램으로 볼 수 있다. 청소년 대상의 프로그램은 제도화 된 것은 없으나 청소년보호위원회에서 약물남용청소년을 위한 치료안내서를 발간한 바 있다. 그리고 일부 국립병원 또는 마약퇴치운동본부와 같은 기관에서 자체적으로 약물남용청소년을 위해 개발한 치료재활 프로그램이 있다. 이러한 기관에서 제시하는 국내 약물중독 청소년 치료 프로그램의 종류는 치료보호, 치료감호, 보호관찰, 기타 국공립 및 민간 의료기관에서의 치료 등 크게 네 가지로 구분된다.

(2) 예방 및 재활프로그램의 기본요소

약물남용 청소년을 위한 예방 및 재활프로그램은 어떤 임상적 개입 서비스보다 포괄적이어야 하는데, 진단과 치료를 위한 적합한 이론 설정, 적절한 사정과 진단, 이론을 근거로 한 실용적인 예방·재활 프로그램, 가정·학교·지역사회 및 치료기관에서의 역할과 치료전략 등의 4개의 기본요소가 포함된다(문화체육부, 1995: 3~6).

① 예방과 재활을 위한 적합한 이론 설정

약물남용 청소년에게 효과적인 프로그램의 첫 번째 기본요소는 예방과 재활에 적합한 이론이다. 효과적인 사정 도구와 개입 전략은 적합한 개념적 틀로부터 나온다. 이 개념적 틀은 약물 사용을 부추기고 지속적인 변수에 대한 적절한 개념화로부터, 약물남용 청소년의 현상을 좀 더 잘 이해하기 위한 방안 제시와 적절한 개입 방식을 도출할 수 있는 내용을 포함해야 한다.

적절한 이론이 있어야 청소년들을 사정할 수 있고 치료 목적과 목표를 세울 수 있다. 치료 목적과 목표는 약물남용 청소년들과 그들의 가족의 기대, 사용할 수 있는 치료 전략 결정, 사용하는 치료방법론의 효과성 평가를 위한 기준을 설정할 수 있게 해 준다. 이처럼 적절한 이론으로부터 나온 사정 전략과 치료의 목적과 목표는 효과적인 개입과 치료 계획을 발전시키고 향상시키기 위한 기초를 제공한다.

② 적절한 사정과 진단

약물남용 청소년을 위한 효과적인 프로그램은 적절한 자격검사, 사정 그리고 진단으로부터 나온다. 약물남용은 수많은 생활사건과 관련되므로 철저한 사정이 이루어져야만 한다. 철저한 사정은 ㉠ 약물사용검사, ㉡ 증세와 증후조사, ㉢ 가족면담을 포함하는 심리사회적 사정, ㉣ 부모 평가, ㉤ 예상되는 약물남용 청소년 상담하기, ㉥ 의료검사, ㉦ 심리적 및 정신분석적 평가, ㉧ 임상관찰을 포함하는 다각적인 임상적 접근이 있어야 한다.

③ 이론을 근거로 한 실용적인 예방·재활 프로그램

약물남용 사용자의 회복을 위한 프로그램은 자아발견, 집단활동, 가족개입, 재발방지의 4가지 프로그램으로 구성된다.

가. 자아발견 프로그램

자아발견 프로그램은 청소년들이 자신을 돌이켜 보는 자기발견의 장이다. 자신의 모습과 성격을 인식하는 과정을 통해 자신의 장단점을 키워나가기 위한 프로그램이다. 즉, 약물이라는 두터운 벽을 제거했을 때 청소년들이 약물 없이도 자기 스스로를 사랑하고 아낄 수 있도록 하는 것이 재활과정에서 매우 중요하다. 이러한 프로그램 활동으로는 ① 거울보기, ② 내가 보는 나의 모습(Ⅰ), ③ 내가 보는 나의 모습(Ⅱ), ④ 성격문제를 이해하기 등이 있다.

나. 가족개입 프로그램

청소년들이 약물남용을 하게 되는 주요한 요인 중의 하나는 가족이다. 가족은 또한 약물남용 청소년들을 치료할 때에도 중요한 환경이다. 가족과 함께하는 프로그램을 통하여 가족 구성원과 청소년간의 이해의 폭을 넓히고 가족구성원은 청소년이 회복되는 과정에서 치료의 역할을 하게 된다.

가족개입의 목표는 ① 약물남용자의 회복을 위한 동기를 증진시키기, ② 전체적인 가족의 메시지를 전달하기, ③ 회복에 장애가 되는 가족유형들을 변화시키기, ④ 초기 회복과정에서 예측되는 것들을 가족들에게 준비시키기, ⑤ 가족 구성원들 자신을 위한 장기적인 지지를 할 수 있도록 격려하기 등이 된다.

다. 집단활동 프로그램

집단활동 프로그램은 집단의 발단단계에 맞추어 그 단계에서 필요한 프로그램을 제시하는 것이다. 집단의 발달단계를 거치면서 구성원들은 신뢰를 경험하고 갈등을 겪게 되며 또한 해결의 과정을 배운다. 집단은 약물남용 청소년에게 변화의 원동력으로 작용되며 어른들의 권위나 강제보다 효과적으로 작용한다.

이 프로그램에서는 신뢰형성, 문제해결, 생산의 단계를 이루는 구조와 활동을 제공한다.

㉠ 신뢰형성단계

이 단계는 신뢰에 초점을 둔다. 신뢰감 형성은 구성원들이 처음 만나 집단을 형성하는 집단과정의 초기에 주로 사용된다.

여기에서 구성원들은 "우리가 앞으로 무엇을 하게 될까?", "여기의 다른 아이들은 누구일까?", "이 사람들에게 나는 무엇을 원하지?", "내가 줄 수 있는 건 무엇일까?" 등 구성원들은 신뢰형성의 싹을 틔우기 위한 질문들을 시작한다.

집단초기의 과정에서 구성원들은 지도자가 집단을 이끌어 주기를 바란다. 구성원들에게 직면한 주요 문제들은 첫째, 지도자의 허락을 얻어야 하고, … 둘째, 그들이 집단경험을 통해 무엇을 원하는지 결정해야 한다. 구성원들은 집단이 자신을 좋아할지 어떨지 걱정한다. 그들은 서로를 판단하고, 관심을 끌기 위해 또 자신이 받아들여질 수 있도록 무엇인가를 하기 위해 노력한다. 그러나 구성원들은 신뢰형성에 필요한 대인관계 경험이나 기술이 없을 수도 있기 때문에 어려운 과정이 될 수도 있다. 구성원들이 자원했건, 강제로 뽑혔건, 임의로 선택되었건, 집단초기에는 그들에게 집단의 목표와 그들에게 원하는 바를 분명히 이해시킬 필요가 있다. 이 단계의 프로그램은 의사소통 기술과 책임감 형성 기술들로 신뢰 형성을 위해 자주 활용된다.

ⓐ 적절한 의사소통

구성원들은 자기 자신에 대해서 명확하고 적절하게 표현하고 다른 사람의 말을 효과적이고 주의 깊게 들을 수 있도록 도와주는 과정이다. 그것은 또한 집단발달의 다음 단계를 위한 바탕 작업이기도 하다. 명확하고 정직한 대화는 학생들에게 그들의 대인관계를 깊게 하고 신뢰감을 형성하는 데 도움을 주기 때문이다.

ⓑ 집단에서의 책임감 키우기

집단에서의 프로그램 과정을 통해서 일에 대하여 책임감을 형성하는 방법을 배우게 된다. 구성원들은 집단을 위해 맡아야 할 여러 가지 역할들에 대해서 배워 나가게 된다.

㉡ 주장훈련과 문제해결

이 단계의 프로그램은 어느 정도 신뢰 형성이 이루어진 이후의 중간 단계에서 자주 활용된다. 갈등은 어느 곳에서나 발생 가능하고 집단과정에서 정상적이고 자연스러운 현상이다. 구성원들은 개인 간에 권력과 리더십을 우한 갈등이 발생하기도 하고, 종종 지도자의 지도방침이나 능력에 대해 저항하기도 한다. 또한 사건이 발생하거나 구성원 개인의 태도나 자세에 대해서 비판을 하기도 한다. 갈등을 건설적으로 해결하는 과정에서 개인은 성장을 경험하게 된다. 갈등을 해결하기 위해 적절한 자기주장과 문제해결을 위한 기술이 요구된다.

ⓐ 주장훈련

구성원들은 서로 존중하며 자신의 감정과 갈등을 표현하는 의사소통기술이다. 이 프로그램은 자신의 감정을 인식할 수 있도록 도움을 주고 갈등을 보다 효과적으로 표현할 수 있게 한다. 갈등을 통해 구성원들은 감정을 개방적으로 표현하는 방법의 필요성을 배우고 상대방의 권리를 손상하지 않는 방법에 의해서 갈등이 건설적으로 다루어질 수 있다는 것을 알게 된다.

ⓑ 문제해결

구성원들은 프로그램을 통해서 갈등을 해결하는 방법을 배울 수 있다. 갈등을 새로운 시각으로 인식하게 되고, 문제해결을 위한 적절한 대안적인 방법을 배우게 된다. 특히 신뢰감을 형성시키는 기술, 공감과 경청, 자신의 강점을 인식하는 방법이 중요하다.

㉢ 생산성

이 단계의 프로그램은 주로 집단의 마지막 과정에서 자주 사용된다. 이 단계에서 구성원들은 초기단계에서 세웠던 과업들을 달성하기 위해 에너지를 집중시킨다. 집단 구성원들은 협동심을 키우고 과업을 달성하기 위해 기술과 능력을 발전시킨다. 집단과정을 통해 신뢰감을 형성하고, 갈등을 해결하기 위해 자신을 수용하고 그들 서로에게 지지가 된다. 그러나 과정을 가장 효율적으로 수행하기 위한 지침은 계속 필요하다. 지도자는 집단의 긍정적인 행동은 지지를 해주고 적절한 모델링도 제시해 주어야 한다. 구성원이 적절한 역할을 수행하도록 격려해 주고, 갈등을 해결할 수 있도록 도움을 주어야 한다. 생산성을 향상시키기 위해서는 서로간의 협력, 그리고 적절한 결정과 평가가 요구된다.

ⓐ 협력

지도자는 구성원들이 각각의 고유의 능력을 존중하고 집단의 생산성에 기여할 수 있도록 격려해야 한다. 서로간의 역할을 수용하고 능력을 인정하는 분위기가 중요하다. 그래서 프로그램은 서로간의 경쟁을 불러일으키기보다는 협동하여 보상을 줄 수 있도록 구성되어야 한다.

ⓑ 의사결정

집단은 선택과 결과 사이의 관계를 분석한다. 집단은 그동안의 집단과정을 기반으로 문제해결 기술들을 지속적으로 발전시킨다. 의사결정은 단계적으로 집단의 과제를 달성하기 위해 보다 광범위한 과정에서 이루어진다.

ⓒ 평가와 종결단계

구성원들은 그들의 집단 경험을 평가하고 그들 스스로 배운 것을 통합하는 기회를 가진다. 집단은 그들의 목표와 임무를 개인적인 차원과 집단적인 차원에서 토론하고 점검해야 한다. 집단의 종결전의 분리단계에서 집단구성원은 서로간에 형성되었던 우정을 인식하고 그들이 배운 기술들을 일상생활에까지 적용시킬 수 있어야 한다. 분리단계에서 구성원들은 분리에 대한 불안감을 갖고 종결에 대해 저항을 할지도 모른다. 지도자는 이러한 감정은 자연스러운 과정임을 구성원들에게 알리고 상처가 되지 않도록 그들의 감정을 적절하게 다루어주어야 한다.

㉣ 재발방지프로그램

약물남용자의 치료에서 완치라는 말이 사용되지 않는다. 약물을 한 번 사용하게 되면, 언제나 재발을 할 가능성을 가지게 되기 때문이다. 청소년들에게도

한 번 약물을 사용하게 되면 언제나 다시 사용하게 될 수 있다는 생각을 해야 한다.

그래서 청소년들의 약물치료 시에 재발방지 교육을 항상 포함시켜야 한다. 이 재발방지프로그램은 재발의 징조 발견에서부터 재발 시 대처할 수 있는 방법까지 모두 포함하고 있다. 실시방법은 강의, 작문, 집단토의, 사전사후테스트, 기타 언급과정의 순으로 진행한다. 이 프로그램은 모두 13과정으로 구성되어 있다. 일반적으로 매 과정을 진행하는데 소용되는 시간은 1시간~1시간 20분 정도이다. 약물남용 재발방지를 위한 프로그램 활동은 다음과 같다.

ⓐ 재발과정에 대한 이해

ⓑ 약물남용 재발의 단계적 분석

ⓒ 위험한 상황 인지

ⓓ 위험한 상황을 극복하는 전략

ⓔ 약물남용 욕구의 인지 및 그에 대한 극복 전략

ⓕ 사회 환경적 영향의 인지 및 그에 대한 극복 전략

ⓖ 금단상태에서의 분노해결

ⓗ 금단상태에서의 여가활용

ⓘ 장기적인 금단계획 수립

ⓙ 긴급연락망 카드

ⓚ 균형 있는 생활양식과 금단생활

ⓛ 약물남용 재발 시 대처전략

ⓜ 재발예방일지

④ 가정 · 학교 · 지역사회 및 치료기관에서의 역할과 치료전략

약물남용 청소년을 위한 효과적인 치료 프로그램 중의 하나는 능동적인 가족, 특히 부모의 참여이다. 약물남용 청소년을 위한 많은 전통적인 약물남용 프로그램이 가족치료의 중요성을 강조함에도 불구하고 실제로는 가족치료의 중요성이 경시되고 있다. 가족 프로그램 중에서 많이 사용되는 것은 약물남용 가족

구성원이 제 각각의 치료 프로그램에 속해 있다는 가정에서 출발하는 체계중심적이고 목표지향적 모델이라 할 수 있다.

가족 다음으로 중요한 것은 학교이다. 학교에서 약물남용 청소년을 지도하고 예방정책을 세우는 것은 청소년 약물남용 문제의 중요한 부분임에 틀림이 없다. 최근에 약물남용 문제를 중요한 문제로 인식하는 학교가 증가하고 있어 이에 대한 적절한 방법을 제시하는 것이 요구된다. 미국에서는 학생원조프로그램(student assistance program)이 널리 확산되어 가고 있다. 이 프로그램은 청소년의 알코올과 약물문제에 관련하여 청소년을 돕는 모든 원조 프로그램의 기능을 칭하며, 동시에 개개의 학교 체계가 이러한 원조 프로그램을 설계할 때 택하게 되는 일련의 구조를 지칭한다. 이러한 의미에서 이 모델을 실현하는 방식은 지역마다 다르다.

지역사회는 가족, 학교와 함께 청소년들에게 가장 중요한 사회적 제도의 하나이면서 가족과 학교를 포함하는 사회적 조직체이다. 지역사회는 전략적으로 청소년 약물남용 예방 및 재활에 개입해야 한다. 지역사회 프로그램은 체계적인 접근이 중요한데, 이를 통해서 장기적인 예방전략을 발전시킬 수 있다.

약물남용에 대한 집중적인 치료가 필요한 청소년들에게는 전문적인 치료기관이 필요하다. 약물남용 청소년을 위한 치료기관에서의 개입은 외래환자를 대상으로 실시하는 개인, 집단, 가족상담으로부터 신체적 중독으로 인한 일시적인 병원치료까지 광범위하며 소년원 등의 교도시설에서의 개입도 포함된다.

참고문헌

국가청소년위원회(2007). 청소년백서. 서울: 국가청소년위원회.

국립중앙청소년디딤센터. http://www.nyhc.or.kr

국립청소년인터넷드림마을. https://www.nyit.or.kr/user/sub02_1_1.asp

국회법률정보시스템. 성매매 방지 및 피해자 보호 등에 관한 법률 시행령. http://likms.assembly.go.kr/law/lawsLawtInqyDetl1010.do

문화관광부(2003). 청소년백서. 서울: 문화관광부.

문화체육부(1995). 청소년 약물남용 예방 · 재활 프로그램. 서울: 문화체육부.

신윤정 · 최은진(2004). 청소년의 향정신성 유해약물 중독예방 및 치료 프로그램 연구. 서울: 한국청소년개발원.

십대여성인권센터. http://www.teen-up.com

아하 서울시립청소년성문화센터. https://ahacenter.kr

여성가족부(2022). 2022 청소년백서. 서울: 여성가족부.

월드비전 성남종합사회복지관 부설 청소년 약물예방센터(2000). 월드비전 청소년약물예방센터 1주년 사업보고서. 경기: 성남종합사회복지관.

이춘화 · 조아미(2004). 청소년 성매매의 상습화 예방 및 치료프로그램 개발 연구. 서울: 한국청소년개발원.

탁틴내일. https://www.tacteen.net/

하안종합사회복지관(2003). 사례 · 연구집. 경기: 하안종합사회복지관

한국청소년개발원 편(1997). 프로그램의 개발과 운영. 서울: 인간과 복지.

한국청소년단체협의회(2022). 2022년 회원단체 협력활동 프로그램 공모 · 지원사업 결과보고서. 서울: 한국청소년단체협의회.

한국청소년활동진흥원(2023. 7.7). KYWA형 PBL 모델 현황. 서울: 한국청소년활동진흥원.

한국청소년활동진흥원. https://www.kywa.or.kr/business/business20.jsp

찾아보기

개념적 기술 234
개방형 질문(open-ended question) 104
개별이력(individual profile) 102
결과 분석 및 보고 113
결정적 사건분석(critical incident approach) 103
경영관리 접근방법 47
계속성의 원리 140
계열성 141
계열성의 원리 141
공동체 181
공적관계 174
과업분석 103
과학활동 프로그램 25
관리 및 운영기술 233
관찰법 102
광고 175
교수체제설계 또는 개발(Instructional System Design/Development; ISD) 모형 46
교육과정(curriculum) 10
교육목적 116, 117, 118
교육요구 94
교육지도 평가 223
구성주의 패러다임 41, 42
구조화된 프로그램 20
규범적-객관적 요구분석 100
규범적-주관적 요구분석 100
규범적인 요구 94, 96
기관 프로그램 244
기본요구(basic needs) 94
기술적-객관적 요구분석 99
기술적-주관적 요구분석 99
기획 과정상의 제약 61

느낀 요구(felt needs) 95
느낀/표현 요구 94, 95
능력분석법(competency-based approaches) 103

다양성 142
다이렉트 메일 176
다중전문화방식 164
단위 프로그램 22
단일집중방식 163
단중심 평가모형 229
대인관계적인 역할 234, 235
대화 모형 43
데이컴법 105
델파이법 104
도입부문 147

래포(rapport) 202

마케팅 혼합 167
마케팅(marketing) 157
면접법 101, 102
목표-수단 모델 41
목표의 진술 절차 130
목표중심 평가 229
목표중심 평가 모형 229

발달단계 139
범위의 원리 140
봉사활동 프로그램 25
분석 협조자(panel member) 106
브레인 스토밍 199
비교요구 94, 97
비구조화된 프로그램 21

비선형적 접근 57
비영리 마케팅 157
비용효과성 227
비통합적 접근 57
비판적 실천 접근방법 46
비판적·해방적 패러다임 42, 47
비판적주의 패러다임 42
비형식적 기법 106
비형식적 대화(informal conversations) 106
비활동적 측정(unobtrusive) 106, 107

사회적 역할 234, 235
상호성 142
생애주기 139
서베이 101
선형적 접근 56
수단-결과(means-ends model) 44
수단-목적 접근방법 44
순환적 합의제 모형 42
순환적-합의 모델 45
실시단계 191
실제적-해석적 패러다임 41
실증주의 패러다임 39
실증주의 패러다임에서 프로그램개발 40
실행 가능성 226
심리학적 기능 223
심화(발전)부문 147

앤드라고지 186
연속 프로그램 22
예능활동 프로그램 25
예절수양활동 프로그램 26
완전 합리주의 모델 76
요구 94
요구 분석의 기법 100
요구 분석의 절차 108
요구분석 93
요구분석 계획 112
요구분석 도구 선정 111
요구분석 실행 112
요구분석의 목적 97
요구분석의 목적 결정 109
요구분석의 상황 분석 108
요구분석의 유형 98
요구분석의 절차 108
운동기능적 영역 137
유용성 226
의견조사(opinion poll) 237
의사결정중심 평가 230
의사결정중심 평가모형 229
인정평가모형(accreditation model) 231

자기주도성 141
자아개발활동 프로그램 26
자연주의 접근방법 45
자연체험활동 프로그램 24
전개부문 147
전문가 심의모형(professional review) 231
전문가집단(패널) 105
전문성중심 평가 231
전문성중심 평가모형 229
전문적 역할 234
전문적 지식 234
전문적인 기술 233
전문적인 역할 234
전체포괄방식 164
전통문화활동 프로그램 26
전통적 합리주의적 접근방법 44
전통적인 평가 모형 222
점증주의 모델 76
정당성 227
정리부문 148

정보의 출처 확인(요구분석 대상자 선정) 111
정의적 영역 137
정치적 생명력 227
정치적 역할 234, 235
정확성 228
제한된 합리주의 모델 76
종결단계 206
종합 프로그램 23
지적 영역 137
직무분석 103
질문지법 101, 102
질적인 평가 220
집단세분화 159, 160
집단세분화 기준 161
집단전문화방식 163

참여-반응중심 평가 232
참여-반응 중심 평가 모형 229
참여교육 142
참여연구법 47
청소년 성매매 예방 및 치료 프로그램 261
청소년 약물중독 예방 및 치료 프로그램 272
청소년 참여 프로그램 67
청소년 프로그램 13
청소년 프로그램개발의 중요성 27
청소년 프로그램개발 패러다임 39
청소년 프로그램개발의 개념 29
청소년 프로그램개발의 원리 53
청소년 프로그램개발의 접근원리 55
청소년 프로그램의 개념 10
청소년 프로그램의 개발 243
청소년 프로그램의 기능 17
청소년 프로그램의 유형 18
청소년 프로그램인증제 231
청소년기관의 사명 158
청소년단체 전문화 프로그램 255
청소년보호 프로그램 243
청소년사업 9
청소년지도 13, 14
청소년지도 평가 224
청소년지도 프로그램의 성격 14
청소년지도기관의 제약 60
청소년활동 프로그램 243
체육활동 프로그램 24
체제적 접근 46
체제적 접근방법 46

카페테리아 커리큘럼 10

타당성의 원리 140
태도 조사(attitudes test) 237
통합 프로그램 22
통합성의 원리 141
통합적 접근 58

판단중심 평가 230
평가 219
평가개념 220
평가결과의 처리와 분석 239
평가기준 231
평가내용과 방법의 결정 237
평가도구의 제작 238
평가설계안 144
평가의 기준(criterion) 229
평가의 세부목표 설정 236
평가자의 능력 233
평가자의 역할 234
폐쇄형 질문 104
표현된 요구(expressed needs) 95
프로그램 11, 67
프로그램개발 29
프로그램 공모제 232

프로그램 기획자 73
프로그램 내용 139
프로그램 목적 115
프로그램 목적의 설정 120
프로그램 목적의 진술방법 121
프로그램 목표 115, 137
프로그램 설계 29, 133
프로그램 실행 179
프로그램 전개 136
프로그램 지도안 133
프로그램 평가 144, 225
프로그램 평가의 실시 239
프로그램 평가의 절차 235
프로그램 평가의 활용: 프로그램 개정 240
프로그램개발 38
프로그램개발 단계와 기법 30
프로그램개발 이론의 성격 38
프로그램개발 이론의 정의 37
프로그램개발의 범위 29
프로그램개발의 성격 32
프로그램개발의 영향 요인 58
프로그램개발의 총체적인 현상 31
프로그램개발의 통합모형 61
프로그램개발의 특성 33
프로그램개발자의 역할과 행위 30
프로그램개발전문가 53
프로그램기획 62
프로그램마케팅 63
프로그램목적 116, 117, 118
프로그램설계 63
프로그램성취 209
프로그램실행 64
프로그램의 경쟁적 위치선정 전략 165
프로그램의 기획 67
프로그램전문화방식 163
프로그램평가 64

학습동기 223
학습유형 136
학습전이가치 140
학습행위 182
행위동사 129
행정적인 역할 234, 235
형식적 책임 227
환경요인 188
환경적인 제약 59
활동목표 117, 118
활동목표 진술의 원칙 128
활동목표의 기능 118
활동목표의 영역 123
활동목표의 유형 125

7P 모델 167

Freirian 접근 47

STP전략 158
SWOT 분석 158

Tyler 40
Tyler의 이론 40, 44

• 집 필 진

제 1 장 김진화(동의대학교 교수)
제 2 장 김진화(동의대학교 교수)
제 3 장 김진화(동의대학교 교수)
제 4 장 김경준(한국청소년정책연구원 연구위원)
제 5 장 송병국(순천향대학교 교수)
제 6 장 김진화(동의대학교 교수)
제 7 장 권두승(명지전문대학 교수)
제 8 장 오혁진(동의대학교 교수)
제 9 장 권두승(명지전문대학 교수)
제10장 송병국(순천향대학교 교수)
제11장 김경준(한국청소년정책연구원 연구위원)

청소년 프로그램개발 및 평가론(2판)

2005년 9월 25일 1판 1쇄 발행
2023년 7월 15일 1판 19쇄 발행
2024년 2월 25일 2판 1쇄 발행
2025년 7월 15일 2판 2쇄 발행

저자와의 협의하에 인지생략

편 자 : 한국청소년정책연구원
발행인 : 한 정 주
발행처 : 교 육 과 학 사

경기도 파주시 광인사길 71
전화 (031)955-6956~8 / 팩스 (031)955-6037
Home-page : www.kyoyookbook.co.kr
E-mail : kyoyookbook@daum.net
등록 : 1970년 5월 18일 제2-73호

낙장 · 파본은 교환해 드립니다.
Printed in Korea.

정가 17,000원
ISBN 978-89-254-1824-7